KB244011

전쟁, 총, 투표

전쟁, 총, 투표

왜 독재는 세상에서 사라지지 않는가

전쟁, 총, 투표

폴 콜리어 지음 | 윤승용 · 윤세미 옮김

21세기북스
www.book21.com

존 기통고와 그의 투쟁을 위해

위험한 지역의 민주주의

일곱 살 난 내 아들 대니얼은 전쟁이 없는 세상에서 살아갈 수도 있지만 전쟁 중에 죽을 수도 있다. 오늘날의 어린이들이 왜 이러한 두 상황에 직면하게 되는지에 대한 논의가 바로 이 책의 주제다. 전쟁은 질병처럼 인류의 시작부터 공존해왔다. 하지만 질병은 이제 조금씩 정복되고 있다. 예를 들면 1977년 과학 발전과 공적 활동 등에 힘입어 천연두가 근절됐다. 인류 역사상 최초로 세계 경제는 범지구적 평화에 필요한 물질적 조건을 충족시킬 수 있게 되었다. 하지만 범지구적 번영은 위험을 증가시키기도 한다. 천연두를 근절하기 위해 과학 기술에 의존했듯이, 세계 평화라는 소중한 결과를 얻기 위해서 가속화하는 번영 또한 그에 맞게 이용돼야 할 것이다.

이 책 《전쟁, 총, 투표(*Wars, Guns and Votes*)》는 권력에 관한 책이다. 왜 권력에 관심을 기울여야 하는가? 10억 명이 살고 있는, 세계 경제의 가장 밑바닥 국가들에선 주로 폭력을 통해 권력이 등장했기 때문이다. 정치적 폭력은 그 자체가 책임 있고 합법적인 정부를 세우는 데 있어 재앙이자 장애물이다. 그것이 재앙인 이유는 투쟁 과정이 엄청나게 파괴적이기 때문이다. 또 폭력에 의존하는 권력은 정부가 국민에게 봉사하기 위해 존재하는 것이 아니라 지배하기 위해 존재한다는 오만한 가정을 자초하기에, 장애물이 되기도 한다. 정치 지도자들의 홍보 사진을 보는 것만으로도 두 번째 이유를 충분히 이해할 수 있을 것이다. 성숙한 민주주의의 정치 지도자들은 유권자들의 환심을 사는 데 필사적이기에 늘 환하게 웃고 있다. 하지만 10억 인구가 사는 최하위 사회의 정치 지도자들은 웃지 않는다. 모든 공공건물과 학교에 걸려 있는 그들의 홍보 사진은 위협적인 우거지상을 하고 있다. 이 책은 정치적 폭력이 왜 '10억 인구가 사는 최빈국들(bottom billion, 저자의 또 다른 저서명이기도 하다. 한국에서는 《빈곤의 경제학》으로 출간됐다─옮긴이)'에서 일어나고 있는지, 그리고 그러한 폭력을 줄이기 위해 할 수 있는 일은 무엇인지에 대해서 설명한다.

냉전 시대가 끝난 이후, 정치적 폭력으로부터 벗어날 수 있는 절호의 기회가 될 만한 두 가지 변화가 일어났다. 두 변화 모두 구소련의 붕괴에 따른 결과였다.

첫 번째 변화는 최빈국들에서 선거가 치러지기 시작한 것이다. 동유럽 민중들의 시위 모습은 개발 도상국들에 정치적 변화에 대한 압박을 가했다. 1990년대 초 서아프리카에서는 국민 공회(national convention)가 구성되기 시작했고, 1998년에는 아프리카의 최대 국가인 나이지리아가 군사 독재에서 벗어났다. 기원후 첫 1000년 동안 유럽 소국가의 지도자들이 시대의 추세에 따르기 위해 갑자기 기독교로 개종했던 것처럼, 2000년대에 들어서는 최빈국의 지도자들이 모두 권력 교체가 선거를 통해 이뤄지도록 제도를 바꿨다. 냉전 시대만 해도 최빈국 지도자들은 무장 투쟁이나 쿠데타 등의 폭력을 통해 권력을 잡았다. 그러나 이제는 선거에서 승리하는 사람이 대부분 권력을 잡는다. 선거는 민주주의의 제도적 기술로서, 정부가 더욱더 책임감과 합법성을 갖도록 하는 잠재력이 있다. 또한 정치적 폭력에 막을 내릴 수 있도록 해줄 것이다.

또 다른 고무적인 변화는 평화가 자리를 잡아가고 있다는 것이다. 냉전이 끝나기 전 30년 동안 폭력적 갈등은 끝나기는커녕 여기저기서 빈발하여, 내전으로 점점 확산됐다. 내전은 한번 시작하면 지속되는 경향이 있어 일반적으로 국제 전쟁보다 열 배나 오래 계속됐다. 하지만 이제 지독한 내전도 끝나가고 있다. 남부 수단의 내전은 평화 협정으로 끝났고, 부룬디에서도 평화 협상이 이루어졌다. 시에라리온의 내전은 국제 평화유지군에 의해 종결되었다. 냉전 종식은 국제 사회가 폭력을 이용한 권력 투쟁에 맞서 함께 분투하도록 했다.

평화 협정의 물결은 선거의 물결을 일으켰고, 폭력으로 권력을 추구하던 추세에 종말을 고할 멋진 신세계를 약속했다. 이러한 변화가 어떤 결과를 초래할지 어떻게 알 수 있을까? 우리는 추측 그 이상의 것을 할 수 있을까? 나는 그렇다고 생각한다. 이러한 충격적인 사태가 동시에 발생한 것은 전례 없는 일이지만 각 사례들은 과거의 진행 과정에 기초해 분석할 수 있다. 예전에도 최빈국은 선거를 통한 경쟁을 경험한 적이 있다. 또 분쟁 이후(post-conflict)의 상황도 많이 겪었다. 이 책은 그런 경험을 이용해 현재 일어나고 있는 일들을 분석한다. 이 책을 읽으면서 독자는 이러한 연구 분야가 얼마나 빨리 발전하는지에 놀랄 것이다. 동료 연구자인 페드로, 앙케, 도미니크, 리자, 베네딕트나 마르게리트가 어젯밤 내가 퇴근하기 전에 함께 골몰했던 문제를 해결했을지 궁금해하며 출근할 때면 나도 연구 분야의 급속한 진전에 대해 느끼게 된다. 독자들도 그 느낌을 받기 바란다.

정치적 폭력은 권력 투쟁의 또 다른 변종이다. 우리는 이제 정치적 폭력을 불법적이며 옳지 않은 것으로 여긴다. 지난 100년간 고소득 사회에서 우리는 민주주의의 원리를 체득했고, 점차 이를 보편적인 것으로 여기게 되었다. 권력에 이르는 길은 총알(bullets)이 아닌 투표용지(ballots)가 되어야 한다. 냉전 종식 이후 고소득 국가의 민주주의는 이러한 기준을 보편적이고도 적극적으로 장려하는 쪽으로 한 단계 더 나아갔다. 이라크에서 정권 교체가 이뤄지도록 하는 적극적 활동과 비폭력을 장려하고 유인책을 제시하는 선에 그치는 수준의 활동 가운데, 무엇이 옳은지에 대한 갈등도 있다. 하지만 국제 사회는 목표에 대해 견해를 같이했다. 그리고 크게 성공했다. 채 20년도 지나지 않아 민주주의가 저소득 국가에 널리 확산된 것이다. 그렇다면 평화의 결과는 대체 무엇일까?

좋은 소식은, 세계가 조금씩 안전해지고 있다는 것이다. 세계대전이라는 파멸의 시기도 있었지만, 인류가 시작된 이래로 세계는 불안정하지만 점점 안전해지는 방향으로 가고 있다. 고결한 야만인(the noble savage, 장 자크 루소가 사용한 말로 문명에 오염되지 않은 순수한 인간을 의미한다─옮긴이)이라는 이미지와 달리 초기 인류 사회는 흉포했다. 에덴동산은 애초부터 없었고, 평화는 수천 년의 세월에 걸쳐 점차적으로 확립된 것이었다. 정치적 폭력으로부터 안전하기 위한 욕구는 인류 사회에서 늘 핵심적인 이슈였다. 중국의 만리장성이나, 게르만족을 막기 위해 주트족이 유틀란트 반도(북해와 발트 해 사이의, 유럽 대륙에서 북으로 뻗은 반도─옮긴이)에 세운 거대한 장벽과 같은 고대 유물은 인간이 집단 방어를 우선시했음을 입증한다. 안전을 우선시하는 사례는 아주 최근까지도 이어졌는데, 제일 부유한 사회인 미국이 40년 동안 구소련의 안보 위협에 대처하기 위해 국민 소득의 9퍼센트를 국방에 소비했다는 사실도 있다.

구소련의 붕괴로 한 시대가 끝이 났다. 불안한 정세에도 불구하고 지난 10년은 꽤 평화로웠다. 하지만 엄숙한 학문 분야에서는 '전투 관련 사망자(battle-related deaths)'라는 측정기준을 사용한다. '무력 충돌 자료(Armed Conflict Data Set)'는 매년 최소 1000명의 사망자를 내는 대규모 충돌(전쟁)과 최고 25명의 사상자를 내는 소규모 충돌을 모두 기록한다.

이 기준에 따라 분석한 결과, 식민주의 시대 말기였던 1946년부터 1959년까지 전쟁은 매년 4건, 소규모 충돌은 약 11건씩 일어났다. 탈식민주의 시대부터 냉전이 끝난 1991년까지 그 수는 무자비하게 증가했다. 1991년엔 세계 여러 곳에서 동시에 17건의 전쟁과 35건의 소규모 충돌이 일어났다. 그 속도로 폭력이 계속됐다면, 우리는 지금도 악몽을 겪고 있을 것이다. 다행히 폭력은 1991년에 정점을 찍고 다시 감소세로 돌아섰다. 세계는 식민주의 말기만큼 평화롭지는 않지만, (이 책을 쓰고 있는) 2009년 현재 진행 중인 전쟁은 5건, 소규모 충돌은 27건이다. 이러한 추세는 민주주의의 승리와도 관련이 있다. 투표용지에 의지할 수 있는 지역의 사람들은 총에 기대지 않았다.

하지만 나는 이러한 위로가 될 만한 믿음을 환상으로 여기게 됐다. 정치적 폭력에 대한 우리의 접근은 현실을 부정하는 데서 비롯됐다. 그 결과로 내전을 겪었던 곳들을 포함해 종족으로 분열된 사회에 선거로 경쟁하는 멋진 신세계가 등장했다. 1991년부터 이러한 민주주의의 가시적 장식물은 더욱더 유행하게 됐다. 이제 사람들은 선출되지 않은 대통령을 이상하게 여기기 시작했다. 이런 추세는 유행이 됐고, 많은 후원자들이 선거로 뽑히지 않은 정부에 대한 원조를 중단했다. 그러자 현직 대통령들은 이에 맞추어 유권자들을 상대하기로 결정했고, 때로 국민들이 사랑해준다는 것을 알고 용기를 얻기도 했다. 하지만 유권자들은 간혹 대통령의 기대에 부응하는 예의 바른 처신을 하지 않을 때도 있었다.

유권자들의 배은망덕에 부딪친 대통령들은 점차 새로운 상황에 적응하는 법을 터득했다. 한두 사람은 이기기도 전에 부정이 들통났다. 첫 번째는 1991년에 선거를 시행하고도 패한 잠비아의 독재자 케네스 카운다(Kenneth Kaunda)다. 내가 이 책을 집필하는 동안 최빈국들 가운데 가장 최근에 있었던 선거는 2007년 12월 케냐의 선거였다. 곧 짐바브웨에서도 선거가 치러졌다. 카운다의 패배 이후 곧바로 현직 대통령들은 이기는 방법을 배웠다. 케냐에서는 현직 음와이 키바키(Mwai Kibaki) 대통령이 승리했다. 하지만 케냐인들은 이를 민주주의의 승리로 여기지 않았다. 케냐의 민주주의 교육 연구소장인 코키 물리(Koki Muli)는 "이것은 쿠데타"라고 설명했다. 짐바브웨의 선거 결과는 독자들이 직접 알 수 있을 것이다. 나는 2008년 미국 대통령 선거에서 누가 이길지 전혀 예상할 수 없었지만, 짐바브웨의 선거 결과는 명확하게 예측했다. 로버트 무가베(Robert Mugabe) 대통령이 재선에 성공할 것으로 확신했다(2008년 3월 초, 선거는 두 차례 이뤄졌는데, 첫 번째에는 모건 창기라이 전 총리가 이겼으나 과반수를 넘은 후보가 없어 재투표가 이뤄졌다. 두 번째에는 무가베 대통령이 승리했다-옮긴이). 대통령들은 필요에 따라 선거 제도를 유지하면서도 권력을 유지할 수 있게 해주는 기술들을 발견한 것이다. 이러한 선거들은 무기력한 견제와 균형, 종족 간 분열과 갈등 이후의 긴장 상태에서 이뤄진다.

냉전 이후 국제 사회의 엄청난 성공과 식민지 시대 이후 누적된 내전의 해결은 동시에 우려할 만한 취약점이기도 하다. 충돌 이후의 상황은 위험하다. 역사적으로 많은 경우 충돌 이후의 10년 내에 다시 폭력 시대로 회귀했다. 1990년대부터 충돌 이후의 긴장 상태와 반감을 치유하기 위해 국제 사회가 의존하고 고집한 것은 선거였다. 선거는 승리한 이에게 합법성을 부여하고, 표를 확보해야 하는 이들은 유권자에게 손을 내밀어야 한다. 이러한 안도감을 느낄 만한 전략은 점증하는 명백한 현실을 부인하는 데에 근거를 두고 있다.

정치적 폭력 문제를 다룰 경우, 우리는 왜 작고 가난한 나라들이 그렇게 위험한지 이해해야 한다. 정치적 폭력의 현실에 맞서기 위해 우리는 총, 전쟁, 쿠데타의 기술을 이해해야 한다. 나는 총이 사람을 죽이는 것이 아니라 사람이 사람을 죽인다는 것을 안다. 정부는 총을 사용하지 않고도 조직적으로 사람을 학살할 수 있다. 르완다의 대량 학살에는 칼이 사용됐다. 하지만 조직이 든든한 집단끼리의 투쟁에서는 총이 폭력 행사를 더 쉽게 하기 때문에 총을 더 많이 가진 집단이 승리하는 경향이 있다. 그래서 나는 총에 대한 이야기부터 시작할 것이다. 그런데 총의 수요와 공급은 기괴한 이야기인 것으로 드러났다. 칼라슈니코프(러시아의 경기관총 AK-47의 통칭. 1947년에 구소련의 주력 돌격 소총으로 정식 채택됐으며 단순한 작동법과 탁월한 내구성으로 전 세계에 가장 많이 보급됐다-옮긴이)는 불법 무역을 통해 공급되고, 아프리카 소국가들의 군비 경쟁은 이 무기의 수요를 증대시켰다.

전쟁은 아직 역사 속으로 사라지지 않았다. 전쟁은 이제 '여타의 다른 지역'에서 일어난다. 부유한 국가는 더 이상 서로 싸우지 않으며, 내전도 일으키지 않는다. 중간소득 국가에서도 전쟁은 거의 없어졌다. 가난한 대국들도 이제 꽤 안전하여 중국과 인도 같은 경우는 군대를 보유하고 있지만 이 군대를 사용한 지 40년이 넘었다. 세계는 핵 확산에 대한 선을 지키지 않을 수도 있다. 때로는 중소 국가들이 핵을 보유함으로써 세계 무대에 자신의 위치를 부각시키기를 원할 수도 있는 것이다. 하지만 최근 60년 동안 핵무기의 선제적 사용을 강력한 금기로 여기는 까닭에 어떤 나라도 이를 먼저 깨리라곤 생각되지 않는다.

더 힘 있는 국가들에 평화가 정착되면서 전쟁의 규모도 작아져 이제는 작은 나라에서만 소규모 전쟁이 일어나고 있다. 대부분의 폭력이 내분이어서 국제 사회가 주시하는 동안 국가는 갈가리 찢어진다. 가끔 폭력은 다른 이웃 나라들이나 지방의 지역 세력을 끌어들이기도 한다. 때로는 세계 열강이 콩고민주공화국에서처럼 내부 혼란을 제지하거나, 이라크에서처럼 침입자를 몰아내거나 정권을 교체하기 위해 개입하기도 한다. 불편한 진실은, 많은 수의 가난하고 작은 국가들이 아직도 사회 구조적으로 위험한 상태로 남아 있다는 것이다. 최빈국의 전쟁은 험악하고 잔인하며, 오래 지속된다. 게다가 내전이기 때문에 피해자는 대부분 국민들이고, 국제 전쟁보다 열 배는 더 오래간다. 내전 발생이 줄어들긴 했지만, 이것은 평화 협정의 물결로 인한 것일 뿐 새로운 충돌이 시작될 가능성은 여전히 높다. 해결되지 않은 충돌은 차치하더라도 2004년에는 새로 4건의 전쟁이 시작됐다. 이듬해는 상황이 조금 개선되어 새로 시작된 전쟁이 1건뿐이었지만, 그래도 8건의 새로운 소규모 충돌이 벌어져 평화로운 해는 아니었다. 2006년에는 3건의 전쟁이 추가로 더 시작됐다.

정치적 폭력은 권력을 얻기 위해 전투 관련 사망자가 수반되는 전쟁을 치를 필요는 없다. 실제로 가장 일반적이고 효율적인 정치적 폭력은 사망자 없이도 자주 성공하는데 쿠데타 형태의 국부적 공격이 바로 그것이다. 조직적 폭력으로부터 국민을 보호하기 위해 존재하는 군대는 때로 쿠데타를 일으키기에 아주 적당한 위치를 차지하고 있다. 1945년 이래 세계적으로 357건의 군사 쿠데타가 성공했다. 그리고 그 쿠데타만큼 많은 실패도 있었다. 총괄적인 조사가 이뤄진 아프리카에서는 성공한 쿠데타 82건, 거사 중 실패한 쿠데타 109건, 계획 중 실패한 쿠데타가 145건 있었다. 국가당 평균 약 7건의 국부 공격이 계획된 셈이다. 많은 사회에서 대통령들은 다른 어떤 방법보다도 쿠데타에 의해 군부 장악력을 잃을 확률이 더 높다.

이제 총, 전쟁, 쿠데타는 최빈국의 현실이 됐다. 이것들은 더 발전할 것으로 기대했던 사회들을 파괴했다. 아프리카에서 한때 가장 칭송받았던 코트디부아르의 붕괴는 10년 동안의 파괴적인 사건에서 총, 전쟁, 쿠데타라는 세 가지 기술이 어떻게 기능했는지를 잘 보여준다.

다양한 징후 가운데에서 정치적 폭력이 권력을 얻는 주요 수단으로 계속 이용되는 것이 무슨 문제가 될까? 어쩌면 최빈국에 우리의 모든 민주주의적 가치를 전하는 것은 그저 안일한 망상일 뿐이고, 그들을 그냥 그대로 방치해둬야 하는 것은 아닐까?

이는 당연히 문제가 된다.

우선 우리의 민주주의적 가치는 보편적인 것이다. 정부는 국민에게 명령하기 위해 존재하는 것이 아니라 봉사하기 위해 존재하는 것이다. 국민이 정부를 받들던 시절에서 정부가 국민을 섬기게 되기까지 먼 길을 왔는데 최빈국에서도 아마 긴 여정이 될 것이다. 우리는 민주주의의 어려움을 과소평가해서 민주주의에 필수적인 인프라보다는 허울과 명분이라는 나쁜 특성만을 조장했다. 나는 인프라를 구축하기 어려운 상황에서 이런 허울을 만드는 행위가 민주주의 정착을 조급하게 추진하는 행위보다 더 쉽게 민주주의의 책임성을 훼손시킨다는 사실을 입증할 것이다.

분열된 최빈국에서 정치적 권력이 폭력으로 승리했을 때, 그 결과가 무섭기 때문에 민주주의는 더욱 문제가 된다. 분열된 사회의 정치 지도자는 올바를 때가 극히 드물고, 이기적이거나 자신을 지지하는 한정된 집단의 이익에 좌우될 가능성이 크다. 정치 지도자의 예지력을 갖춘 리더십도 중요하지만, 그의 진정한 역할은 국가(state)를 국민 국가(nation)로 변화시키는 것이다. 국가 건설 문제에 접근할 때 우리가 저지르는 근본적인 실수는, 괜찮게 운영되는 국가의 경우 이익을 잘 공유하기보다는 정체성을 공유하는 바탕 위에 설립된다는 사실을 잊는다는 점이다. 정체성의 공유는 땅에서 나는 것이 아니라 정치적으로 형성되는 것이다. 이를 구축하는 것이 정치적 리더십의 과제다.

권력을 향한 폭력적 투쟁 과정은 많은 대가를 치러야 하기 때문에 문제가 된다. 전쟁과 쿠데타는 다과회가 아니다. 이것들은 거꾸로 발달한다. 이제 전쟁은 '전투 관련 사망자'의 개념으로 보면 작을 수도 있지만, 시민들이 점점 더 얽히면서 시민과 전투병의 차이도 불분명해져 소규모 전쟁도 불운한 결과를 초래할 수 있다. 정치적 폭력은 폭력이 일어나고 있는 지역에만 해를 끼치는 것이 아니라 국제적인 공해로 작용한다. 특히 통치권에 문제를 일으키는 것과 같이 이웃 국가에도 피해를 입힌다.

최빈국들에서 대단히 중요한 문제는 전형적으로 사회가 너무 큰 동시에 너무 작다는 것이다. 공익을 생산하도록 협력하기엔 너무 다양하고 크지만, 규모와 경제면에서 안보라는 중요한 공익을 얻기에는 너무 작다. 하지만 문제의 특성을 이해하는 것은 효율적인 해결 방법을 찾는 데 도움이 된다. 유전적 공통 정체성을 갖기에 사회가 너무 큰 게 문제라면, 국가 건설은 근본적으로 최신의 만병통치약과 같은 제도가 아니다. 국가 건설 이전의 필수적인 단계는 이러한 대부분의 사회에서 다가오는 상황보다 더 많은 예지력 있는 리더십을 갖는 것이다.

중요한 공익을 공급하기에 사회가 너무 작은 게 문제라면, 국가 주권을 문제 해결의 토대로 삼는 것은 무의미하다. 이 국가들의 구조적 흠을 고려하면, 10억 명의 최빈국 국민들은 기본적인 공익의 국제적 공급에 의지할 수밖에 없다. 그들은 통치권을 끌어모음으로써 어느 정도 공익을 누릴 수 있지만 대개 실패를 거듭했다. 하지만 이러한 실패 자체가 치료법이다. 최빈국에 필요한 국제적 공익의 공급은 이미 이를 제공하는 협력 정신을 아는 고소득 국가에 의해 이뤄져야 한다. 하지만 고소득 국가 지도자들의 비겁함이나 무관심과 함께 최빈국 정부가 분개할 정도로 통치권에 대해 방어적인 자세는 현실적으로 가능한 국제적 행동을 급격히 제한한다. 이 책의 핵심 제안은 최빈국 사회 내부의 정치적 폭력을 이용할 수 있는 국제 사회의 소규모 개입 전략이다. 지금까지는 매우 파괴적이었던 이러한 정치적 폭력은 오히려 장점으로 바뀌어 민주주의의 적이 아니라 수호자가 될 것이다.

최빈국 사회에 내재하는 정치적 폭력을 선(善)을 위한 힘으로 활용하기 위해, 우리는 제한적이나마 국제적 힘을 필요로 한다. 이라크 전쟁 후, 고소득 국가에 의한 세계 평화 유지는 고소득 국가의 유권자들과 최빈국의 불안해하는 정부 양쪽 모두에 인기가 없다. 하지만 적절히 자제된 군사 개입은 발전에 필요한 안보와 국민에 대한 정부의 책임을 지원하는 데 중요한 역할을 한다.

내가 위험한 줄타기를 한다는 것을 안다. 최빈국을 구제할 수 없는 수렁으로 여기는 이들은 이 책의 제안을 값비싼 이상주의로 여길 것이다. 또 이 사회를 신제국주의의 피해자로 여기는 이들은 나의 제안을 변장한 제국주의라고 여길 것이다. 무엇보다 어떠한 형태이든지 내적인 정치적 폭력은 모두 비합법적이라고 여기는 이들은 이를 활용하자는 내 제안이 기본적인 원칙을 어겼다고 여길 것이다. 하지만 이 책의 제안은 비싼 이상주의가 아니라 분석과 증거에 기반한 것이다. 또한 이것들은 간사하게 모습을 바꾼 제국주의가 아니다. 최빈국 국민들도 우리처럼 독립 국가를 향한 합법적인 열망을 지닐 권리가 있다. 그리고 이 제안은 민주주의의 원칙을 훼손하는 것이 아니다. 내 생각엔 통치권의 신성함에 의해 보호받고 있는 거짓 민주주의가 이제 막다른 골목에 이른 데서 볼 수 있듯이 민족과 민주주의에 대한 열망 역시 현재와 같은 방식으로는 성취될 수 없다. 고소득 국가가 최빈국 국민을 위해 말라리아 백신을 제공해야 하는 것처럼, 안보와 정부의 책임성도 제공해야 한다. 이 세 가지 모두 만성적으로 충분히 공급되지 못한 공익이다. 이것들이 제대로 공급됐을 때, 최빈국은 진정한 주권을 가질 수 있다.

정치적 폭력의 타파는 우리의 희망과 전략이 뒤얽힌 착각에서 비롯된 것이다. 이러한 착각에 의한 실수가 크나큰 대가를 치르게 했다. 내가 분석하는 각각의 변화는 어쩌면 매우 희망적이다. 하지만 이 변화들은 모두 양날의 검을 지니고 있다. 이것들은 기본적으로 폭력을 증가시키는 과정을 불러올 수도 있다. 하지만 그저 나쁜 일이 일어날 수도 있다는 얘기가 아니다. 현대의 연구 방법이 허락하는 한에서 나는 민주주의가 변화에 순기능을 할지 혹은 파괴적일지를 결정하는 게 무엇인지를 보여줄 수 있다고 생각한다. 놀랍게도 최빈국의 민주주의는 정치적 폭력을 줄이는 것이 아니라 도리어 증가시켰다. 하지만 내 주장은 민주주의적 권리를 위해 용감하게 투쟁하는 이들의 노력을 폄하하려는 게 아니다. 그리고 독재를 옹호하려는 것도 아니다. 오로지 우리는 환상에서 벗어남으로써, 민주주의의 의심할 여지가 없는 잠재력을 선을 위한 힘으로 활용할 수 있는 실용적인 방법을 찾을 수 있다.

c o n t e n t s

현실 부정하기:
미친 민주주의

제1장

투표와 폭력

최빈국에도 민주주의가 확산되는 등 현대는 엄청난 정치적 변화를 겪었다. 하지만 민주주의는 진정 보급된 것인가? 최빈국은 분명 선거를 치렀다. 이들 국가들은 미국과 유럽의 압력에 의한 강력한 촉진 활동으로 민주주의의 가시적 특성이자 규정적 특성으로 여겨지는 선거를 치렀다. 그러나 진정한 민주주의는 그저 경쟁 선거를 하는 것만이 아니다. 선거에는 선거 관리에 대한 규칙도 있어서 부정행위는 처벌받게 되어 있다. 또 진정한 민주주의는 견제와 균형을 통해, 선출된 정부의 힘을 제한하기 때문에 선거에서 이긴 자가 패배자들을 억압할 수 없다. 엄청난 정치 지형의 변화는 민주주의의 확산으로 보일 수 있지만, 사실은 선거 제도의 확산이었다. 그런데 승리자의 권력에 제한이 없다면, 선거는 사실상 생사의 문제가 된다. 이러한 생사 투쟁이 선거 관리 규칙의 지배 아래 있지 않으면 선거 참가자들은 극단적인 상황으로 치닫게 된다. 그리고 그 결과는 민주주의(democracy)가 아닌, '미친 민주주의(democrazy)'다.

미친 민주주의 이전의 정치 체제는 개인 독재로, 보통 형식적인 이데올로기조차 없었다. 개인 독재의 정점은 자이르(콩고민주공화국의 전 이름-옮긴이)의 모부투 세세 세코(Mobutu Sese Seko) 대통령으로, 그의 이상한 정부 체제는 미셸라 롱의 《쿠르츠의 발자국에서(*In the Footsteps of Mr. Kurtz*)》에 잘 설명되어 있다. 개인 독재는 종족 편애와 정부 기관의 손상을 의미한다. 모부투의 권력은 탐욕과 공포에 의존했는데, 그를 후원하면 부를 얻을 수 있었고, 그가 거느린 폭력배들은 의심 가는 반대 세력을 고문으로 체벌할 수 있었다. 에티오피아의 더그(Derg) 정부와 앙골라의 앙골라해방인민운동(MPLA, Movimento Popular de Libertacão de Angola)과 같이 이데올로기가 있는 곳에선 마르크스주의자가 설쳤으며, 이 무섭고 파멸적인 정부는 서양 좌파로부터 큰 지지를 받았다. 기독교적 정서가 19세기 화가들에게 필요했던 것처럼, 마르크스 이데올로기는 정치 지도자들이 예의상 겉치레로 사용한 언어였다. 이런 가장술이 설치던 짐바브웨에는 공산당 정치국이 있었고, 이들은 모두가 동지로 여겨졌다. 이러한 반민주주의적 체제는 마치 폭력적인 반대 세력을 자초하는 것처럼 보였다. 모부투와 더그는 모두 반란에 의해 전복됐고, MPLA는 우익 앙골라완전독립민족동맹(UNITA, União Nacional para a Independência Total de Angola)의 거대한 폭동에 직면해야 했다.

1990년도에 아프리카와 남미, 아시아 전역에서 독재 체제가 차례로 모두 무너졌다. 때로는 동유럽의 민주화운동에서 용기를 얻은 시민들이 거리로 몰려나왔는데, 가장 놀랄 만한 일은 인도네시아에서 수하르토(Suharto) 대통령이 쫓겨난 사례였다. 원조국들이 민주주의를 지원 조건으로 내세운 경우도 있다. 가장 성공한 곳이 케냐였는데, 외교 전문가들은 다니엘 모이(Daniel Moi) 대통령을 압박할 수도 있다는 것을 깨달았다. 때로는 독재자들이 정세를 파악하고 먼저 따르기도 한다. 독재자들은 보통 아첨꾼들에 둘러싸여 있으므로 이것이 민주화 과정에 도움을 주는 경우도 있다. 민주화에 대해 고민하는 독재자가 자신의 수하들에게 무엇을 물어볼지 상상해보라. 사실 생각해보면 한 가지 질문밖에 없다. 내가 선거를 하면, 이길까? 그러면 아첨꾼의 대답은? 아첨꾼이 하는 일은 대중의 의견을 수렴하는 것이 아니기 때문에 아마 그는 어떤 실마리도 잡지 못할 것이다. 어쨌거나 사람들이 대통령을 싫어한다고 생각해도, 오랫동안 국민들은 대통령을 사랑한다고 말해왔기 때문에 사실을 말할 수 없다. 대통령에게 진실을 말한 고문(adviser)은 대부분 직위를 오래 유지하지 못했다.

적어도 동티모르의 수하르토, 잠비아의 카운다와 짐바브웨의 무가베 같은 독재자들이 이런 식으로 졌다. 세 사람 모두 자신들의 승리를 확신했기 때문에 투표를 실시한 것이다. 하지만 국민들이 독립을 위해 압도적으로 투표하는 바람에 수하르토는 동티모르에서 패했다. 수하르토보다 조금 나았던 카운다는 20퍼센트의 지지율을 얻었지만, 주로 예산을 집중 투자한 그의 고향에서 얻은 표였다. 투표 결과를 확인하면서 그는 국민들이 감사할 줄 모르는 것에 대해 화를 냈다. 이곳에서 정확히 무슨 일이 일어났는지 우리는 절대 알 수 없다. 다행히 당시 잠비아에서는 지미 카터 전 대통령이 선거 감시단을 이끌고 있었다. 선거 결과가 공개되자 카터는 어떻게 해야 할지 알았다. 대통령궁으로 서둘러 달려간 카터는 카운다의 고통을 지켜보면서 선거를 무효화하기엔 너무 늦은 시간이 될 때까지 그곳에 머물렀다. 사실 카터도 비슷한 경험을 한 적이 있었는데 그가 대통령궁에 함께 있자 카운다는 패배를 인정할 수밖에 없었다. 카터가 없었어도 카운다가 그렇게 했을지는 아직도 의문이지만, 들리는 소문에는 그가 아프리카 국가들을 방문하면서 다른 대통령들에게 자신의 실수를 되풀이하지 말 것을 충고했다고 한다.

1990년대 중반, 무가베 대통령은 대세에 따라 다당제가 가능한 선거 제도를 도입하고 대통령 임기를 제한하는 헌법을 받아들였다. 많은 독재자들이 자신의 임기가 끝날 때쯤이면 어떤 방법으로든 개헌을 할 수 있을 것이라 자신하고 임기 제한을 받아들였다. 그리하여 임기 제한은 시한폭탄이 됐다. 물론 러시아 블라디미르 푸틴 대통령의 경우는 헌법의 허점을 악용한 탁월한 예다. 임기 제한을 바꾸는 것이 아니라 그냥 총리가 되어 유효한 권력을 대통령에서 총리로 옮기면 되는 것이다. 나이지리아의 올루세군 오바산조(Olusegun Obasanjo) 대통령과 잠비아의 프레더릭 칠루바(Frederick Chiluba) 대통령은 임기 연장에 실패했지만, 차드의 이드리스 데비(Idriss Deby) 대통령과 우간다의 요웨리 무세베니(Yoweri Museveni) 대통령은 성공했다. 무가베 대통령은 임기 제한을 없애고 대통령의 권력을 확대시키기로 결정했는데, 그러려면 국민 투표가 필요했다. 그가 패배한 이유는 바로 이 때문이다. 불행히도 국민투표는 대통령 선거와 동시에 실시되지 않았는데 무가베는 선거를 민주적으로 치를 경우 자신이 질 것을 알아채고는 (대통령 선거를 치르지 않은 채) 대통령직을 계속 수행했다. 그가 마주하게 된 문제에 대해선 곧 설명하게 될 것이다. 지금은 민주주의의 확산 문제에 집중하고 싶다. 국가마다 정부는 이제 경쟁 선거의 대상이 됐다. 때로 그들은 이기거나 졌지만, 어느 경우든 반대 세력이 자신들의 입장을 더 잘 드러낼 수 있게 됐다.

그렇다면 민주주의의 확산이 어떻게 정치적 폭력을 행사하기 쉽도록 한 것일까?

분명히 폭력은 줄어들 것이다. 그리고 우리가 이미 알고 있는 것의 기본을 살펴보는 일은 도움이 된다. 민주주의가 정치적 폭력 발생을 줄일 것이라고 기대하는 데는 두 가지 이유가 있다. 나는 이것들을 책임성(accountability)과 합법성(legitimacy)이라고 부를 텐데, 이 두 개는 상호 보완적이기 때문에 서로를 보강한다. 책임성의 영향력은 다음과 같다. 민주주의에서 정부는 평범한 국민이 원하는 것을 충족시켜주기 위해 노력할 수밖에 없다. 정부가 제대로 일한다면 재선될 것이고, 대안 정부보다 부족하다고 여겨지면, 재선에 실패할 것이다. 어느 쪽이든 간에 정부는 유권자에게 책임이 있으므로 공약을 성취하기 위해 노력할 것이다. 독재자는 공약을 이행하도록 노력하겠다고 할 수도 있지만, 그에게는 그저 하나의 선택일 뿐이다. 하지만 민주주의 정부에는 선택권이 없다. 실제로 독재자들은 모부투처럼 전혀 다른 선택을 한다. 그래서 민주주의는 지도자들이 책임성을 갖게 함으로써 정부의 성과를 높이려는 경향이 있다. 이것이 왜 결국 정치적 폭력을 줄일까? 물론, 불평거리가 줄어들기 때문이다. 정부가 평범한 이들의 욕구를 충족시켜준다면, 그들은 정부를 향해 무기를 들지 않으려 할 것이다.

책임성의 효과가 이렇다면 합법성은 어떤가? 선거에서 당선되는 것은 이제 정부의 합법성을 뒷받침하는 근거로 여겨진다. 그리하여 적어도 민주주의 이론에 따르면, 합법적인 정부는 일정한 권리를 갖게 된다. 이런 정부는 해야 할 일에 대한 권한을 갖고, 프로그램을 이행하는 데 반대가 있어도 적당한 선에서 실행할 수 있다. 민주주의에서 국민은 이러한 법에 따르는 데 동의하고, 정부의 프로그램을 반대하는 과정에서 폭력의 사용을 정당화시키지 않는다. 그러므로 이것은 정치적 폭력 감소의 또 다른 이유가 된다. 정부 내의 가장 극단적인 반대자들이 정부가 이 같은 프로그램을 이행할 자격이 있다고 인정하지 않더라도 폭력적 반대에는 대중적 지지가 따르지 않는다는 것을 그들도 알게 될 것이기 때문이다. 더 이상 자신들의 투쟁이 타당하다고 논리적으로 설명할 수 없다.

따라서 민주주의는 정치적 폭력을 향해 두 가지 치명적인 타격을 가한다. 즉 민주주의에서는 불만사항에 대한 객관적 근거가 줄어들고, 이에 따라 민주주의는 정부에 대항할 때 폭력에 의지하도록 설득하기 어렵게 한다.

민주주의가 정치적 폭력에 대한 해답이라고 우리는 확신하기 때문에, 이의 진위 여부를 확인하는 것은 아주 무례하게 보인다. 민주주의의 평화 장려 정책의 이득은 정책 분야에서 기본적인 확신이 되었는데, 실제로 정치 영역에서는 보기 드물게 일치된 믿음 중 하나다. 서로 일치하는 게 별로 없는 조지 소로스와 조지 부시도 이 점에 대해서는 다른 많은 사람들처럼 동의할 것이라고 생각한다.

최빈국들이 민주화하기 시작했을 때, 나는 다른 누구나처럼 열광했다. 하지만 뒤이은 시간들은 내가 기대한 것보다 어려운 시절이었다. 난 혀를 끌끌 차는 비판가들에게 할애할 시간이 별로 없다. 변화는 어렵고, 이에 반대하는 강력한 세력이 있다. 최빈국들이 내 기대에 미치지 못했다는 것이 아니다. 난 내 연구 성과를 뒤돌아보며 명확한 것들을 놓쳤다고 생각하기 시작했다. 실제로 계속 의심한 사람들도 있었지만, 그들의 목소리는 민주주의의 환호에 묻혀 들리지 않았다. 나는 좀 더 개발된 국가들에만 해당될 수 있는 이론들이 확대 해석된 것은 아닐까 생각하게 됐다. 최빈국은 책임성과 합법성의 효과가 제대로 작동하는지를 확인하기에는 전제 조건이 부족할 수 있다. 이렇게 의심하는 것은 내키지 않았지만 증거를 살펴봐야 한다고 생각했다.

당신은 민주주의와 정치적 폭력의 관계가 학문의 영역에 이미 확립돼 있을 것이라고 기대할 수도 있다. 하지만 나는 놀랍게도 그렇지 않다는 것을 발견했다. 오히려, 이 분야는 현대 사회 과학에서 미개척 영역과 다름없는지 한 편의 논문도 찾을 수 없었다. 나는 스위스에서 온 젊은 연구원 도미니크 로흐너(Dominic Rohner)와 함께 일을 시작했다.

우리는 1960년대부터 세계 거의 모든 나라에 대한 정보를 수집했다. 정보 가운데 의미 있는 특징을 잘 대조하면, 민주주의가 정치적 폭력 발생 정도에 어떤 영향을 미치는지를 알 수 있을 터였다. 처음에는 어떤 관련도 찾을 수 없었다. 하지만 난 이러한 현상이 본질적으로 맞지 않다고 생각했다. 정치 체제와 같이 현저히 다른 특징은 상관관계가 있을 수밖에 없었다. 그러다가 우리는 이 관계가 모든 경제 개발 범주에서 동일하지 않을 수 있겠다고 생각하게 됐다. 사실 10억 인구의 최빈국들은 다른 민주주의 국가들보다 훨씬 가난하다는 점이 독특하다고 여겨졌기 때문이다. 어쩌면 가난한 국가에서 민주주의가 폭력에 미치는 영향은 부유한 국가와 다르기 때문일 것이다. 우리는 이 가능성을 생각하면서, 정치 체제는 언제나 서로 관련 있다는 것을 발견했다. 사실 민주주의는 가난한 국가에서는 부유한 국가일 때와 정반대의 영향을 미쳤다. 이렇게 반대의 영향을 미쳤기 때문에 처음에는 아무 영향이 없는 듯 보였던 것이다. 그렇다면 무엇이 이처럼 정반대의 영향을 미치게 했을까?

우리는 적어도 중간소득 국가에선 민주주의가 체계적으로 정치적 폭력의 위험을 낮춘다는 것을 발견했다. 민주주의가 사회를 더욱 평화롭게 한다는 책임성과 합법성 관점의 예측이 들어맞았다. 하지만 저소득 국가에서 민주주의는 사회를 더 위험하게 만들었다. 마치 가난만으로는 충분히 비참하지 않다는 듯 민주주의의 영향력은 상태를 더 악화시키는 역할을 했다. 가난하지 않은 사회에서 민주주의는 안전한 상태를 강화시켰지만, 가난한 사회에서는 강도 높은 위험을 증폭시켰다.

민주주의가 가난한 사회는 더욱 위험하게 만들지만 그렇지 않은 사회는 더욱 안전하게 한다면, 민주주의가 아무런 효과를 발휘하지 않는 소득의 한계 수준이 있을 것이다. 이 한계는 1인당 연간 소득 2700달러로 하루치 소득으로 계산하면 7달러다. 최빈국의 소득은 모두 이 한계 수준보다 낮은데 실제로 대부분 이보다 훨씬 낮은 수준의 소득으로 살고 있다.

내 생각에 이러한 결과가 담고 있는 핵심 의미는 민주주의가 최빈국을 어떻게 도울지에 대해 책임성과 합법성 이론만으로는 뭔가 한참 부족하다는 것이다. 이 책은 그 부족한 점을 찾는 데 집중할 것이다. 하지만 난 조사 결과를 아직 다 설명하지 않았다.

고소득 국가가 더 안전하다는 것을 다시 생각해보자. 조사 결과를 통해 고소득 국가에서의 긍정적 효과는 민주적인 사회 체제에 의존하는 것으로 나타났다. 실제로 이보다 더 놀라운 점은, 민주주의가 없을 경우 사회가 부유해지면 정치적 폭력을 더 겪기 쉽다는 것이다. 소득이 증가하면 민주주의 체제는 더욱 안전해지고, 독재 체제는 더욱 위험해진다. 그래프로 표현해보겠다. 여기에서 당신은 소득이 높아질수록 민주주의의 안전성이 증가하는 것을 보여주는 상향곡선과 반대로 소득이 높아질수록 독재 체제의 안전성이 감소하는 것을 보여주는 하향곡선의 두 개의 선을 생각해볼 수 있다. 민주주의의 순 효과가 없는 소득 수준인 2700달러는 이 두 선이 만나는 지점이다. 이 결과를 우리 시대에 가장 놀라운 소득 변화를 겪고 있는 사회, 즉 중국에 적용해보자. 중국은 이제 1인당 소득이 3000달러를 넘어섰다. 만약 중국이 현 상태를 유지할 경우, 그 대단한 경제 성장으로 인해 정치적 폭력이 일어나기 더 쉬워진다는 것이다.

우리의 첫 연구는 복잡한 통계 문제를 들여다보기 시작했다는 점에서 의미 있었지만, 이번에는 통계 문제를 분석하고 그 결과가 맞는지 확인할 차례였다. 예를 들어, 소득은 갈등과 정치 체제 모두에 영향을 받을 수도 있었다. 인과 관계는 사실 우리가 해석한 것과 정반대 방향으로 진행되는지도 모른다. 우리는 이 점을 확인했고, 그렇지 않다는 설명에 만족했다. 우리의 연구 결과는 가짜가 아니었다. 정치적 폭력에 관한 통계 연구 분야에서 최고의 라이벌 팀은 스탠퍼드 대학교의 제임스 피어런(James Fearon)과 데이비드 레이틴(David Laitin)이었다. 우리처럼 그들은 폭력을 초래하는 요인들의 모델을 가지고 있었지만 세부적인 사항에서는 우리와 달랐다. 우리는 민주주의가 최빈국에서 폭력 위험을 증가시키는지 확인하는 좋은 테스트라는 생각에 우리의 이론이 그들의 모델에도 적용되는지 살펴보기로 결정했다. 불행하게, 그들의 모델에도 적용이 됐다. 가장 주목할 만한 결과는 우리가 정치적 폭력의 여러 형태를 조사했을 때 나타났다. 우리는 암살, 폭동, 정치적 시위, 게릴라 활동과 유혈 내전 등을 살펴봤다. 놀랍게도 이들의 패턴은 모두 같았다. 저소득 국가에서 민주주의는 정치적 폭력을 증가시켰던 것이다.

나는 이 결과가 불변의 관계를 보여준 것이라고 생각하지 않는다. 나중에 난 민주주의가 최빈국에서도 적용될 수 있다고 주장할 것이다. 하지만 지금은 그 사회가 바뀔 수 없을 때 어떤 영향을 미칠지 고려해보자. 그렇다면 이 결과가 의미하는 것은 평화라는 목표로 판단했을 때 경제적 변화와 정치적 변화가 차례로 일어나야 한다는 것이다. 민주화에 가장 이상적인 단계는 사회가 적절한 수준으로 개발됐을 때다.

도미니크와 내가 이 결과를 이해했을 때 우리는 '왜 그럴까' 궁금했다. 이 질문은 세 개의 다른 퍼즐로 이뤄져 있다. 첫째, 왜 민주주의가 소득 수준에 따라 정치적 폭력 위험을 감소시키는 긍정적 효과를 가져오는가? 즉, 소득 수준의 관점에서 볼 때 더 부유한 국가에서 민주주의가 평화를 장려하도록 하는 것은 무엇인가? 둘째, 반대로 왜 독재 체제는 고소득 국가에서 더 위험해지는가? 마지막으로, 기이하게도 민주주의와 독재가 소득의 영향을 받을 경우, 민주주의가 폭력의 위험이 있는 사회를 만드는 데 훨씬 더 순수한 효과가 있었다. 관측할 수 없는 어두운 물질처럼, 사회 전반에 걸쳐 폭력의 위험이 도사리고 있었다. 그것은 무엇인가? 쉽게 답할 수 없는 질문이었다.

답변에 필요한 통찰력은 원조국들로부터 민주화하라는 압박에 항복한 최빈국에서 내가 대통령의 위치에 있다고 상상하는 간단한 심리학적 방법으로 가능했다. 즉 내가 그 전까지 어떻게 평화를 유지했고, 민주화가 내 문제를 어떻게 변화시켰는지를 상상해본 것이다. 독재자가 어떻게 권력을 유지하는가를 고민한 것은 내가 처음이 아니었다. 헤로도토스는 페리안드로스가 코린토스의 젊은 독재자가 됐을 때 밀레투스의 독재자 트라시불로스에게 전령을 보내 조언을 구한 사실을 언급했다. 트라시불로스는 매우 효과적으로 권력을 장악하고 있었다. 그런 그는 이제 막 같은 반열에 오른 누군가에게 해줄 조언이 있지 않았을까? 트라시불로스는 페리안드로스의 전령을 옥수수 밭으로 데리고 나가, 말을 하는 동안에 계속 제일 키가 큰 줄기의 끝을 잘라냈다. 전령은 이해하지 못한 채 돌아왔지만, 페리안드로스는 그게 무슨 뜻인지 이해했다. 사회과학이 헤로도토스의 시대로부터 2500년도 더 발전했지만 난 아직도 이 일화가 권력 유지의 기술을 잘 설명해준다고 생각한다. 트라시불로스의 조언을 일반화하면, 핵심은 선제공격이다. 위험 가능성이 큰 인물들이 행동으로 옮기기 전에 미리 숙청하는 것이다. 민주주의가 이런 숙청을 착수하는 나의 능력에 어떤 영향을 미치는가? 선제공격의 문제는 아무 죄도 짓지 않은 사람들을 미리 벌해야 하기 때문에 법에 어긋난다는 것이다. 이러한 행동은 적당한 수준의 민주주의에서도 충돌한다.

민주주의의 결과로, 숙청할 수 있는 능력이 줄어든다는 것이 민주주의가 왜 정치 폭력을 증가시키는지에 대한 설명 중 하나가 될 수 있다. 지도자들이 더 이상 선제공격을 할 수 없다면, 그들은 정치적 폭력을 막기가 더 힘들어질 것이다. 이것이 왜 민주주의의 효과가 소득 수준에 의존하는지 외에, 정치적 폭력을 증가시키는지에 대한 설명이다. 헤로도토스가 우리에게 아이디어를 제시했으니, 이제는 시험해볼 차례다.

우리는 숙청에 관련된 방대한 정치학 자료를 살폈다. 믿거나 말거나, 이러한 자료는 국가별로 매년 측정된다. 우리는 다른 영향력을 제외했을 때 민주주의가 숙청을 더 어렵게 만드는지를 알고 싶었다. 그 결과,

보통 수준의 민주주의 체제라 해도 숙청의 빈도를 눈에 띄게 감소시키는 것으로 나타났다. 탄압을 통해 평화를 지키는 관점에서 볼 때 민주주의는 엄청난 기술적 후퇴였다.

민주화가 평화 유지를 더 어렵게 만드는 실례를 원한다면 이라크를 보라. 현 체제의 한계가 무엇이든, 사담 후세인 체제보다는 훨씬 민주적이다. 하지만 후세인 통치하의 이라크는 평화로웠다. 비록 매력적인 평화는 아니었지만, 그것도 일종의 평화였다. 다만 국민의 동의보다는 선제적 탄압에 의존했다.

그리하여 억압 기술의 약화는 곧 민주주의로부터 초래되는 정치적 폭력 위험의 증가라고 난 생각했다. 그렇다면 소득이 증가할수록 민주주의는 왜 더 유리한가? 그에 대한 해답은 내가 처음에 설명했던 책임성과 합법성에 있다.

최빈국에서 민주주의의 책임성과 합법성의 효과가 정치적 폭력의 위험성을 감소시키지 않는 단도직입적인 이유는 이 나라들에서는 민주주의가 책임성이나 합법성을 담보로 삼지 않기 때문이다. 그렇다면 왜 그런가?

수년 동안 나는 매우 똑똑한 학생들을 봐왔지만, 그중에서도 가장 똑똑한 학생은 현재 런던 정치경제 대학교(LSE)의 저명한 교수이자 〈아메리칸 이코노믹 리뷰(American Economic Review)〉의 편집장이었던 팀 베슬리(Tim Besley)다. 그의 책 《원칙에 의거한 대리인들?(Principled Agents?)》는 정치인들이 유권자들을 상대하는 것이 자신들을 단련시키는 일인가에 대해 고찰한 가장 진지한 이론적 시도다. 복잡한 책이지만, 나는 이 책의 요지를 여러분에게 제공할 계획이다. 만약 현직 정치인이 국민들이 원하는 것을 주려는 노력조차 안 한다면, 유권자들은 금방 이를 알아챌 것이다. 정치 지도자들의 행동은 언론에 의해 철저히 감시당하고, 일반 국민들의 비용으로 개인적 이익만 추구하는 정치인은 재선되지 않을 것이다. 정치인들은 권력을 유지하고 싶어 한다. 아마 그들이 바람직한 일을 해야 한다는 소명 의식을 느끼는 데다, 무엇보다도 그들이 선택한 생활방식이기 때문일 것이다. 정치는 그들의 직업이기 때문에 이를 잃고 싶어 하지 않는다. 그리하여 언론의 철저한 감시와 정치인들의 권력욕 사이에서 정치 지도자들은 공익을 위해 노력할 수밖에 없다.

하지만 최빈국의 조건은 대부분 그와는 전혀 다르다. 유권자들이 스스로 선택해야 할 것들에 대해 별로 아는 게 없다고 가정해보자. 유권자들이 겪은 공직자들의 지난 실적은 보통 여러 가지로 해석될 것이다. 아마도 그들의 성과가 좋지 않은 것은 아마도 정부의 탓이 아니라, 다른 어쩔 수 없는 상황이 있었을 것이다. 최빈국과 같은 일촉즉발의 경제에서는 통제할 수 없는 쇼크가 자주 경제를 위협한다. 일반적인 쇼크는 국가의 수출품 가격이 추락하고, 그에 따라 경제가 붕괴되는 것이다. 선거가 있기 전에 이런 일이 벌어졌던 세 곳의 아프리카 민주주의 국가가 생각난다. 각 상황에서 현직 정부는 그런대로 일을 잘했다. 첫 번째는 베냉공화국에서 있었던 1996년의 선거전으로, 개혁하는 대통령을 물러나게 했다. 또 우간다의 1998년 선거전에서도 같은 경우가 일어났는데, 그 결과 세계 커피 가격이 추락했다. 그리고 2006년에 선거를 치른 마다가스카르에서 수출품의 가격이 추락하면서 동시에 석유 수입 가격이 치솟았다. 경제가 붕괴하는 이유가 막을 수 없는 외부 쇼크 때문인지 아니면 정부가 무능해서인지, 유권자들이 어떻게 알 수 있단 말인가? 물론 정부가 설명하려 했지만, 정치는 항상 변명으로 만들었다. 이런 상황에서 그들이 뭘 믿어야 할지 어떻게 알 수 있단 말인가?

불충분한 정보에 대한 문제와 더불어 유권자들은 현직 대통령의 성과와 상관없이 종족 정체성에 따라 투표할 수도 있다. 이 정체성은 최빈국들의 투표에서 가장 기본적 요소다. 이들 사회는 보통 경쟁 관계인 종족으로 나뉘어 있어 종족 정체성이야말로 정치적 충성심을 조직하는 가장 쉬운 토대가 된다. 문제는 충성심이 논쟁적 이슈나 업적에 기초한 것이 아니라는 점이다. 투표는 간단히 종족 간의 경쟁의식에 의해 나뉜다. 찬성이나 반대로 나뉜 세력권의 결과는 현직 정치인이 모으는 표의 성과보다 더 민감하게 기능한다. 그가 일을 잘했는지 아닌지에 따르는 표는 얼마 되지 않는다. 그래서 사람들은 성과를 평가할 정보 없이 그냥 투표할 뿐 아니라 소수만 성과에 따라 투표할 것이다.

그리고 좋은 성과를 내는 정부는 실제 별로 많지 않아서 한계가 있다. 특히 좋지 않은 성과를 낸 정부는 경제적 사안에 제대로 대처할 수 있는 능력에 대한 신뢰를 상실할 가능성이 크다.

마지막으로, 정부가 좋은 일을 하려면 결정적으로 수익성 높은 행위를 포기해야 한다는 점을 가정해야 한다. 경제를 엉망으로 만드는 것은 일반 국민에게 해를 끼칠 수도 있지만, 이는 개인적인 축재자들과 추종자들 가운데 충복들에게 보상해줄 수 있는 작은 틈새를 열어줄 수 있다. 이런 기회까지 없애버리면, 지도자는 자신에게 계속 충성하도록 하는 방법을 모두 잃게 된다.

그렇다면 이 모든 것을 어떻게 잡아둘 것인가? 유권자가 갖고 있는 정보의 질이 떨어질수록, 정체성의 정치학이 표를 동결시킬수록, 정부가 사건을 다루는 능력에 대한 자신감을 잃을수록, 나쁜 통치법을 포기하는 대가가 커질수록, 선거를 받아들이는 것이 현직 정치 지도자가 좋은 업적을 내도록 단순히 규율하는 것만은 아니라는 결론에 이르게 된다. 팀 베슬리의 요지는 바로 이것이다. 즉 정치인들이 좋은 성과를 내지 않아도 여전히 이길 가능성이 있다면, 정치인이 되고자 하는 사람들의 성품도 달라질 것이다. 만약 정직하고 능력 있다는 점이 선거에서 유리하지 않다면, 그들은 낙담할 것이다. 그리고 사기꾼들이 정직한 이들을 대신해 후보가 될 것이다.

이 과정에 대한 우울한 지표는 최빈국에서 민주주의 정치는 범죄 전과가 있는 후보자들을 유인하는 경향이 있음을 잘 보여준다. 그들이 범죄 전과 때문에 선거에 나가지 못할 거라고 당신은 생각할 수 있다. 난 미국이나 영국, 그리고 많은 부유한 국가에서는 마땅히 그럴 것이라고 생각한다. 하지만 최빈국에서는 그렇지 않다. 유권자들은 진실과 비난을 분별할 만큼 충분한 정보를 갖고 있지 않다. 언론에 재갈이 물려 있거나 아니면 언론이 너무 자유로운 나머지 유권자들이 실체를 규명할 수 없는 비방들이 난무한다. 그렇지 않으면 유권자들은 종족적 충성심에 사로잡혀 비록 범죄자일지라도 같은 종족의 정치가를 지지한다.

선출직이 정직한 이들보다 범죄자들에게 더욱 매력적인 이유 중 하나는 오직 범죄자들만이 부정행위를 저지를 수 있다는 것이다. 또 다른 이유는 선출직이 불기소 면책 특권을 준다는 것이다. 그것이 누구에게 유용할지 생각해보라. 정직한 이들에겐 면책 특권이 단지 짓궂은 공격으로부터 보호해줄 뿐이며, 그들은 그런 게 없어도 공세를 잘 막아낼 것이다. 하지만 범죄자들에게 면책 특권은 자유와 감옥만큼의 차이를 뜻한다. 때로 그것은 우스갯거리가 되기도 한다. 2007년 나이지리아의 지방

자치 단체장 선거에서는 부지사 당선자와 그를 잡으려는 경찰 사이의 힘겨루기가 있었다. 그 부지사의 집이 감옥이 되거나 부지사의 관사가 되는 아슬아슬한 상황이었다.

만약 정직한 이들이 이기지 못할 거라는 생각에 입후보하지 않는다면, 유권자들은 괜찮은 지도자를 선택할 수조차 없게 된다. 후보들에 대해 실질적으로 알아낼 핵심 사항이 거의 없어 악순환이 계속된다.

팀 베슬리의 분석은 민주주의에 대한 진지한 연구의 최첨단 수준이다. 하지만 그가 분석한 세계마저도 최빈국의 선거 캠페인에 비교하면 매우 점잖은 편이다. 기본적으로 그의 세계에 있는 정치인들은 규칙을 지키는 편인 데 비해 유권자들은 정보가 불충분한 경우였다. 다시 한 번 내가 민주주의 체제에서 권력을 유지해야 하는 늙은 독재자의 상황에 처해 있다고 가정해보자. 어떤 선택을 할 수 있는가? 생각하고 싶지 않지만, 국민들이 나를 사랑하지 않는다는 사실을 인정해야 한다. 내가 성취한 위대한 업적에 감사하는 것이 아니라, 그들은 비슷한 다른 국가들이 변화하는 동안 우리 나라는 내가 너무 오래 집권하면서 침체했다는 것을 점점 깨달았을 수 있다. 이것이 내 잘못이라고 설명하는 설득력 있는 목소리도 있다. 난 상황이 이렇게 됐다는 것에 믿을 수 없다는 듯 고개를 흔들며, 순금 만년필을 잡고 선택권을 적기 시작한다. 나는 체계적으로 각 선택권의 장점과 단점을 다음과 같이 쓸 것이다.

선택 1: 개과천선하여 좋은 정부를 세운다

장점_ 이는 많은 이들이 원하는 것이다. 변화를 일으킬 것이고, 나 자신이 뿌듯한 기분을 느낄 것이며, 내 자식들이 자랑스러워할 만한 유산을 물려줄 수 있다.

단점_ 어떻게 해야 할지 난 전혀 모른다. 내가 수년 동안 계발한 능력은 전혀 다른 것으로, 많은 후견인들에게 돌아가며 관직을 제공함으로써 권력을 유지하는 것이었다. 맙소사, 이제 나는 그 끔찍한 원조자들의 보고서를 읽어야 될지도 모른다. 그리고 내가 변화에 필요한 일을 하더라도, 공무원들이 이를 원치 않을 것이다. 사실 난 훌륭하거나 정직한 사람들이 쫓겨나도록 수년을 보냈으니까. 정직한 이들은 관리하기 힘들다. 그래, 나도 헤로도토스를 읽는다. 게다가 개혁은 위험할 수도 있다. 내 주위의 벌레 같은 아첨꾼들은 동의하지 않을 것이고, 심지어 측근들이 쿠데타를 일으켜 내 자리를 차지하려 할지도 모른다. 그들은 아마도 외부 세계에 개혁가처럼 보이려고 할 거야! 하지만 내가 진정 좋은 정부를 세운다고 하자. 내가 재선할 수 있을까? 올바른 통치의 필요성에 대해 나에게 강의하러 온 부유국 정치 지도자들을 다시 생각해보자. 그들은 어떻게 됐지? 선거에서 그들은 얼마나 성공했지? 계산해보니 재선 확률은 겨우 45퍼센트 정도잖아. 내가 변화한다고 해도, 이길 확률은 45퍼센트네.

외국 대사들이 좋은 통치에 대해 끊임없이 훈계한다 해도, 이 첫 번째 선택은 크게 매력적으로 보이지 않는다. 제대로 통치하기가 힘들다는 사실은 운 좋은 부유한 상대 국가들과 비교해 당신의 선거 운동을 겁먹게 한다. 인생의 불평등에 대해 생각해보지만, 방종은 멀리한 채 지금 갖고 있는 한도 내에서 최선을 다하기로 한다. 그러면 이 생각은 부유국의 대통령들과 비교해서 당신이 잠재적 우위에 있다는 것을 깨닫게 된다. 비록 당신이 선거에서 이기려 한다 해도, 어떻게 활동하는지 세세히 조사받지는 않을 것이다. 그럼 이 같은 방식은 나쁜 정부를 계속 유지하더라도 이길 수 있는 전략을 가능하게 해주는가?

선택 2: 유권자들에게 거짓말을 한다

장점_ 당신이 언론을 통제하기 때문에, 무척 쉽다. 게다가 국민들은 상황이 얼마나 나쁜지 알 수 있는 교육을 받거나 참조할 만한 것이 없다. 그래서 당신을 대통령으로 둔 것이 얼마나 좋은 일인지 그들에게 말해줄 수 있다.

단점_ 당신이 수년 동안 이렇게 거짓말을 해왔기 때문에 사람들은 당신이 하는 말을 좀처럼 믿지 않는다.

결국 모든 것을 감안했을 때 거짓말을 하는 게 나은 듯싶지만, 승리를 장담할 수는 없다.

선택 3: 소수를 희생양으로 삼아라

장점_ 이것은 유용하다! 모든 문제를 국내의 소수자들이나 외국 정부 탓으로 돌려라. 짐바브웨의 무가베 대통령이 바로 역할 모델이다. 증오의 정치는 오랫동안 선거에서 승리하도록 도왔다. 대부분의 최빈국은 지탄 대상으로 삼을 소수 민족이 있는데, 만약 그렇지 않다면 미국을 탓할 수 있다. 그리고 당신의 집단에 편애를 약속할 수 있다.

단점_ 당신의 친한 친구들 중 일부가 소수 민족에 속해 있다. 실제로 그들은 몇 년 동안 대가를 바라고 후원을 해왔다. 소수 민족 출신 사업가들을 더 좋아하는 것은 그들이 아무리 부자가 되어도 정치적으로 당신에게 도전하지 않기 때문이다. 당신이 경계할 대상은 핵심 종족 집단이다. 당신이 소수 민족을 너무 겁주면, 그들은 돈을 대지 않을 것이다.

그러므로 희생양 채택 방법은 비록 효과가 있더라도, 어떤 점에서는 대가가 상당히 크다.

선택 4: 뇌물을 쓴다

장점_ 뇌물은 상대를 이기기 좋은 장점 중 하나다. 당신이 돈을 더 많이 가지고 있으니까.

단점_ 사람들이 약속을 지킬 것이라고 믿을 수 있는가? 그들에게 돈을 주면 당신에게 표를 던질까? 그러나 세상엔 지조 없는 사람들이 꽤 많다.

둘 다 고려해보면, 무엇이 좋은지 모르겠다. 믿을 수 있는 연구 결과가 있으면 좋으련만! 당신이 인터넷을 검색해보면 옥스퍼드 대학교 아프리카경제연구센터의 페드로 빈센트(Pedro Vincente)가 연구한 결과를 찾을 수 있을 것이다. 그리고 대충 훑어보다가 곧바로 집중하게 될 것이다. 페드로는 아프리카의 상투메프린시페(중앙아프리카 기니 만에 있는 조그만 섬나라-옮긴이)에서 선거 과정의 뇌물 수수에 대해 무작위로 추출된 케이스로 통제된 실험을 했다.

당신은 그의 연구 중점이 뇌물을 막을 수 있는지에 대한 조사라는 것을 겨우 알게 될 것이다. 그러다가 매우 결정적인 단서를 찾을 것이다. 어떤 구역에서는 뇌물 수수가 외부의 감시로 인해 제지됐지만 다른 곳에서는 그렇지 않았다. 뇌물 수수가 제지되지 않은 지역에서는 뇌물을 뿌린 후보가 더 많은 표를 얻었다. 즉, 뇌물은 유용한 것이다!

뇌물은 소매나 도매의 두 가지 형식으로 사용된다. 소매 뇌물은 비싸고 어렵지만, 사용할 만하다. 장점은 성공에 중요한 유권자들의 주머니를 목표로 삼을 수 있다는 것이다. 예를 들어 케냐의 모이 대통령은 핵심 유권자들의 관심을 영악하게 끌어모아 37퍼센트의 지지율로도 선거에서 이겼다. 어째서 뇌물이 실패하지 않는가? 영국 노동당이 개인에게 금품을 뿌리다 걸리면 선거에서 엄청난 타격을 입을 것이다. 하지만 다른 많은 사회에서의 선거 양상은 이와 다르다. 정치인들이 임기 내 한 일이 하나도 없기 때문에 사람들은 자신들이 투표권을 가진 짧은 선거 기간에 그들을 지지하고, 공약 대신 현금으로 되받는 것을 기대하는 것이다. 하지만 정치인들이 비난받지 않고 뇌물을 제공할 수 있다면, 어떻게 이 같은 거래를 강요할 수 있을까? 게다가 선거는 비밀 투표로 진행되는데, 어떻게 유권자들이 돈만 받고 반대표를 던지는 행위를 막을 것인가?

케냐에서 대통령의 반대편은 뇌물 수수 때문에 표를 잃을 수 있다고 생각하여 아예 시도조차 하지 않았다. 대신 그들은 사람들에게 정부로부터 뇌물을 받더라도, 자신들을 위해 투표하라고 말했다. 그런데 어째서 반대편의 조언이 별로 효과적이지 않았을까? 통상 정부는 두 가지 방법으로 질서를 유지한다. 하나는 역설적이게도 도덕을 이용한다. 일반적으로 평범하고 괜찮은 사람들은 누군가의 돈을 받고 약속을 어길 경우 기분이 좋지 않다. 돈만 받으면 된다고 말하는 반대편의 수법이 영리하지만, 도덕적으로는 좋지 않은 것이다. 다른 하나는 적발의 두려움이다. 비밀 투표가 어느 정도 보장되는가? 짐바브웨에서는 무가베 대통령이 부랑자들을 고용해 투표가 어떻게 이뤄지는지 정부가 알고 있다는 소문을 퍼뜨렸고, 이처럼 나쁜 통치가 횡행하는 상황에서 그것은 쉽게 무시할 만한 위협이 아니었다.

사실 한 장의 표는 정부의 선택을 결정하는 것도 아니고, 결과에 어떤 영향도 주지 않을 것이다. 그래서 정부를 반대하는 표가 적발될 위험이 약간이라도 있다면, 그 같은 일은 하지 않는 게 좋다. 그러한 선택은 유권자를 위험에 빠뜨릴 수 있고, 이미 악조건에 살고 있는 가족을 부양해야 하는 사람에게는 무책임한 짓이다.

이만큼까지 생각한 대통령은 뭐가 좋은지 고민할 것이다. 평범한 유권자에게 뇌물을 주는 데 드는 비용은 얼마며, 또 몇 장의 표를 사야 하며, 얼마만큼까지 감당할 수 있는가? 어떤 대통령은 흐뭇해하며 의자에 등을 기댈 것이다. 이런 전략에 드는 비용이 자신의 예산 범위 안에 있기 때문이다. 반면에 어떤 대통령은 표를 좀 더 싸게 살 방법이 없는지 곰곰이 생각해볼 것이다. 그 방법은 바로 도매 매표 행위다.

도매 매표는 개개인의 표를 사는 것이 아니라 구역별로 사는 것이다. 구역 투표는 가난한 시골 사회에서 매우 보편적이다. 지역의 유명 인사가 투표 행위를 선도할 경우, 그의 조언은 의심받지 않는다. 개표해보면 많은 마을들이 한 후보에게 100퍼센트 몰표를 주는 경우가 흔하다. 만약 유력 인사가 투표 결과를 좌지우지한다면 그를 매수하는 것이 개인의 표를 모으는 것보다 저렴하다.

종합적으로 당신은 뇌물이 적당한 방법이라고 결정한다. 하지만 유일한 문제는 당신에게 그만큼 충분한 돈이 있느냐는 것이다. 그래서 당신은 계속 고민하게 된다.

많은 정치인들이 유권자의 비위를 맞추려고 하지만, 그와 전혀 다른 또 하나의 방법은 그들을 협박하는 것이다.

선택 5: 협박을 한다

장점_ 대부분의 사람들은 특별히 용감하지 않으며, 폭력으로 위협하는 깡패들을 만나면 대개 물러난다. 협박의 큰 장점은 사람들이 어떻게 투표하는지 관찰할 수 없어도, 그들이 투표를 하는지 안 하는지 관찰할 수 있다는 것이다. 당신이 종족 정체성의 정치학을 이해한다면 당신의 반대편에 투표하는 집단이 누군지 잘 알고 있을 것이다. 그래서 그들에게 투표하면 고생할 거라고 위협을 할 수 있다. 그렇다면 그것이 유용할까? 케냐에서 모이 대통령은 리프트 협곡에 사는 키쿠유족 중에서 반대표를 던질 사람 대부분을 이주시켰다. 그들이 이주한 곳은 투표권이 등록되지 않은 지역이어서 더 이상 걱정하지 않아도 됐다. 그는 집단 이주를 토지 소유권에 대한 지역 싸움의 결과라고 주장했지만, 케냐 연구자 므왕기 키메니(Mwangi Kimenyi)와 은주구나 은둥구(Njuguna Ndung'u)의 세밀한 통계 연구에 의하면, 그의 주장은 거짓이었다. 이 연구원들은 "폭력의 중요한 이유는 총선거의 준비 기간에 지역에서 정치적, 경제적 현상을 유지하기 위한 것으로 나타난다"고 입증했다. 실제로 표면상 성나고 거친 종족 구성원들이 사용한 활과 화살은 동아시아에서 제조된 것으로 드러났는데 아마도 이는 정부가 몰래 제공한 것이었다. 여러분은 반대편 유권자를 협박하는 데 거리낌이 없었던 무가베 대통령을 기억할 것이다.

단점_ 정치가 너무 폭력적으로 전개되면 어디서 멈출지 모른다. 상대도 폭력적이 될 수 있다. 결국에는 상대편이 수적 우세를 점할 수도 있다. 상대편의 수가 많지 않다면 애초부터 선거 승리에 대해 걱정하지도 않았을 것이다. 당신은 폭력으로 맞서는 상황에서 패할 위험을 택할 필요가 없다.

종합적으로 보면 폭력은 또 다른 문제를 만들 수 있다. 반대편이 당신보다 더 폭력적일 수도 있다. 물론 이런 이유로 폭력을 사용하지 않는 것은 아니다. 상대가 먼저 폭력을 쓰면 그에 맞서기 위해 폭력을 사용할 수밖에 없다. 하지만 폭력 자체로는 승리를 장담할 수 없다.

선택 6: 막강한 후보가 나오지 못하도록 선거판을 제한한다

장점_ 이길 확률을 높일 뿐 아니라 사람들이 주시하는 가운데 당신이 가장 싫어하는 상대방을 직접 공격할 수 있기 때문에 이 선택은 특히 매력적이다. 당신은 그들을 제한할 이유를 찾아야 하는데, 그렇게 어렵지는 않다. 그들의 부정행위를 폭로하면 되고, 아마 그것은 어느 정도 사실로 드러날 것이다. 재미있는 점은 원조국들도 언제나 부정부패에 엄정하도록 강요하기 때문에 이 선택에 반대하지 않는다는 것이다. 국제적인 예를 들면 나이지리아의 오바산조 대통령이나 남아프리카공화국의 타보 음베키(Thabo Mbeki) 대통령에게 도전했던 이들은 모두 기소됐다. 물론 정당한 기소였겠지만, 당신은 이들이 전임자들을 본받았다고 주장할 수 있다.

부정행위가 폭로하기에 너무 민감한 사안이라면 시민권을 거론할 수 있다. 10억 인구에 달하는 최빈국 사회에서 민족 다양성과 수많은 이민 자들을 생각하면, 누군가 시민권 획득이 금지된 조상을 두었다고 조작하는 일은 그리 어렵지 않을 것이다. 어쩌면 당신은 나이지리아의 사니 아바차(Sani Abacha) 대통령처럼 이 전략을 사용하여 모든 사람들이 시민이 되는 것을 금할 수 있다. 믿기 어렵겠지만, 경쟁 선거를 중지시키는 것도 가능하다. 이 모든 것이 불가능하다면, 2007년 파키스탄 선거전에서 승리가 유력했던 베나지르 부토(Benazir Bhutto)가 암살된 것처럼, 누군가 당신의 상대를 암살할지도 모른다.

단점_ 위의 방식을 당신이 완벽하게 하지 않으면 유권자들은 아무리 끔찍하더라도 당신을 대신할 사람을 찾을 것이다. 그들은 어리석게 그 방법을 선택할지도 모른다. 그 슬픈 사연은 나중에 설명하겠지만, 코트디부아르의 로베르 구에이(Robert Guei) 대통령을 불쌍히 여겨야 한다.

주요 상대의 손발을 묶는 것도 괜찮지만, 이것으로 충분하다고 생각하면 안 된다. 당신은 혹시 못 보고 지나친 전략이 있는지 궁금할 것이다. 그러다가 이제 안도의 긴 한숨을 내쉴 것이다.

선택 7: 표를 제대로 세지 않는다

장점_ 이제야 믿을 만한 전략을 찾았다. 이 방법을 이용하면 절대로 질 수 없다. 현직 대통령이 한 표를 얻고 상대방이 100만 표를 얻더라도 언론에는 "현직 대통령이 한 표 차이로 승리하다"라고 보도되게 하는 것이다. 그리고 이 전략은 다른 전략을 강화하는 장점을 갖고 있다. 사람들이 어떻게 해도 당신이 이길 것이고 진정한 표가 제대로 세어지지 않을 거라 생각하면, 그들은 뇌물을 포기하고 상대방을 지지하는 위험을 택할 이유가 줄어들 것이다. 당신이 질 거라고 생각될 때까지 이 전략을 아껴둘 수 있다. 2007년 12월 케냐 선거에서 선거구의 결과가 하나씩 발표되자 야당이 대통령 선거를 이길 것처럼 보였다. 하지만 대통령이 누가 될지 결정하는 선거위원회의에서 선거구의 결과를 전국적으로 집계하자 어이없게도 현직 대통령이 근소한 차이로 승리했다.

단점_ 당신이 이를 너무 자주 사용하면 국제 사회가 좋아하지 않을 것이다. 또 조금 더 조심할 필요가 있다. 케냐 선거 후 유럽연합은 이 선거 결과의 불일치에 대해 불만을 표출했다. 한 선거구에서 대통령의 표가 7만 5261표라고 최종 발표되기도 전에 5만 145표라고 먼저 발표되었던 것이다.

이 전략은 그야말로 당신을 위한 것이다. 다만, 너무 세게 밀어붙여선 안 된다. 구소련에서의 선거처럼 99퍼센트의 득표율은 안 된다.

대통령이 되는 방법에 대한 설명은 이 정도면 됐다. 내가 놀란 것은 이기적인 정치 지도자의 관점에서 보면 좋은 정부가 되고자 하는 어렵고 믿을 수 없는 선택보다 다른 선택이 더 우월하다는 점이었다. OECD 선진국의 일반 선거에서는 집권당이 다음 선거에서 이길 확률이 45퍼센트 정도였다. 유권자들이 불평할 게 더 많은 최빈국에서는 평균 74퍼센트였다. 정치학자들은 폴리티 IV(Polity IV, 1975년부터 Center for Systemic Peace에서 제공하기 시작한 세계 각국의 민주주의 지수로 4기 프로젝트는 2007년까지의 상황을 반영했다. 현재 미국 정치학계에서 민주주의 연구에 가장 널리 이용되고 있다-옮긴이)라는 민주주의 통치를 측정하는 수치를 개발하여, -10은 정치적 지옥, +10은 정치적 천국으로 정의했다. 최빈국 가운데 −10과 0 사이에 있는 곳에선 집권 정부가 선거에서 승리할 확률이 그보다 높은 88퍼센트였다. 이런 사회의 현직 대통령들은 선거에서 이기는 데 정말 탁월하다.

나는 이제 좀 더 체계적으로 승리 전략을 조사할 차례가 되었다고 생각하고 서아프리카 연안에 위치한 작은 두 섬 카보베르데와 상투메(São Tomé)에서 이미 다양한 경험을 한 페드로 빈센트에게 도움을 청했다. 난 페드로에게 우리가 의욕적이어야 한다고 말했다. 이 나라들은 작은 섬나라여서 자연 그대로의 실험을 하기에는 좋은 조건이었지만, 우리는 새로 세워진 주요 민주 국가 중 하나를 분석해야 했다. 당시 우리는 그 대상으로 2007년에 선거를 치를 예정이었던 나이지리아를 골랐다. 아프리카의 가장 큰 국가라는 중요성에도 불구하고, 나이지리아에 대한 정량적 연구는 매우 적은 상태였다. 현지조사를 하기에 그곳은 어렵고, 위험한 데다 돈이 많이 드는 지역으로 유명했다.

이미 나이지리아 선거는 추잡할 것이라는 소문이 파다했다. 오바산조 대통령은 헌법을 바꾸어 3선에 도전할 계획을 세우고 있었다. 출마할 생각을 갖고 있던 부통령은 의회의 힘을 빌려 오바산조의 출마를 막으려고 했다. 의회에서 열띤 경쟁 끝에 부통령은 대통령의 3선 도전을 막는 데 성공했다. 후보감으로 자기밖에 없다고 생각한 오바산조 대통령은 자신이 직접 고르지 않은 후임에게 직책을 맡겨야 할 상황이었다. 게다가 부통령은 유력한 후보로 부각되면서 현직의 권력을 사용해 이득을 얻었다. 오바산조 대통령이 후임으로 원하지 않았던 유일한 사람이 바로 부통령이었다. 그래서 선거가 있기 1년 전, 그는 누군가를 발굴해 부통령을 누르기 위해 분투해야 했다. 그는 선거 캠페인이 다가오자 자신의 정당에 이 선거는 '너 죽고 나 살기'의 일전이라고 말했다. 모두가 선거에서 지면 곧 감옥행을 뜻한다는 것을 알고 있었다. 이는 앞에 설명한 여러 가지 선택들을 고려해야 한다는 것을 의미했다.

나이지리아를 방문했을 때 난 유명한 정치 활동가인 오티브 이그부조르(Otive Igbuzor)를 만났다. 그가 경제에 대해 갖고 있는 일부 관점은 틀린 것도 있다고 생각했지만, 정치적 책임감의 부족에 대한 그의 관심은 설득력 있고 열정적이었다. 그는 내가 외국인이라는 이유로 무시하지 않을 만큼 충분히 개방적이었다. 난 과학적 실험 경험이 있는 연구 팀을 데려 갔고, 그는 자신이 이끌고 있는 지역 네트워크 '액션 에이드(Action Aid)'라는 NGO와 함께 왔다. 우리는 비합법적 승리를 거두기 위해 필요한 옵션인 뇌물, 협박과 개표 부정을 측정할 현장 실험 팀을 구성했다. 우리는 정치적 성향에 대해 조사하는 판아프리칸 아프로바로미터(Pan-African Afrobarometer)를 운영하는 미시간 주립대학교에서 온 팀과 힘을 합할 수 있었다. 우리 실험의 중점은 유권자에 대한 협박을 막을 수 있는지 알아보는 것이었다. 액션 에이드는 나이지리아 전역에 걸쳐 무작위로 지역을 골라 유권자 협박에 맞서는 강력한 캠페인을 벌였다.

특히 추잡할 것이라고 기대되는 나이지리아 선거 기간에 정치적 폭력을 막으려는 연구 프로젝트는 한계에 도전하는 것이었다. 다른 참가자들에 대한 물리적 위험은 차치하더라도 페드로는 당시 하고 있던 연구 출판에 필요한 시간을 이렇듯 위험한 도전에 투자해야 했다. 몇 달 동안 해 온 연구 결과가 무용지물이 될 수도 있는 데다, 연구직이 끝날 때쯤 다른 직장을 얻기 위해서는 출판물이 필요했다. 나도 용기를 내어 연구 후원

협회에 그들이 잘못 투자한 것이 아니라고 설득해야 했다. 선거는 역시나 부정행위로 더럽혀졌다. 유럽연합이 보낸 감독원들은 "믿을 수 없다"고 표현했고, 국제 인권 단체 휴먼라이츠워치(Human Rights Watch)는 "코미디"라고 말했다. 내가 이 책을 집필하는 동안, 나이지리아 법원으로부터 다섯 명의 주지사들이 직위를 박탈당했다. 나이지리아인들에게 선거는 분명 잘못된 것이었지만, 이 결함은 우리 연구에 아주 유용했다.

우리는 세 가지 전략에 대한 확실한 통계적 증거를 찾았다. 유권자 협박에 맞선 액션 에이드의 캠페인은 매우 큰 효과가 있었다. 캠페인이 진행된 곳에서는 더 많은 사람들이 투표할 용기를 얻었다. 우리는 선거 전후에 사람들을 인터뷰했는데, 캠페인이 진행된 곳에서 투표하지 않겠다고 생각했던 사람들이 생각을 바꾸었다. 게다가 이렇게 투표율이 늘어났음에도 불구하고, 폭력을 옹호한다고 여기는 후보자의 표는 줄어들었다. 그들을 위해 투표하겠다고 생각했던 사람들이 마음을 바꾸어 그냥 집에 있었던 것이다.

단 하나의 NGO가 행한 단 한 가지 캠페인이 다루기 까다로운 문제를 상대로 이토록 큰 영향력을 발휘했다는 것은 굉장히 주목할 만한 일이다. 하지만 놀랄 일은 이뿐만이 아니었다. 우리는 뇌물과 개표 부정이 함께 이뤄진다는 것을 발견했다. 우리는 사람들에게 뇌물과 개표 부정이 지역구에서 얼마나 심각한지 일일이 물어서 측정했다. 우리는 개표 부정이 지역의 여당에 도움이 된다는 것을 발견했다. 실제로 지역 여당이 개표 부정을 관리하고 있었던 것이다. 하지만 놀라운 점은, 뇌물과 개표 부정이 낮을 때는 유권자 협박이 높았다는 것이다. 적어도 나이지리아 선거에서 폭력은 정치적으로 힘이 약한 편의 전략이었으며, 테러리즘과 어느 정도 유사했다.

그래서 나이지리아 정치인들은 표를 얻는 데 사회적으로 역기능적인 전략을 선택했다. 이제 우리는 이것이 의미하는 바를 생각해야 한다. 사용할 수 있는 옵션 중에서 선거 경쟁만이 책임감을 갖게 하지는 않을 것이다. 정치인들이 부도덕한 방법으로 선거에 이긴다면, 민주주의가 합법성이라 할 만한 것을 갖는 것도 아닐 것이다. 패배한 반대파들이 "알았어요, 이제 당신이 법이에요"라고 말하지는 않을 것이다. 그들은 "당신이 속였어"라고 말하며 폭력을 행사할 것이다. 다시 말하면, 민주 선거 자체가 폭력 문제와 괜찮은 정부의 많은 문제에 대한 해법이 될 수 없다. 민주 선거는 확실히 정치적 리더십을 하수구에 처박는 조리법과 같다. 선거 경쟁은 가장 적은 비용으로 가장 높은 득표를 하기 위한 다윈의 적자생존적 싸움을 만든다. 제지가 없는 상황에서 가장 효율적인 방법은 단순히 좋은 통치를 하는 게 아닐 것이다. 그 옵션은 확실하게 앞에서 설명한 목록을 살펴보는 것이다.

나이지리아의 주지사 선거를 봐도 그랬다. 수도 아부자의 현직 주지사였던 나시르 엘루파이(Nasir el-Rufai)의 재선 캠페인을 보자. 동료들과 달리 그는 통치를 잘했다. 그의 능력은 평범한 나이지리아인들에게도 인정받아 2006년엔 선망의 대상인 실버버드(Silverbird) 올해의 인물상을 받았다. 그는 어느 기준으로 봐도 능력이 있었다. 젊은 나이지리아인으로는 드물게 하버드 대학교 경영대학원을 다닌 데다, 수석으로 졸업했다. 그리고 그는 현직으로 행사할 수 있는 다양한 권리를 남용하지 않기로 결정하고 도덕적인 캠페인을 벌였지만 선거에서 졌다. 사실 그는 지사 선거 전, 당의 후보 경선에서도 이기지 못했다. 다른 후보들이 비도덕적인 선택을 할 수 있는 구조였기에, 정직하고 올바른 이들에게는 장애물이 너무 많았던 것이다.

지금까지 나는 선거를 다루는 관점에 대해 설명했다. 내가 말하려는 요점은 일반적인 최빈국 사회에서 선거 경쟁은 정부가 좋은 정책을 펼치도록 하는 것이 아니라 오히려 더 나쁜 길로 가게 한다는 것이다. 하지만 현역 정치인들이 선거철이 닥치면 나쁜 방법에 의존한다고 해도, 이들은 최선을 다하겠다고 결정할 수 있다. 다시 말하면, 좋은 정부가 되는 것과 앞에 열거한 선택지들은 대체재가 아닌 보완재가 될 수 있다는 것이다. 겁에 질린 정치인은 모든 선택지를 사용할 수도 있다. 이제는 선거 전략이 아니라 정책 선택을 관찰할 때다.

1990년대 초반에 시작된 선거 경쟁 기간 동안 최빈국에서의 경제 정책은 확실히 개선되는 경향이 있었다. 사악한 선거 전략에도 불구하고 일단 민주주의를 시행하면 정부는 더 나은 경제 정책을 수행하게 되는가? 난 이것이 가능하다고 생각해, 젊은 프랑스 경제학자 리자 쇼베(Lisa Chauvet)와 함께 정책과 통치 개혁의 전제 조건을 연구하고 있었다. 민주주의와 선거가 어떻게 개혁의 기회에 영향을 미치는지에 대한 기존의 연구는 자연스레 이 연구로 확대됐는데, 그녀는 이 연구에 꼭 필요했다. 하지만 그녀가 임신 중이라는 사실이 문제였다. 우리는 그녀의 아이가 태어나기 전에 지금 내가 발표할 이 결과를 얻기 위해 속도를 냈다.

우리가 관찰한 세계는 예나 지금이나 가난하고, 부작용이 큰 정책과 통치를 경험한 모든 국가였다. 이 국가들로부터 우리가 해야 할 임무는 일부 국가들이 어떻게 특정한 시점에 곤경에서 헤쳐나올 수 있었는지를 설명하는 것이었다. 또 민주주의, 그 중에서도 특히 선거가 개혁의 과정을 돕는지 또는 방해하는지를 조사하는 일이었다. '정책과 통치'라는 구절을 쓰기는 쉬운 일인데, 사람들은 그것이 의미하는 바에 대해 타당하다고 동의하는 경향이 있다. 하지만 정확히 측정하기에는 어려운 개념이다. 게다가 우리는 오랫동안 최대한 많은 나라에서 일관되게 입수할 수 있는 정책과 통치에 대한 수치가 필요했다. 두 가지 가능성이 있었는데, 하나는 세계은행이 수집한 '국가 정책과 기관 분석(CPIA, Country Policy and Institutional Assessment)'이었고, 다른 하나는 일반 영리 회사가 모집한 '국제 국가 위험 가이드'였다. 둘 다 S&P(Standard & Poor's)가 국가 채무를 토대로 삼아 국가 신용 등급을 매기는 것과 비슷한 과정을 통해 전문가들이 정한 것이었다. 우리는 영리 회사보다 세계은행이 7년 먼저 시작했기 때문에 첫 번째 평가를 선택했다.

우리는 이미 몇 개의 전제 조건이 개혁을 쉽게 한다는 것을 발견했다. 국가의 인구가 많을수록 개혁의 속도는 빨랐다. 이는 아마도 인구가 많으면 경제 정책을 논할 수 있는 특별한 출판물의 시장이 활성화하기 때문일 것이라고 난 생각한다. 인도는 발행 부수 120만 부 정도의 〈이코노믹 타임스〉가 있는데, 이 신문사는 전 세계에 특파원을 보낼 정도로 큰 규모다. 잠비아가 인도의 인구와 비교해서 같은 비율의 경제 신문을 발행한다 해도 발행 부수는 1만 부도 안 될 것이므로 잠비아에는 〈이코노믹 타임스〉와 같은 신문이 존재할 수 없다. 또한 이것은 원조국의 기술적 지원과 숙련된 외국인들이 정부를 돕기 위해 파견되는 매우 깔보는 형태의 원조에 도움이 됐다. 어쨌거나 우리는 지금까지 선거와 민주주의를 살펴보았다.

선거의 한 가지 문제는 정해진 시간표대로 치러지는 것이 아니라 종종 개혁의 기회에 영향을 줄 수 있는 상황에 따라 치러진다는 점이다. 조심성이 부족한 연구자가 어떻게 곤란에 빠지는지 한 예를 들어보겠다. 그들의 사회에서 변화를 위한 압박을 주기적으로 갖고 있는 사람들이 이를 정치적으로 타개하려 할 때 어떤 일이 일어날지 가정해보자. 그들은 경제 개혁을 믿고, 민주주의도 믿는다. 따라서 그들은 선거를 치를 것이고, 경제를 개혁할 것이다. 하지만 만약 연구자가 이를 조심하지 않으면 이는 마치 선거가 개혁을 초래하는 것처럼 보일 것이다. 그럼 연구원은 무엇을조심해야 하는가? 해답은 현 상황에서 개혁의 전망에 영향을 주지 않게 하려면 언제 선거를 치러야 할지에 대한 합리적인 예측 변수가 무엇인지를 찾아내는 것이다. 우리가 생각하기 가장 좋은 방법은 이전에 있었던 두 선거의 시간 차를 계산하여 선거가 있을 때를 예상하는 것이었다. 이 방법은 많은 사회에서 선거가 주기적으로 일어났다고 생각해 고안한 것이었다. 물론 미국 같은 곳에서는 선거 일정이 콘크리트처럼 확실히 정해져 있다. 결과의 신뢰도를 확인하는 간단한 방법은 정부가 선거일을 정할 수 없는 국가의 사례를 이용한 분석을 반복하는 것이다.

우리는 다음 선거까지 남은 시간이 정책과 통치를 개선하거나 악화시키는지를 살폈고, 그 결과 둘 사이의 명확한 상관관계를 발견했다. 선거 후 처음 몇 년 동안은 정책 개선 가능성이 해마다 높아졌다. 그리고 나서 다음 선거가 가까워질수록 개혁 가능성은 매년 낮아졌다. 선거 2년 전부터 개혁이 일어날 확률은 뚝 떨어지기 시작하여, 선거 1년 전에는 거의 사라졌다. 이러한 결과는 선거가 가장 멀리 떨어져 있을 때 모든 방향에서 개혁이 일어날 가능성이 제일 높았다는 것을 말해준다. 왜 그럴까? 아마도 선거 바로 직후에는 정부가 경험이 없어 개혁을 이행할 능력이 없고 선거가 다가오면 선거 승리에 집착한 나머지 개혁에 신경 쓸 시간이 없어서 였을 것이다. 결국 개혁의 효과가 드러나기까지는 많은 시간이 소요되는데, 대개 선거 전에는 효과가 나타나지 않으므로 정치적 이득이 적을 수밖에 없다.

이러한 결과는 선거가 개혁의 자극제라기보다는 방해물로 보였기 때문에 그리 고무적이지 못했다. 나는 친구 은고지 은콘조이웨알라(Ngozi Nkonjo-Iweala)가 나이지리아의 재정부 장관이 되었을 때, 나는 나이지리아 정부가 4년 임기를 막 시작했을 때였음에도 그에게 개혁할 시간이 3년밖에 없을 것이라고 말해줬던 기억이 난다. 내가 말한 것처럼, "마지막 해는 정치를 해야 하네"라고 대통령이 은고지에게 설명했고, 정말 그래야 했다. 하지만 그럼에도 불구하고 선거의 영향이 보여주는 것은 정치적 사업 주기(political business cycle)의 변종이었다. 정치적 사업 주기는 부유한 국가 정치인들이 유권자를 상대로 쓰는 방법인데, 선거 바로 직전, 경제에 돈을 쏟아붓는 게임이었다. 누구든 당선되는 사람은 그 후유증을 처리하느라 몇 년을 허비해야 했다. 정치적 사업 주기라는 게임이 비록 해롭긴 하지만 민주주의가 독재보다 나쁘다는 것은 아니다. 단지 민주주의가 완벽하지만은 않다는 것을 보여줄 따름이다. 따라서 선거 결과 자체는 사회가 개혁을 필요로 하는지, 혹은 민주주의가 독재보다 좋거나 나쁜지를 말해주는 것이 아니었다.

좀 더 심층적인 문제를 조사하기 위해 리자와 나는 정부 형태에 대한 척도를 도입했다. 정부가 얼마나 민주적인가? 정부의 힘은 견제와 균형으로 제한을 받는가? 특히 선거는 잘 운영되었는가? 운 좋게도 이러한 특성은 이제 정치 과학자들에 의해 분류된다. 이미 언급된 폴리티 IV가 좋은 예로, 민주주의 체제를 0부터 10, 독재 체제를 −10부터 0으로 점수 매긴다. 자칭 '인민들의 천국(people's paradise)'이라는 북한은 −9, 노르웨이와 스위스의 민주주의는 10이며(한국은 2007년도에 8이었다−옮긴이), 10억 인구의 최빈국에서 일반적인 선거 경쟁은 높아봐야 2나 3이다. 민주화 시대 전의 최빈국은 평균 −6이었다. 다시 말해, 그들은 대부분 독재 국가였다. 현재 평균 점수는 0이다. 하지만 우리가 앞에 말한 특성을 더했을 때 그 결과는 달라졌다. 선거 주기를 더하면, 선거는 정부가 개혁하도록 격려할 수도 있지만, 나쁜 통치를 하도록 이끌 수도 있다. 어떤 영향력이 지배하는지는 사회의 구조적 상태와 정부 형태의 디자인에 의존한다. 선거는 인구가 많거나 종족이 다양하지 않은 사회에서 더 잘 이뤄지는 경향이 있다. 또 정부 권력에 대한 견제와 균형이 있는 정부 형태에서의 선거가 더 성공적이다. 증거에 따르면, 선거 관리가 제대로 이뤄지지 않는 데다 규모가 작고 민족끼리 분열된 사회에서 이뤄지는 선거는 전형적으로 개혁을 촉진하는 것이 아니라 오히려 지연시켰다.

이러한 결과로 미루어볼 때 현재까지 최빈국에서 민주화 과정은 경제 정책과 통치의 개혁을 지연시키는 역할을 했을 수도 있다. 이미 독재로 인한 장점들을 함부로 사용할 수 없을 만큼 민주화 과정은 충분히 이뤄졌지만, 민주주의의 혜택을 얻을 만큼은 아니었다. 또 전형적인 최빈국 사회에서는 민주화가 개선되기에는 아직 부족했다. 견제와 균형보다 선거라는 변수를 채택하는 것이 더 쉽다는 것이 입증됐다. 대통령들은 선거 승리를 자축하는 것을 즐기지만, 효율적인 견제와 균형의 미래는 우려할 만하다는 사실도 알게 된다. 하지만 무엇보다 그들은 견제와 균형의 결여가 그들이 선거에서 살아남는 데 어떤 의미가 있는지를 깨달았다.

종합하면, 선거와 민주화의 결과는 일치한다. 만약 민주주의가 선거에 지나지 않다면, 그것은 개혁 과정에 해가 된다. 난 이러한 결과를 좋아하지 않는다. 만약 완전한 민주주의로 발전하는 단계마다 상황이 개선된다면 나는 좀 더 행복할 것이다. 하지만 불행히도 세상은 그렇지 않다.

불완전한 민주주의가 개혁을 위해 역기능을 발휘할 때의 결과는 최빈국에서 어떻게 선거를 이겼는지에 대한 증거와 일치한다. 앞서 설명한 바 있는 선거에서 이기기 위한 여섯 가지의 비도덕적인 선택지들은 좋은 정부가 되기 위한 선택지보다 우세하고, 전반적으로는 대안으로까지 여겨진다. 그렇다면 정부는 왜 부정으로 승리하지만 좋은 정부가 되기 위해 노력함으로써 그들의 가능성을 높이는 양쪽 모두를 실행해 위험을 분산시키려 하지 않는가? 그 이유는 다른 선택지들이 나쁜 통치에 의존하기 때문이라고 생각한다. 이 선택지들을 사용하고 싶다면, 가치 있다고 인정해도 좋은 정부가 되는 전략은 단념해야 한다.

괜찮은 통치와 다른 선택들 간에 갈등이 생기는 원인은 돈이다. 오바산조 대통령은 3선에 입후보할 수 없다는 사실을 깨달았을 때, 선거가 매우 힘든 시합이 되리라는 것을 알았다. 몇 달 남지 않은 상태에서 무명의 후보를 내세워 이미 굳건한 입지를 확보한 상대 후보를 어떻게 이길 수 있단 말인가? 정답은 아마 많은 돈일 것이다. 최근 3년 동안 오바산조 대통령은 상당한 국가 재정을 축적해두고 있었다. 나이지리아의 재정부 장관은 은고지 은콘조이웨알라였고, 공공조달부 장관은 오비 이제크웨실리(Oby Ezekwesili)였다. 그런데 이 거칠고 능력 있는 기독교인

두 여성 장관은 정치 캠페인에 필요한 일종의 비자금의 원천인 국고를 차단했다. 오바산조 대통령의 3연임을 의회가 제지한 지 한 달 만에 그는 두 장관의 정부 재정 관리권을 박탈했다. 부패에 맞선 고위직 중에서 쫓겨나지 않은 사람은 경제금융범죄위원회장이었던 누후 리바두(Nuhu Ribadu)뿐이었다. 그는 용감하게도 2007년 오바산조 대통령이 선택한 후계자의 재정적 후원자였던 제임스 이보리(James Ibori)를 고발했다. 결국 리바두는 3개월 후에 쫓겨났다.

더 효과적인 전략은 법치와 모순된다. 무가베 대통령이 임기 제한을 없애는 국민 투표에서 패한 뒤 다음 선거에서 지리라는 것을 깨달았을 때, 그는 대법원장을 퇴직하게 만든 다음 공직자들을 새로 임명하는 식으로 법을 무력화하는 작업을 시작했다. 법치가 점점 사라지자, 경제를 훼손시켜가며 수입을 강탈하기 위한 새로운 선택지가 생기기 시작했는데 무가베 대통령은 적시에 그 방법들을 채택했다. 토지 소유권은 무시되었고, 그는 결국 초인플레이션에 의지할 지경에 이르렀다. 다시 말해, 정부가 다른 선거 선택지를 사용하기 위해서는 견제와 균형을 없애야 했는데 그럴 경우 다른 정책들은 악화될 수밖에 없었다.

불행하게도 이러한 결과는 아프리카에 선거를 도입한 것과 유아 사망률 감소의 관계를 조사한 마사유키 구다마쓰의 새로운 연구와도 일치한다. 유아 사망률을 감소시키는 것은 평범한 국민들의 가장 기본적인 관심 사안으로, 최빈국은 전반적으로 유아 사망률이 꽤 높다. 선거는 국민들에게 정부가 유아 사망률을 낮추도록 노력하게 만드는 권한을 줄 것이다. 그는 현직이 재선에 실패한 흔치 않은 선거들을 조사한 후 유아 사망률이 감소했다고 결론지었다. 현직 대통령의 권력이 더욱 정상적인 상황에서도 선거가 성취할 수 있는 것은 없었다.

그러므로 최빈국에서 선거를 실제로 어떻게 이기는지에 대한 증거와 민주주의 정부의 실질적인 정책 업적은 똑같은 결론에 이른다. 최빈국이 처한 상황에서 선거 경쟁은 책임성 있는 정부를 만들어내지는 않는다. 나는 선거 경쟁이 확산되면서 최빈국에서 경제 정책과 통치 체계가 상당히 개선된 점을 주목하면서 연구를 시작했다. 선거 덕분에 개선된 것이 아니라면 과연 무엇이 그랬다는 것인가?

두 가지 가능한 설명이 있다. 간단하면서 더 나은 첫 번째 설명은, 사회가 과거의 실수에서 배웠다는 것이다. 경험 자체는 매우 험난한 과정이었지만 모든 국가가 겪었던 것이다. 고소득 국가들도 실수를 하면서 배웠다. 1970년대의 인플레이션이 이제 과거가 된 것은 고소득 사회의 유권자들이 더 이상 인플레이션을 견디려 하지 않아 정부가 이를 치유할 방법을 찾았기 때문이다. 아프리카도 같은 경험을 하고 있는 것으로 보인다. 짐바브웨를 제외하고 인플레이션율은 예전보다 훨씬 낮다. 최빈국의 유권자들이 정부에 미치는 영향력이 더 커져서 그렇게 됐는지 모르겠지만, 엘리트들이 이젠 인플레이션과 다른 역기능적 경제 정책이 가치 없다는 것을 깨달았을 수도 있다.

또 다른 가능한 설명은, 원조국들이 내건 원조의 조건이 정부를 압박하는 바람에 개혁하고 싶지 않아도 할 수밖에 없다는 것이다. 난 이 설명을 완전히 무시하지는 않는다. 행동의 동기를 제대로 정리하기는 매우 어렵다. 물론 원조국이 제시하는 조건이 어느 정도까지는 개혁을 촉발시켰을 수도 있다. 하지만 통계적 증거는 그 조건이 개혁을 촉진했다기보다 개혁을 지연시켰음을 시사한다. 정부는 억지 개혁을 좋아하지 않고, 이를 피하는 데도 매우 기발하다. 반면에 후원자들은 피원조국 정부가 동의한 바에 따르도록 하는 데 매우 서투르다. 따라서 내 생각에 원조 조건이 정책 개선을 유발했다는 설명은 맞지 않다. 난 실패에서 배웠다는 데 돈을 걸겠다.

만약 선거 경쟁에 대한 비판이 맞다면, 이는 엄청난 의미를 갖는 것이다. 실패하는 국가에 대한 오늘날의 전반적인 대처 방법은 민주적 선거가 이 국가들을 구제할 것이라는 전제에 기초하고 있다. 가망 없는 상황에서도 선거가 열광적으로 진행되는 현상을 통해 이 방법은 정당성이 입증되는 것처럼 보였다. 지구에서 가장 후진적인 국가 중 하나인 아프가니스탄은 탈레반을 추방한 지 몇 달 만에 선거를 치를 수 있었다. 세계에서 폭력에 의해 가장 만신창이가 된 나라 이라크는 꽤 높은 투표율을 기록하며 선거를 치렀다. 벨기에 식민지였던 콩고민주공화국은 모부투와 내전을 겪고 나서도 경쟁 선거를 치렀다. 소련 관리직들이 어떤 형태든 경쟁 선거를 두려워하는 모습은 경쟁 선거를 치르는 것 자체가 핵심적 승리라고 우리를 헷갈리게 한다. 현실은 바로, 선거 조작은 어려운 일이 아니며, 지나치게 피해망상적인 독재자들만 선거를 꺼린다는 것이다.

왜 가망 없는 상황에서도 선거를 치르는 일은 쉬운 걸까? 아마 정당과 유권자들은 선거에 참여할 인센티브가 많기 때문일 것이다. 정당으로서는 선거야말로 권력을 잡을 수 있는 길이다. 여당의 입장에서 선거는 권력을 강화하고 후원자들의 시각에서 합법성을 확보할 수 있도록 해준다. 야당에는 권력을 잡을 수 있는 기회를 선사하며, 여당에는 지지자들을 모을 수 있게 한다. 승리가 여의치 않더라도 지지를 끌어모으지 않으면 흩어질 것이기 때문에 이런 기회는 중요하다. 유권자들은 왜 일부러 투표를 하려고 애쓰는가? 경제학자들은 당연한 이유를 못 보고, 복잡하게 생각하고 있다. 우리(경제학자들)는 사람들의 행동이 개인의 이득만 생각하는 도구주의자의 성향에 의한 것이라고 여긴다. 쉽게 말하면, "내게 이득이 뭔데?"에만 집중한다는 것이다. 북아일랜드 출신인 옥스퍼드 대학교의 젊은 경제학자 콜린 제닝스(Colin Jennings)는 내가 좀 더 현실적인 방향으로 생각하도록 도움을 줬다. 북아일랜드의 경험에서 명확히 영향을 받은 그는 사람들이 자신의 정체성을 표출하는 방법으로 투표를 사용함으로써 만족을 얻는다고 강조했다. 투표는 좋아하는 축구팀의 스카프를 걸치는 것처럼 만족스러운 행위였다. 때문에 정체성의 정치가 지배하는 곳에선 투표율이 높은 경향이 있었다. 역설적으로 말해 중요한 투표 이론인 정책에 관한 정치적 문제가 적을 수록 사람들의 투표에 대한 인센티브는 더 강하다. 미국에서 투표는 도구주의적이다. 그래서 투표율이 낮을 수도 있지만, 최빈국처럼 분열된 사회에서의 투표는 주로 자기 표출적인 경향이 더 강하다.

이제 종합할 시간이지만 결과는 그리 매력적이지 않다. 최빈국 사회에서 현재까지 채택된 형태의 민주주의는 국내 평화의 전망을 개선하지 않는 것으로 보인다. 반대로, 정치적 폭력의 용이성을 증가시키는 듯하다. 사회적 평화를 확보하는 데 실패한 것과 관련해 생각하면, 민주주의는 아직 책임성 있고 합법적인 정부를 만들어내지 못했다.

현직 정치인들은 통치를 잘 못하도록 요구하는 수단들을 통해 선거에서 이겼다. 이는 민주주의가 개혁을 지연시킨다는 하나의 증거라 할 만하다.

선거를 장려하는 과정에서 부유하고 개방적인 민주주의 국가들은 중요한 사실을 놓쳤다. 우리는 최빈국을 우리처럼 만들고 싶지만, 우리가 현재의 여기까지 어떻게 헤쳐왔는지를 잊어버린 것이다. 우리는 단 한 걸음에 독재에서 자유로운 민주주의로 변한 것이 아니다. 우리는 역사적으로 여러 단계를 통해 이뤄진 변화가 이 밑바닥 사회들에서는 한 번에 일어날 것이라고 비현실적으로 기대했다.

어쩌면 선거를 장려하면서 우리는 그 사회를 단호하게 행동하는 독재 체제의 능력도, 진정한 민주주의 책임감도 없는 실행 불가능한 중간 지대로 내몰았는지도 모른다. 잠시 후 나는 보이는 것만큼 희망이 없지는 않다고 주장할 것이다. 하지만 우리는 아직 이 속상하기만 한 문제, 즉 더 좋아지기 전에 더 나빠질 거라는 이야기를 해결한 게 아니다. 나는 케냐 선거가 치러진 다음 날, 주케냐 미국 대사 마이클 라네버거(Michael Ranneberger)가 한 말로써 이 장을 마무리하겠다.

"케냐에는 슬픈 날입니다." 이렇게 통탄한 그는 이어서 신랄한 비평을 더했다. "나의 가장 큰 걱정은, 이제 부족 간에 폭력 사태가 일어날 것이란 점입니다."

제2장

종족 정치학

케냐 대통령 선거에서 야당 후보는 케냐의 48개 종족 가운데 하나인 루오족 출신의 라일라 오딩가(Raila Odinga)였다. 그는 루오족의 표 가운데 98퍼센트를 얻었다. 그것은 심하게 정체성에 기반한 투표 결과였다. 과연 종족 정체성은 투표와 상관관계가 있는 것일까?

모든 사람이 어느 정도 지역적 정체성을 갖고 있는데, 한 사람이 여러 정체성을 갖고 있는 경우도 많다. 난 영국인이면서 북부 잉글랜드 출신이고, 더 깊이 파고들면 요크셔 사람이다. 난 아들 대니얼에게 우리 국가인 〈목동들이 보고 있는 동안에(On Ilkley Moor bar t'at)〉를 가르쳐줬다. 2001년 영국의 총선거에서 요크셔 출신과 스코틀랜드 출신이 총리로 나섰다. 그러나 다른 여러 요크셔 출신들이 그랬던 것처럼 나는 스코틀랜드 출신 후보를 지지했다(지역과 상관없이 행동했다는 뜻이다-옮긴이). 시민들이 다양한 정체성을 가지고 있다면 그 사회는 제대로 작동할 수 있지만, 지역적 정체성이 애국심을 넘어서는 충성심을 불러일으키면 문제가 생긴다. 루오족의 투표 결과가 보여주는 것처럼, 최빈국에서 종족 정체성은 국가 정체성에 앞선다.

최빈국 사회는 고소득 국가 사회보다 종족 구성이 다양하다. 이러한 종족 다양성은 매우 어려운 문제이긴 하지만, 극복할 수 있는 문제들을 제기한다고 생각한다. 사태를 직시하지 않으면 문제를 해결할 수 없다.

종족 다양성은 최빈국에서 선거 경쟁이 이루어지도록 하는 과정을 복잡하게 만든다. 근본적으로 종족 다양성은 국가의 기본 역할인 공공재의 공급을 방해한다. 최빈국에서의 종족 다양성은 독재자를 필요로 한다고 결론짓고 싶지만, 사실 이는 오류다. 종족이 다양한 사회에서 민주주의가 나쁘다면 독재자들은 더 나쁘다. 하지만 정치적 리더십은 중요한 역할을 하는데, 지도자들은 국가(state)를 세우기 전에 국민 국가(nation)부터 건립해야 한다.

이렇듯 종족에 대한 강력한 충성심은 어디에서 기인하는가? 국가가 존재하지 않았을 때, 민족성은 집단행동의 기초였고 겨우 생계유지를 하는 농촌 사회에서 집단행동은 보험처럼 중요했다. 최저 생활 수준의 삶은 위험하다. 당신이 밭을 매다가, 작물을 심다가, 아니면 수확을 하다가 아프기라도 하면 수입은 거덜날 것이다. 만약 해충이 당신의 곡식을 먹는다면, 당신은 굶게 될 것이다. 당신에겐 재난에 대비한 보험이 필요하다. 보험이 지닌 문제는, 경제학자들이 흔히 쓰는 용어를 빌리면 도덕적 해이(moral hazard)다. 내가 보험에 들어 있으면, (세상이 어떻게 돌아가든) 무슨 상관이란 말인가! 당신의 수입이 줄어들 경우에 대비해 보험을 들었다면, 왜 아침에 일을 하기 위해 일어나겠는가? 따라서 도덕적 해이 문제가 해결되지 않으면 이러한 보험은 존재할 수 없다. 도덕적 해이를 방지하려면, 보험업자에게 당신의 선의를 의심하지 말라고 분개하며 항의하기보다 당신의 행동을 관찰할 수 있도록 해줘야 한다. 당신이 최선을 다하는 것을 보험업자가 볼 수 있어야만 보험은 실현 가능해진다. 민간 보험 회사가 이처럼 피보험자를 제대로 관찰하려면 엄청난 경비가 들겠지만, 공동체에서는 실현 가능하다. 참견, 소문, 친분 관계 등 공동체에서 자연스러운 요소들은 보험에 딱 필요한 것들이다.

관찰은 필요하지만 충분치 않다. 개인적인 재난에 닥쳤을 때 공동체의 다른 사람들에게 의존할 수 있는 권리는 자신도 다른 사람들에게 도움을 준다는 상호적인 의무에 의존한다. 하지만 공동체에 속한 이는 누구이며, 그렇지 않은 이는 누구인가? 누구든 아무 때나 보험에 가입하고 해지할 수 있다면, 보험 회사는 영원히 적자를 면치 못할 것이다. 사람들은 힘들 때는 공동체의 일원이라 선언할 것이고, 일이 잘 풀리면 아니라고 할 것이다. 이것은 경제학에서 '역선택(보험 회사의 의도와 달리 사고 발생률이 높은 사람일수록 보험에 가입하려는 경향을 일컫는다−옮긴이)의 문제'로 알려져 있다. 이에 따르면, 보험 회사들은 무작위로 고객을 확보하는 게 아니라 사고 위험이 크다고 생각하는 사람만 고객으로 확보하게 될 것이다. 그것이 보험 회사들이 무작위 선택의 회복을 위해 직접 찾아오는 개인들에게 제공하는 것보다 회사 직원들에게 더 좋은 조건을 제시하는 것과 같은 방법을 사용하는 이유다. 바로 이 점에서 보험은 민족성과 관련이 있다. 당신은 당신의 종족을 선택할 수 없다. 당신은 상황이 어려울 때 그 집단의 구성원이 되겠다고 결정할 수 없다. 또 당신의 일이 잘 풀린다고 집단에서 빠져나갈 수 없다. 이것이 종족에 대한 강한 충성심의 경제학적 토대가 된다. 즉, 역선택은 위험이 매우 높거나 소득이 적은 상황에서도 소득 보험이 제대로 작동하도록 한다. 시간이 흐르면, 종족 집단을 향한 충성심은 도덕성의 평균적 힘에 의해 더 강화된다. 그 충성심은 실제로 당신의 의무와 만나는 것을 반긴다.

충성심에 의해 지속되는 보험은 집단 소속원 모두를 돕지만, 다른 집단에는 피해를 입히지 않는다. 하지만 전통적 경제에서 집단에 대한 충성심은 때로 다른 집단에 피해를 입히는데, 주로 경쟁 집단에 대한 폭력으로 나타난다. 하지만 현대 경제에서의 종족에 대한 충성심은 다른 집단에 훨씬 많은 피해를 입힐 수 있다. 공적 자금은 한 집단의 집단행동이 다른 집단을 훼손시켜가며 가질 수 있는 공동 재원이 된다. 이 단계에서 종족 집단에 대한 도덕적 의무는 전체 사회의 도덕적 의무와 충돌한다.

케냐 정부의 반부패위원회 소속인 친구 존 기통고(John Githongo)는 정부의 핵심부에서 부패를 적발하는 동안 국제적으로 유명해졌지만 결국 추방당했다. 존이 무엇 때문에 이 같은 용기를 가졌는지 나도 알 수 있었다. 하지만 그와 애기하면서 용기만 필요했던 게 아니라는 것을 깨닫고 놀랐다. 존은 정부를 장악하고 있던 키쿠유족 출신이다. 당연히 존이 정부의 실정을 폭로하자 키쿠유족 친구들은 그를 배신자로 몰아세웠다. 하지만 놀라운 것은 존이 서로 다른 충성심 사이에서 고통을 겪었다는 것이다. 다른 많은 아프리카 개혁자처럼 존은 신실한 기독교인이다. 종교적 믿음은 종족에 대한 임무를 재고하도록 하는 도덕적 틀을 제공한다. 다른 신실한 기독교인 개혁자 오비 이제크웰실리는 나이지리아의 공공 조달 사기 사건에 철퇴를 가하고 나서, 사회 전반의 도덕성에 대해 이렇게 말했다.

"그들은 비록 국가에 피해를 주더라도 대신 몇천 명의 같은 종족에게 이익을 줄 수 있다면, 자신들이 나쁘지 않다고 생각한다."

일반적으로 이들 국가에서 도덕성은 종족 정체성이 사회에 해가 되더라도 집단에는 가치 있는 행동으로 여기게 한다.

현대 경제 체제로의 변환은 종족의 유대를 약화시키는 것과는 거리가 멀고, 오히려 그 유대를 강화하는 강력한 힘들이 존재한다. 가끔 어떤 사건은 사회의 이면을 보여주고 직접적인 중요성보다 더 많은 것을 드러낸다. 케냐의 한 장례식에 대한 일화가 바로 그것이다. 라일라 오딩가처럼 오티에노는 루오족이었다. 하지만 그는 어렸을 때 고향을 떠나 나이로비로 이사해 사업가로 성공했고 키쿠유족 여성과 결혼했다. 여기까지는 민족 간의 융화를 설명해줄 수 있는 흔한 일화다. 1986년 그가 죽자, 그의 부인은 오티에노의 유언에 따라 나이로비에서 장례식을 준비했다. 하지만 그의 친척들은 이를 반대하며 고향에서 장례식을 치르길 원했다. 그들은 이에 대한 집착이 너무 강해서 마침내 이 문제를 가지고 법정까지 갔다. 법정은 죽은 이와 미망인의 바람이냐, 친척들의 소망이냐 하는 기로에 섰다. 그 결과 법정은 그의 시신을 루오족 마을로 보내는 판결을 주저 없이 내렸다.

여기서 도대체 무슨 일이 일어났던 것일까? 민족성의 주요 역할인 집단의 의무를 따르는 것과 이를 거절하는 것을 생각해보라. 종족에 대한 소속감을 관리하는 것은 별로 어렵지 않다.

"미안하지만 당신은 우리와 같은 종족이 아니니 도와주지 않겠어요."

그러나 임무 거부를 관리하는 일은 더 어렵다. 임무를 회피하고 싶어 하는 이들은 결국 성공할 터인데, 어떻게 그들을 제지할 수 있을까? 이 질문은 장례식 사건과 관계가 있다. 조상들의 영혼은 고대 사회의 많은 신앙에서 어렴풋하게 나타나는데, 그 영혼은 주로 지역에 모여 있다. 오티에노가 생전에는 종족에 대한 의무를 회피할 수 있었지만 죽어서는 자신의 벌을 감당해야 했던 것이다. 의식적으로나 잠재적으로 종족에 대한 충성을 강제하는 메커니즘이 작동해왔는데, 오티에노의 경우와 달리 그 메커니즘은 지금도 살아 있다.

그렇다면 강력한 충성심을 자랑하는 종족 집단이 많으면 어떻게 되는가? 또 그것은 정치에 어떤 영향을 미치는가?

선거 경쟁은 경제와 함께 강력한 규모의 영향력을 발휘하는 정치 활동 분야다. 만약 51퍼센트를 득표한다면 난 이기게 된다. 권력 사용의 제한이 없는 가운데 내가 모든 것을 이기는 것이다. 이러한 규모의 경제를 얻기 위해 권력 추구자는 브랜드로 발전된 정당에 함께해 유권자들로부터 충성심을 얻으려 노력한다. 승자 독식의 선거 시스템이 적용되는 단일 종족 사회에서 이 과정은 모든 사람이 두 정당으로 나뉘는 극단적인 성향을 보인다. 두 당의 지도자는 그들의 지지자로부터 선택되었지만, 지도자가 된 다음엔 두 사람 모두 중도 유권자들로부터 표를 얻기 위해 노력한다. 이것은 현대 민주주의가 어떻게 작용하는지를 잘 말해주는 중용의 정치학이다. 한 가지 특징은 각 정당의 활동가들이 지도자들의 중용에 만족하지 않는다는 것이다. 우리는 약간 경우가 다르지만 미국에서 가장 명확히 이를 확인할 수 있다.

내가 민주주의의 이런 과정에 종족 다양성이 어떤 영향을 미치는지를 처음 연구할 때는 별로 재미가 없었다. 물론 유권자들이 강한 종족 정체성을 갖고 있다면 정치인들이 종족에 따라 정당을 결성할 텐데, 이는 유권자의 충성심을 얻는 가장 저렴한 방법일 것이다. 선거 자체는 단일 종족 사회의 선거와 매우 다를 것이다. 지도자들이 중도파 유권자들에게 다가가기보다는 자기 종족 집단만을 동원하려 할 것이다. 하지만 선거 후에 이러한 종족 집단은 동맹을 맺어야 할 것이다. 요구 사항이 너무 많은 종족 집단은 승리가 유력한 동맹에 참여할 수 없을 것이다. 종족 정치학은 정부 내에 회전목마와 같은 변화를 일으킬 수는 있지만, 각 집단은 점차 권력을 동등하게 나누게 될 것이다.

2001년부터 이런 생각을 발표하면서, 난 의심을 품게 됐다. 우선, 종족 정치학은 선거 운동을 타락시키는 경향이 있었다. 정책 선택을 종족 정체성이 밀어내버리기 때문이다. 앞서 설명한 선거 승리 전략 가운데 종족 카드를 사용하는 사람을 생각해보자. 한 종족의 두려움과 증오를 사용하는 것은 저차원의 정치학이지만, 이는 불행하게도 유용하다. 현대 경제학 연구에서 성배(聖杯)처럼 가장 중요하게 여기는 것이 무작위 실험(randomized experiment)이다. 이 실험은 의학계에서 오래전부터 사용됐지만 경제적 요인까지 포함시켜 하는 것은 일반적으로 더 어렵다. 선거 운동의 내용을 생각하면, 진정한 무작위 실험을 실행할 수 있는 범위는 제한적이라고 생각할 것이다. 하지만 전혀 그렇지 않았다. 예를 들면 베냉공화국 출신으로 미국에서 활동하고 있는 경제학자 레너드 완체콘(Leonard Wantchekon)은 베냉의 정치인들을 설득하여 다른 지역에서는 서로 다른 메시지를 무작위로 사용하도록 했다. 이것 자체만으로도 베냉의 선거 운동이 어땠는지 충분히 알 수 있지만, 완체콘의 이야기는 우리를 더욱 우울하게 했다. 정치인들은 국가를 잘 통치하겠다는 메시지나 종족적 편애를 하겠다는 메시지를 멋대로 사용하려 할 뿐 아니라, 통계적으로 분석한 결과 종족적 편애가 표를 모으는 데 더 효과적이라는 것이 분명해졌다.

선거에서 종족 정체성 활용 전략은 정책을 내세우는 것보다 더 효과적이었다. 뿐만 아니라 선거는, 선거에 결정적 영향을 미치는 중도 유권자를 잡기 위한 시합이라기보다는 극단주의자들을 확보하기 위한 시합이었다. 콜린 제닝스는 '표현적 투표(expressive voting)' 라는 개념을 통해 내게 이 성향에 대해 설명해줬다. 그의 연구는 종족으로 나뉜 사회에서 선거 경쟁이 어떻게 작동하는지를 분석하는 것이었다. 이에 따르면 극단주의적 정당에 투표하면 종족 정체성을 확고히 하는 결과를 낳는다. 또한 열렬한 당파적 지도자를 선택하기 때문에 거대 연합을 위해 절충하는 단계에서는 협상의 출발점이 가능한 한 당신의 종족적 입장으로부터 멀어야 한다.

이 재미 없는 과정에 대한 북아일랜드의 생생한 사례가 눈에 띈다. 선거 경쟁은 중용을 강요하고, 각 당은 연대를 형성하기 위해 중도 세력에 관심을 가졌지만 실제로는 정반대의 사태가 벌어졌다. 북아일랜드에는 네 개의 주요 정당이 있는데 두 개는 개신교, 두 개는 가톨릭에 기반을 두고 있다. 각 교파에서 한 정당은 중도이고 다른 하나는 과격파였다. 연대를 형성하기 전에 각 교파의 다수당은 중도 정당이어서 그들이 연대를 주도했다. 하지만 연대 사실이 알려지면서 유권자들도 극단적으로 나뉘었다. 그리고 이제 다수당은 각 교파의 과격파가 차지했다. 이 과정에서 고집불통들이 주도하는 과격파 정당의 연합이 주도권을 잡았다. 이것은 보다 일반적인 정체성 정치학의 결과를 잘 보여준다. 2007년 12월 케냐 선거에서도 이런 일이 생겨 48개의 종족 집단이 친키쿠유 연합과 반키쿠유 연합으로 나뉘었다.

나는 민주주의 체제에서 중요한 문제가 선거 경쟁만이 아니라는 사실을 알게 됐다. 선거 경쟁은 견제와 균형으로 보완되어야 한다. 또한 견제와 균형은 협력에 의해서 얻을 수 있는 공공재다. 하지만 종족 정치학은 견제와 균형을 형성하는 데 필요한 협력을 더 어렵게 만든다. 나는 2007년 나이지리아 선거에서 이 점을 분명히 확인했다. 새 국회의장이었던 퍼트리샤 에테(Patricia Etteh)는 자금을 횡령했다가 들통 났다. 그녀가 열두 대의 벤츠를 샀던 것이다. 난 이런 사실에 예민하게 반응하고 싶지 않다. 자신을 매우 사랑하는 국회의장이라면 벤츠 열두 대가 필요할 수도 있다고 생각한다. 하지만 나이지리아인들은 그렇지 않은 듯하다. 국민들은 그녀의 행위를 괘씸하게 여겼고 언론은 그녀를 웃음거리로 만들었다. 이 이야기에서 놀랄 만한 것은 없다. 그저 작은 위반 행위가 그녀의 운명을 다하도록 한 것이다. 여기서 중요한 것은 비난에 대한 그녀의 반응이다. 에테가 언론의 비난을 받자 그녀와 같은 요루바족 출신의 다른 정치인들이 그녀를 옹호했다. 솔직하게 표현하자면, 그들의 메시지는 "건드리지 마. 그녀는 우리 종족의 유일한 대표니까"였다. 만약 종족 카드를 활용함으로써 부패 혐의를 모면할 수 있다면 사회의 공공 행동 규범은 경시될 수밖에 없을 것이다.

그러므로 종족 정치에 의한 선거는 내가 전에 생각한 것만큼 이롭지 않을 수 있다. 이러한 점은 종족 다양성과 공공재의 관계에 대한 증거와 잘 부합될 수 있는데, 이들 증거의 대부분은 북미의 도시들처럼 치열한 선거 경쟁의 결과로 나타난 정치적 선택의 의미로부터 도출된 것이다.

많은 연구를 통해 국민들의 종족 구성이 다양할수록 공공 서비스의 질은 체계적으로 떨어질 수 있다는 사실이 입증됐다. 다양한 종족으로 구성된 사회가 우연히 질 나쁜 공공 서비스 시스템을 가지고 있는 게 아니다. 이 둘의 연관성은 일반적이다. 다른 특성을 고려 대상에서 제외하고 보면, 다양한 종족으로 이루어질수록 질 나쁜 공공 서비스가 제공될 가능성이 커진다. 뿐만 아니라 종족 자원에 적합한 지출은 마치 공무원 급여마냥 더 커질 수밖에 없다. 어째서 종족 다양성은 질 좋은 공공재의 공급을 더 어렵게 할까? 이에 답하기 위해서는 집단적 선택이 어떻게 이루어지는지에 대한 미시적인 증거가 필요하다.

연구 결과 명확해진 사실은, 종족 간의 신뢰감이 종족 내의 신뢰감보다 약하다는 것이다. 우리 연구 팀의 애버게일 바(Abigail Barr)가 짐바브웨 농촌 사회 간의 신뢰도 차이를 조사해서 이 점을 보다 분명히 입증했다. 신뢰도는 측정하기 어렵지만 그녀는 어떤 실험방식을 사용했는지에 따라 약간의 돈을 받는 자원봉사자들을 참여시키는 방식의 실험적 게임을 사용했다. 짐바브웨가 이 조사에 특히 잘 맞았던 이유는 단일 종족으로 구성된 마을들 옆에 수차례의 정착 계획에 의해 세워진 다양한 종족 마을이 있었기 때문이다. 그녀는 다른 특성을 제거했을 때, 게임에 사용한 전략에 따라 여러 종족이 다양하게 혼합된 마을일수록 신뢰도가 떨어진다는 사실을 입증할 수 있었다. 또 사람들은 자신들과 다른 종족이 아니라 친·인척들에게 이익이 된다면 세금을 더 낼 용의가 있다는 것도 밝혀냈다. 이러한 결과가 유럽에서 발표되자, 유럽인들은 이민과 그에 따라 사회가 인종적으로 다양해짐으로써 유럽의 특성인 복지 국가가 쇠퇴할 것이라는 전율에 가까운 우려감을 드러냈다.

정부에 대한 감시라는 공익적 행동이 붕괴될 것이라는 증거도 있다. 나이지리아 국회의장의 벤츠 과다 소유 문제를 이미 언급했지만, 좀 더 체계적인 증거가 있다. 특별히 설득력 있는 이 연구는 케냐의 여러 농촌 지역 학교운영위원회의 기능을 비교한 것이다. 학부모들로 이루어진 학교운영위원회는 자금을 걷어 학교를 관리하기 때문에 학교의 질을 결정하는 데 매우 중요한 역할을 한다. 에드워드 미구엘(Edward Miguel)과 메리 케이티 구거티(Mary Katy Gugerty)는 학교운영위원회 구성원의 종족이 다양할수록 학교 관리가 형편없다는 사실을 발견했다. 보다 명확히 말하면, 학교운영위원들은 학교에 기부하지 않는 자신의 종족에 대해서는 비판할 태세가 되어 있지 않았던 것이다.

다행스럽게도 종족 다양성의 앞날은 희망적이다. 종족 다양성이 공익 서비스에 끼치는 좋지 않은 영향은 민간 경제 활동에 미치는 장점으로 상쇄된다. 종족 다양성이 왜 사기업의 생산성을 향상시키는가? 무슨 일이 일어나고 있는지에 대해 애버게일이 짐바브웨에서 한 것처럼 꽤 좋은 실험적 증거가 있다. 기본적으로 종족 다양성은 기술력과 지식, 미래에 대한 전망의 범위를 확장시키고, 또 이들이 문제 해결에 도움이 되기 때문에 팀의 생산성을 향상시킨다. 다양성을 띠는 팀들의 경우 팀원들이 서로 잘 어울리지 못하더라도, 결과를 성취하는 데에는 훨씬 낫다. 또한 경제의 전반적인 성과에도 영향을 미친다는 증거가 있다. 난 이러한 관점에 대한 내 노력에 별로 만족하지 못한다. 아마 이용할 만한 증거란 증거는 모두 적용해봤기 때문에 결과에 대한 신뢰도가 그리 높지는 않을 것이다. 하지만 나는 국가별로 공공 자본과 민간 자본의 주식을 추산하여 두 종류 자본의 생산성이 사회의 종족 다양성의 수준에 영향을 받는지 조사했다. 이 과정은 조금 위험했으나, 결과는 종족 다양성이 공공 자본의 생산성을 감소시키지만, 민간 자본의 생산성은 향상시키는 것으로 나타났다. 이로 미루어볼 때 불확실하긴 하지만, 미시적 증거와 거시적 결과는 일치하는 것으로 보인다.

이러한 결과는 종족 구성이 다양한 사회일수록 그런 장점을 활용하여 민간 부문에서 가능한 한 많은 활동을 해야 한다는 것을 의미한다. 이는 미국이나 유럽의 차이와도 분명 연관성이 있다. 즉 인종적으로 보다 더 동일한 유럽의 사회들은 훨씬 더 많은 공공 부문이 존재한다. 최빈국은 인종 구성이 더욱 다양하기 때문에 최근까지 이 사회의 지배적인 이데올로기였던 사회주의와는 특히 어울리지 않는다. 하지만 그들이 사회주의를 선택한 것은 이해가 간다. 그들의 초대 정치 지도자들은 1950년대 프랑스와 영국에서 교육을 받았다. 당시는 사회주의가 유행했을 뿐 아니라, 유럽의 사회주의자들은 반식민주의 투쟁을 지지한 첫 정치인들이었다. 그리고 최빈국의 초대 정치 리더들은 유럽 사회주의를 넘어, 구소련 모델을 모방함으로써 자신들의 안보 문제를 해결해줄 수 있는 무기를 쉽게 구입할 수 있었다. 1980년대의 이른바 구조 조정 프로그램(Structural Adjustment Program)은 아프리카 정부들이 공공 부문을 민간 부문으로 바꾸도록 장려하거나 강제했다. 강압적인 데다 이데올로기에 근거한 것이어서 많은 비난을 받았지만, 이런 변화는 아프리카 사회의 다양성을 고려할 때 적절한 것이었다.

종족 다양성은 유익한 효과와 그렇지 않은 효과가 있는데, 양측의 효과는 대동소이하다. 즉, 순 효과는 무시할 만한 것이다. 하지만 당신이 이미 본 것처럼 고소득 사회와 저소득 사회에서의 영향력은 크게 다를 수 있다. 민주주의가 고소득 사회에서는 정치적 폭력을 감소시키지만 저소득 사회에서는 증가시킨다는 점을 상기해보자. 종족 다양성의 효과도 이와 비슷할까?

불행하게도 10억 인구의 최빈국들에서는 그렇다. 종족 다양성의 유익한 효과는 고소득 국가에서만 보이고 있다. 미국에서 종족 다양성은 좋은 소식이고, 유럽에선 종족 다양성의 증가가 복지 국가의 특성을 약화시킬지 몰라도, 민간 경제의 역동성으로 보상받을 것이다. 하지만 종족 다양성은 케냐와 같은 다른 최빈국 사회에게는 나쁜 소식이다. 소득이 낮은 경우, 종족 다양성은 순 경제적으로 상당한 약점이어서, 경제 발전을 더디게 하는 데 영향을 미친다. 종족 구성이 매우 다양한 저소득 사회는 완벽한 단일 민족 국가보다 평균적으로 2퍼센트포인트 낮게 성장한다. 어째서 종족 다양성은 고소득 사회에서는 유리하지만 저소득 사회에서는 방해가 될까? 아마도 다양성의 주요 장점은 기술력과 지식에서 비롯되기 때문일 것이다. 높은 수준의 기술력과 지식 체계를 갖춘 경제 체제에서는 다양한 능력과 지식의 이용 가능 범위가 클수록 더 좋다. 하지만 기술력과 지식이 기초적 단계인 경제 체제에서는 다양성이 영향을 줄 범위가 적은 데다 또 이용될 일도 적다.

기본적으로 지금까지의 결과를 보면 종족 다양성이 사회적 협동을 더 어렵게 하고, 저소득 국가에서는 이 영향력이 번영에 장애가 될 정도로 너무 강력하다. 이는 종족 구성이 다양한 사회는 경제성장에 필요한 집단적 노력을 이끌어내기 위해서 협력에 의존할 여유가 없다는 결론에 이르게 한다. 협력을 통해 공동의 노력을 이루기 위한 대책은 강압을 행사하는 것이다. 강압적으로 명령하려면 온건한 독재자 역을 자임하는 누군가가 필요하다. 최근 중국의 모습은, 집단적 노력이 매우 양식 있고 어느 정도 온건한 독재적 리더십으로 이끌어간다면 급속한 경제 발전이 가능하다고 널리 알려진 현상의 한 증거가 되고 있다. 바로 이것이 종족이 다양한 저소득 국가를 위한 해답일까?

독재 정치의 경우, 안보라는 기초적인 문제를 생각하면 더욱 그 존재 가치가 강화된다. 당신은 이미 최빈국에서 민주주의가 정치적 폭력을 증가시키는 것을 지켜봤다. 민주주의는 이 사회들을 더욱 위험하게 하지만, 억압 통치는 효과가 있었다. 우리는 잘랄 탈라바니(Jalal Talabani, 이라크 전쟁 이후 새로 수립된 이라크의 초대 대통령—옮긴이)보다 사담 후세인이 이라크에서 평화를 더 잘 지켜냈다는 불쾌한 사실을 환기할 수밖에 없다. 그래서 독재자들은 기차를 정시에 운행하게 하는 등 보다 양질의 공공재를 제공하고 튼튼한 안보를 제공하기에, 독재 국가 옹호론은 설득력이 있어 보인다.

나는 양식 있고 온건한 독재자의 유용성을 무시하고 싶지 않지만, 다양한 종족으로 구성된 사회에 이러한 해결책을 제시하는 것은 매우 위험하다고 생각한다. 종족 다양성은 나쁜 민주주의를 생성하는 것만큼이나 나쁜 독재도 양성한다. 종족이 다양한 사회에서 독재자들은 종족 카드를 사용하여 자신들의 종족 집단에 권력의 기반을 세울 것이다. 결과적으로 이들의 후원 기반은 좁게 마련이어서 자신들이 속한 종족 집단을 넘어서지 않는다. 권력 기반이 좁으면 좁을수록, 국가 경제를 성장시켜 모든 이들에게 혜택이 돌아가도록 하기보다 국가 경제를 약탈해 자신들의 종족 집단에 수익을 넘김으로써 권력을 유지하려는 인센티브는 더 강해진다. 그리하여 이 분석에 따르면, 종족이 다양한 사회는 독재를 하기에 지극히 부적합하다.

다시 한 번 증거를 확인해보는 것이 최선이겠지만, 이번 문제는 간단하지 않다. 내가 알아낸 것은 경제 실적으로 판단했을 때 종족이 다양한 사회는 단일 민족 국가보다 더 민주주의가 필요하다는 것이다. 만약 이 결론이 옳다면, 다양한 종족으로 구성된 사회에는 독재자가 필요하지 않고, 특별히 적합하지도 않다. 이 연구 결과는 권위 있는 학술 잡지에 실릴 만큼 새로운 것이었지만, 중요한 질문에 답하는 첫 단계일 뿐이었고, 오해를 불러일으킬 수도 있었다. 최근 엘리아나 라 페라라(Eliana La Ferrara)와 하버드 대학교 경제학부장인 알베르토 알레시나(Alberto Alesina)는 이 주제를 다시 생각해보고 더욱더 면밀히 분석한 결과를 책으로 출판했다. 이 주제에 대해 이렇게 유력한 팀이 궁금해했다는 것에 대한 기쁨과, 내가 보지 못한 점을 그들이 찾아냈다는 감탄, 내 연구가 탁상공론이었음이 드러날지도 모른다는 걱정이 뒤섞인 복잡한 감정을 느끼면서 나는 그들의 연구 결과를 읽었다. 학계에서 당신은 단 한 편의 논문 때문에 쉽게 수모를 당할 수도 있다.

내가 생각하지 못한 중요한 결과는, 종족 다양성이 고소득 국가에서는 덜 해롭다는 점이었다. 하지만 이 결과는 민주주의에 대한 내 연구 결과에 조종(弔鐘)을 울릴 수도 있었다. 민주주의가 고소득 국가에서 더 일반적인 현상이기 때문에 수입 수준을 제어하지 않은 내 연구 결과는 단순히 이 같은 상관관계 때문일 수 있었다. 그들은 먼저 내 연구 결과를 복제하고 나서 자신들의 결과를 도출하는 식으로 하나하나 단계적으로 자신들의 분석을 체계화한 뒤 마침내 두 가능성을 결합했다. 종족이 다양한 국가의 민주주의와 내 마음의 평화 모두에 다행스럽게도, 그들은 두 영향력이 모두 유효하다는 사실을 발견했다. 종족 다양성은 고소득 국가일수록 문제가 적었고, 특별히 민주주의가 적합했다. 그들의 분석도 단지 예비적 결과였다. 그들도 알다시피, 이러한 결과가 오류로 판명날 다양한 방법이 존재했다. 그럼에도 불구하고 이러한 결과는 종족적 민주주의 정치학 문제에서 독재자가 필요하다는 추론으로 비약하는 것에 주의를 환기했다.

난 그들의 연구 결과를 따라 조금 더 분석해보기로 했다. 내 이전 연구와 알레시나와 라 페라라의 연구는 경제 성장을 성과 측정의 척도로 사용했다. 경제 성장은 어떤 경우에는 나쁜 척도가 아니다. 만약 다양성의 두 효과가 서로 상쇄시키는 역할을 한다면 중요한 문제는 순 효과가 긍정적인지 부정적인지의 여부였다. 성과의 총괄적인 척도로서, 성장은 무난하다. 하지만 만약 최빈국에서의 순 효과가 부정적이라면, 우리는 자세히 조사할 필요가 있다. 공공재에 대한 부정적 효과는 피해가 정치적·사회적 선택에 반드시 파급된다는 것이다. 그래서 난 성장의 효과를 보는 대신 그러한 선택을 좀 더 직접 측정하기로 결정했다.

이 문제는 명확하게 경제학과 정치학의 경계에 있었는데, 난 운 좋게도 알레시나처럼 하버드 대학교 교수이자 아프리카를 연구 중이던, 이론의 여지가 없는 원로 정치학자 로버트 베이츠(Robert Bates)와 함께 연구할 수 있었다. 상당 기간 우리는 아프리카 연구 네트워크의 후원을 받는 대규모 팀의 일원이었다. 이 팀은 1960년이 후 40년 동안 왜 아프리카 경제가 침체해왔는지를 조사하고 있었다. 아프리카인들이 (정치적·경제적) 선택을 잘못한 것이 경제 침체의 유일한 설명은 될 수 없었다. 예를 들어, 너무 많은 아프리카 국가가 내륙 국가라는 사실은 경제 번영에 중요한 방해물 중 하나였다. 하지만 그들의 선택 또한 분명히 방해물 중 하나였고, 연구 팀은 명확히 역기능적인 요소에 집중하기로 했다. 우리는 어느 여름 스탠퍼드 대학교에서 만나 각 나라의 경제적 역사를 하나하나 살펴봤다. 그 결과, 몇 가지 신드롬이 드러났다. 예를 들면 호황기를 잘못 관리하고 돈을 빌려 무기를 사는 것과 수익금을 낭비하는 것이었다. 우리는 이런 행태를 보이지 않은 국가들은 급진적 성장은 하지 못했어도 경제적 붕괴만은 면했다는 점을 발견했다.

베이츠와 나는 이런 결정적 행동 양식을 성과의 척도로 사용하기로 결정했다. 종족 다양성이 국가가 이런 역기능적 선택을 하는 경향을 더 강화시키는가? 우리는 가장 비참한 결합이 종족 다양성과 가혹한 정치적 억압이라는 사실을 발견했다. 이 같은 결합이 바로 아프리카의 역기능적인 사회적 선택을 도출한 것이다. 오직 종족 다양성과 독재 체제의 치명적인 상호 작용만이 지역 사회를 이런 신드롬에 빠지기 쉽게 만들었다. 독재 체제나 종족 다양성이라는 두 요소 중 한 가지가 아닌 두 개가 결합할 때만 그런 결과를 낳았던 것이다. 전적으로 아프리카 사회의 변화에 기반한 이 결과는 다양한 종족으로 구성된 저소득 사회는 특별히 독재 체제에 잘 어울리지 않는다는 범세계적인 결과와도 일치한다.

마지막으로, 내 생각에 가장 통찰력 있는 연구를 소개한다. 팀 베슬리와 그의 학생 마사유키 구다마쓰는 아직 미발표 논문이지만 '독재가 작동하게 하는 방법'이란 도발적인 제목의 연구를 통해 독재의 성과가 민주주의의 성과보다 훨씬 더 확산됐다는 것을 입증했다. 독재 체제는 완전히 성공적일 수도 있지만 대단히 파괴적일 수도 있다. 그들의 질문은 무엇이 차이를 낳게 했느냐, 즉 왜 아프리카에서는 성공적인 독재 체제가 없었을까 하는 점이었다. 그들은 선택자(selectariat)라는 개념으로 질문에 답했다. 선택자란 독재 정부가 유권자 대신 선택했으며, 권력이 의존하고 있는 한정된 집단이다. 이들은 독재자가 제대로 일하지 않으면 내쫓을 수 있는 사람들이다. 베슬리와 구다마쓰는 성공적인 독재 정치와 파괴적인 독재 정치의 차이는 선택자가 그 힘을 사용할 의사가 있는지에 달려 있다는 것을 발견했다. 선택자가 주기적으로 무능력한 독재자들을 갈아치울 때 독재 체제는 성과를 더 잘 냈다.

이 결과는 중요하지만 또 다른 궁금증을 낳는다. 선택자는 무엇 때문에 실패한 독재자를 갈아치울 생각을 하는가? 그들은 간단한 해답을 찾아냈다. 선택자는 그들이 권력을 유지할 수 있다고 확신할 때만 독재자 대신 자신들의 멤버 중 한 사람으로 교체한다. 내가 생각하기에, 이것이 바로 완강한 종족 정체성으로 성층화한 사회에서 독재 체제가 성공하지 못하는 것을 잘 설명해준다. 이런 사회에서 정치적 변화는 위험하다. 현재 선택자는 독재자의 종족 집단에서 추첨으로 뽑히지만, 독재자가 뽑힌 선택자를 제거하면 다른 종족 집단으로 권력이 넘어가는 사건이 벌어져 새로운 선택자가 생길 수도 있다. 앞으로 쿠데타를 설명할 때 이와 일치하는 증거를 보게 될 것이다. 아프리카에서 종족 양극화는 쿠데타의 위험을 더욱 증가시킨다. 한 종족으로 구성된 선택자는 현 상태에서 변화가 오는 것을 두려워할 만하다. 이 논리와 일치되게 베슬리와 구다마쓰는 종족 다양성이 독재 체제가 작동할 기회를 줄인다는 점을 발견했다. 하지만 종족 다양성이 이 같은 상황을 전부 설명해주는 것은 아니며 그 영향력은 더 중요시할 만하다. 마르크시즘과 같은 강력한 이데올로기는 종족 다양성이라는 맥락에서도 독재 체제를 성공할 수 있게 한다. 선택자가 공산당으로 구성됐다면 누가 독재자의 위치를 차지하든 당은 계속 집권할 것이다. 최빈국은 마르크시즘이 더 이상 필요하지 않지만 공동체적 정체성을 느끼게 하는 무언가가 필요하다.

그래서 경제적 이론이나 통계적 분석도 문제를 정확히 밝혀내진 못했지만, 우리가 보기에 공포감으로 통치하는 거친 독재자는 다양한 인종으로 구성된 최빈국이 가장 피해야 할 사람으로 보인다. 비록 그들이 정치적 폭력을 막을 수 있다 하더라도, 더 다양한 범주로 측정했을 때, 그런 독재자는 재앙이다. 종족 다양성이 민주주의적 정치를 악화시킬지 몰라도, 독재 체제는 치명적일 것이다.

그렇다면 종족 다양성은 어떻게 극복할 수 있는가? 국가 정체성은 국토에서 자라는 게 아니라, 정치적 리더십에 의해 형성된다. 저소득 사회의 소수 정치적 지도자들은 이렇게 형성된 국가 정체성을 첨가함으로써 종족 다양성으로 인한 문제를 처리하는 데 성공했다. 이와 관련해 두 명의 훌륭한 예로 1945년부터 1967년까지 인도네시아 대통령을 지낸 아크멧 수카르노(Achmed Sukarno)와 1964년부터 1985년까지 탄자니아 대통령이었던 줄리어스 니에레레(Julius Nyerere)를 들 수 있다. 최근 남아프리카공화국의 넬슨 만델라도 같은 길을 걸었다. 수카르노와 니에레레 전 대통령 모두 당시 유행하던 처방책에 사로잡혀 경제 정책은 매우 엉망으로 집행했지만 국가 설립이라는 핵심적 이슈에선 정치적으로 거인이었다. 수카르노는 6000개 이상의 섬을 통합하는 매우 어려운 일을 해냈다.

이 같은 예는 국가 정체성이 어떻게 정립되는가를 잘 보여주는데, 그것은 사실상 국가를 정치적으로 어떻게 구성하느냐의 문제였다. 하지만 나는 제국주의 시대 이후 국가 설립에 성공한 드문 경우에 관심을 집중하고 싶다. 지도자들은 과연 이 과정에서 무엇을 할 수 있는가?

수카르노와 니에레레 모두 언어에 관심을 집중했다. 언어는 종족 정체성에 매우 기본적인 것이어서 사회과학자들이 연구에 사용하는 주요 방법이기도 하다. 수카르노는 바하사 인도네시아라는 새로운 문자를 만들었는데, 너무 간단해서 오스트레일리아 학생들도 이를 자신 있게 구사하는 것을 들은 적이 있다. 니에레레는 탄자니아에 스와힐리어를 사용하도록 했다. 이제부터 이 문제에 관해 매우 명확하게 입증하는 사례로 니에레레의 전략에 집중할 것이다.

언어는 그가 부족의 정체성 문제를 극복하기 위해 사용한 유일한 전략이 아니었다. 그는 탄자니아의 초등학교 교과 과정에 역사를 포함시키도록 했다. 어린이들은 학교에서 탄자니아인으로 인식하도록 교육을 받았다. 니에레레는 언어와 교육 정책으로 문화적 정체성을 재정비하는 한편, 정책 결정 과정도 변화시켰다. 그는 분열을 초래하는 다당제의 선거 경쟁을 피하는 대신 지역 차원에서 부족 지도자들의 권력을 강화시키던 제국주의적 체계를 발본색원했다. 전국 정당이 마을 위원회를 만들었다. 국가적 차원에서 지역에, 즉 종족 집단에 공평하게 자원이 분배됐다. 또한 니에레레는 국가 통합을 위해 물리적 상징물을 세웠다. 가장 두드러진 상징물은 나라의 한가운데에 도도마라는 새로운 수도를 세운 것인데, 처음에는 후원자들마저 이를 비웃었다. 후원금 부족 등 여러 문제 때문에 도도마 수도 이전 계획은 성공하지 못했지만, 오랫동안 계승돼온 지역 정체성을 극복하고자 하는 그의 목적은 분명히 드러났다. 무엇보다 니에레레는 이 국가 통합의 수사학을 발전시키고 단단히 주입시켰다. 국민들이 탄자니아인임을 자랑스러워하기 시작했다. 종족 정체성은 강제로 억압되지 않았다. 그저 경시됐을 뿐이다. 처음 탄자니아에 다당제가 소개됐을 때, 어느 당도 종족성에 기반한 선거 운동을 할 수 없을 정도로 제한이 있었다. 우연히도 현재 탄자니아의 야당 지도자는 나의 오래된 친구로 괜찮은 경제학자다. 그는 한심한 정치학과는 거리가 먼 사람이다.

그러면 니에레레의 전략은 유용했는가? 그것은 과학적으로 접근하기 힘든 질문 중 하나다. 한 가지 방법은 많은 아프리카 국가에서 동일한 방식으로 사고방식에 대해 조사한 아프로바로미터(Afrobarometer, 아프리카의 정치, 경제, 사회적 지표를 측정하기 위한 연구 프로젝트로 남아프리카 민주주의연구소와 미시간 주립대학교 등이 중심이 되어 시행됐다-옮긴이)라는 조사 방법이다. 이 질문 중 하나는 정체성의 핵심에 관한 것으로, "당신이 우선적으로 속한 그룹은 무엇입니까?"라고 묻는 것이었다. 다양한 종족으로 구성된 아프리카 사회에서 답변의 절반은 민족성과 관련 있었는데, 이들 대부분은 종족적인 조건에 따라 스스로를 분류했다. 탄자니아에서는 3퍼센트의 인구만 민족 또는 언어학적 기준으로 자신의 정체성을 식별했다. 단순히 '탄자니아인'이 아니라 좀 더 명확하게 설명하기 위해 4분의 3 정도는 직업을 언급했다. 내가 했더라도 같은 방법으로 설명했을 것이다. 고향에 대한 자부심도 있지만 난 요크셔인이라고 생각하기보다

나 자신을 경제학자라고 생각하기 때문이다.

하지만 사람들은 질문에 답변할 때 조사자가 듣기 좋아할 만한 답변을 하는 경향이 있듯이, 그저 정중한 답변에 지나지 않다는 것을 보여줄 수도 있었다. 경제학자들은 사람들이 자기 자신에 대해 말하는 사실에 기대어 내린 결론을 일반적으로 신용하지 않는다. 그래서 진짜 이슈는 정체성에 대한 생각의 차이가 행동의 차이를 만드느냐에 관한 것이다. 이 문제는 훨씬 어렵지만 해결이 불가능하지는 않다. 버클리 대학교의 에드워드 미구엘이 최근에 이 문제를 해결했다.

탄자니아에서 니에레레가 국가를 세우려고 노력한 것은 인접국인 케냐의 정치적 리더십과 극명한 비교가 된다. 케냐의 초대 대통령인 조모 케냐타(Jomo Kenyatta) 또한 여러 방면으로 훌륭한 사람이었고, 그의 경제 정책은 니에레레의 것보다 훨씬 괜찮았다. 탄자니아 사회주의자들이 케냐타가 '식인(食人, man-eats-man)' 사회를 운영한다고 비난할 때, 케냐인들은 니에레레가 '식무(食無, man-eats-nothing)' 사회를 건설했다고 적절히 답변했다. 하지만 케냐타는 종족의 충성심을 넘어설 수 없었다. 그는 자신이 속한 키쿠유족을 편애하여 키쿠유족 집단 거주 지역에 공적 자원을 대규모로 지원했다. 다른 많은 아프리카 지도자들처럼 케냐타도 자신의 후계자를 만들 충분한 준비를 하지 않았다. 케냐타의 심복 둘은 모두 키쿠유족이었는데, 이들은 후계자가 되기 위해 서로를 견제했다. 정치적 혼란기에 이들은 서로 승리할 희망이 없자 대리로 통치할 수 있는 인물을 선임하기로 하고, 소수 민족에서 앞잡이를 골랐다. 그 결과 세계 무대에 등장한 사람은 다니엘 모이 대통령이었다. 모이 대통령은 정계의 실력자들이 생각한 것보다 괜찮은 측면이 하나 있었다. 그는 자신을 견제했던 심복 둘과 키쿠유족 선택자들을 빠르게 무력화시켰다. 대통령이 소속된 칼렌진족을 모이 대통령이 지극히 편애하는 것을 제외하고는 모든 것이 바뀌었다.

칼렌진족의 경우는 종족 정체성이 어떻게 형성될 수 있는지를 보여주는 좋은 예다. 당신은 아프리카 부족들이 인류가 탄생한 원시 시대로 거슬러 올라가는 것을 상상할 수 있다. 사실 칼렌진족은 1942년에 탄생했다. 제2차 세계대전이 북아프리카에서 치러졌을 때, 영국군은 왕립 아프리카 소총 부대에 신병이 필요해지자 저소득 지역에서 신병을 모집했다. 가장 저렴한 모집 방법이 라디오를 사용하는 것이었는데, 한 지역에서는 방송에서 여러 사투리를 사용했다. 각 라디오 방송은 중간 주파수 범위대에 영어가 아닌 칼렌진족 사투리로 "말씀드립니다, 말씀드립니다"라고 말해 주목을 끄는 식으로 시작했다. 영어로 '말씀드립니다'를 의미하는 한 지역의 사투리가 곧 '칼렌진'이었다. 간담을 서늘케 했던 2007년 케냐의 선거 이후 혼란기 속에 칼렌진족은 폭력을 행사했다. 이 종족은 라디오 프로그램의 혜택을 본, 민족 정체성의 산물이었다.

케냐타와 모이는 그들의 종족을 편애했던 반면에 국가 정체성을 확립하는 데는 주력하지 않았다. 국가 공용어를 만들려는 노력도 하지 않았고, 교육과정에서는 각 지역의 역사를 국사보다 중시했다. 정치적으로 부족장이 갖는 제국주의 시스템은 계속 유지되어 지역 유지는 모두 중요 인사가 되어갔다. 종족 간의 평등은 생각할 수도 없었다. 그리고 많은 부(富)를 보유하고 있음에도 불구하고 케냐는 도도마와 같은 국가 상징물을 만들려는 노력을 하지 않았다.

2007년 12월의 케냐 선거는 새로운 정치인들이 전임자들이 피워놓은 불을 더욱 거세게 만드는 결과를 초대했다. 주범은 야당 지도자 라일라 오딩가였다. 현직 대통령이 뇌물과 선거 부정의 측면에서 유리한 고지를 선점하고 있다는 점을 상기해보자. 그렇다면 야당은 종족 정체성이라는 값싼 전략을 사용하려고 할 것이다. 오딩가는 종족 청소를 공약하는 것이나 다름없는 수준의 캠페인을 벌였다. 그의 전략은 그가 주목한 키쿠유족이 인구의 25퍼센트도 되지 않았기 때문에 성공적이었다. 오딩가는 아마 제일 많은 표를 얻었을 것이다. 그런데도 선거에서 졌는데, 이는 개표 부정에 의한 것이었다. 그렇더라도 그는 제대로 된 민주주의에서는 불법이었을 전략이었을망정 이겼어야 할 승리를 빼앗겼던 것이다.

독립 후 탄자니아와 케냐에서 사용된 정치적 전략의 차이는 자연적 실험의 충분한 기초로 제공될 만할 정도였다. 즉, 국가 정체성을 형성하려는 노력 대 종족 정체성을 강화하는 노력이 바로 그것이었다. 하지만 자연적 실험은 서로 다른 전략뿐만 아니라 비교할 만한 두 지역을 필요로 한다. 두 국가는 비슷하게도 민족적으로 다양했다. 케냐에는 48개의 종족이 있었고, 탄자니아에는 그보다 더 많았다. 미구엘은 케냐와 탄자니아 내 각 지역 하나씩을 골라 국가 간의 동질성에 초점을 맞췄다. 이렇게 해서 선택된 케냐의 부시아와 탄자니아의 미투는 각각 해당 국가의 여타 지역보다 더 조건이 서로 비슷했다. 여기에는 제국주의 시대 이전에는 하나였던 지역을 임의로 직선을 그어서 나눈 국경이 있었다. 하지만 서로 다른 전략과 비교 가능성은 자연적 실험을 하기엔 아직 충분하지 않았다. 또 결과에는 양적으로 측정할 만한 차이가 있어야 하는데, 정체성은 관찰하기 어려운 특성이 있다. 미구엘은 학교를 위해 지역적으로 모금되는 금품, 학교 설비의 공급, 양질의 우물 같은 공공재의 공급을 측정하기로 결정했다.

하지만 부시아와 미투가 관찰 대상일 경우, 통계적으로 제대로 검증할 수 있는 가능성이 적었다. 부시아가 미투보다 좋은 상태거나 나쁜 상태일 확률은 50퍼센트였다. 미구엘은 부시아와 미투 모두 여러 지역으로 이루어졌다는 사실을 영감적으로 떠올려 이를 사용했다. 일부 지역은 다른 곳보다 더 많은 종족이 거주하고 있었다. 그는 부시아와 미투 내의 서로 다른 지역 간 종족 다양성의 차이를 이용하여 각 사회에 미치는 피해의 편차를 확인할 수 있음을 깨달았다.

케냐 지역인 부시아에서 그는 종족 다양성의 결과를 조사하는 연구자들이 주로 발견하는 양식을 정확하게 찾아냈다. 부시아의 종족 다양성이 큰 지역은 단일 종족이 거주하는 지역보다 공공재의 공급이 부족했다. 게다가 이로 인한 효과는 매우 컸다. 평균적으로 종족이 다양한 지역은 단일 종족 지역보다 학교 예산이 학생 1인당 25퍼센트 적었다. 이 문제는 다양한 종족으로 이루어진 학교의 선임 교사들이 알고 있었는데, 그들은 종족 경쟁심이 학부모들의 학교 후원을 꺼리게 한다고 비난했다.

그렇다면 탄자니아 지역인 미투는 어떤가? 연구 설계의 핵심 내용은 종족 다양성이 거기서도 비슷하게 해로운지를 살펴보는 것이었다. 부시아처럼 미투에서도 지역별로 차이가 있었다. 어떤 지역은 종족이 다양한 반면, 어떤 지역은 단일 종족으로 구성되어 있었다. 결과는 종족 다양성이 공공재의 공급에 우리가 인식할 만큼 영향을 주지 않는 것으로 나타났다. 통계 결과는 인터뷰에 의해 뒷받침됐다. 미구엘은 "우리는 모두 탄자니아인이에요"와 "이곳은 탄자니아예요. 우린 그런 문제가 없어요”와 같은 견해를 들었다.

내가 미구엘이 행한 연구의 의미를 약간 맛보게 해주었기를 바란다. 그것은 실로 아름다운 사회 과학의 한 연구 결과라 할 만했다. 또 그것은 국가 정체성 확립이라는 니에레레의 전략이 실제로 유용하다는 설득력 있는 증거를 제공했다. 식민지로부터 독립한 후부터 인터뷰가 진행될 때까지의 40년 동안 종족 다양성에 의한 피해는 크게 감소했고, 어쩌면 없어졌을 수도 있다. 니에레레는 새로운 국가를 새로운 국민 국가로 변화시켰다.

니에레레와 수카르노는 리더십의 능력을 잘 보여준 사례다. 하지만 불행하게도 그들의 방법은 최빈국에서는 별로 적용되지 않았다. 더 일반적인 것은 케냐의 케냐타와 모이의 전략이다. 케냐인의 정체성보다 종족 정체성을 강조한 결과는 이제 너무나도 명확하다. 나는 지금 이책을 집필하면서, 케냐 선거 이후의 사건들을 파악하기 위해 노력하고 있다. 약 1000명의 케냐인들이 종족 간의 폭력으로 사망했다. 이런 상황에서 순진하게 연구를 논하는 것은 힘든 일이다. 하지만 나이지리아에서 페드로 빈센트와 내가 2007년 4월 선거 동안 시행했던 조사를 상기해보라. 조사가 실현 가능했기 때문에, 나는 케냐 선거 기간에도 같은 방법을 쓰기로 결정했지만 그 방법이 힘들 것으로 예상했다. 종족 다양성이 우리의 연구에 유용하다는 사실을 확인한 것처럼 우리 연구 팀도 케냐인, 미국인, 벨기에인, 멕시코인과 독일인의 강점이 결합됐다. 이 연구는 가장 최근에 이루어진 상태라 잠정적 결과만 보고할 수 있다.

조사는 선거가 끝나고 일어난 폭력 사태 전에 이뤄졌다. 하지만 이미 이 단계에서 여섯 명당 다섯 명의 케냐인이 정치적 폭력의 피해자가 되지 않을까 두려워했고, 열 명 중 한 명이 투표를 잘못한 결과에 대해 협박을 당한 상태였다. 나이지리아에서 볼 수 있는 바와 같이, 선거 폭력은 약자의 전략이었던 것으로 보인다. 특히 정부 지지자들이 가장 두려워했는데 선거 후 상황을 보니 그들이 맞았던 것이다. 하지만 협박은 공동체에 기반을 둔 적대감에는 적당하지 않았다. 폭력에 대한 선동은 정당이라는 조직에서 시작된 것으로 보였다. 키쿠유족에 대한 폭력은 라일라 오딩가의 의도적인 선거 전략이었다.

정부의 승리 선언에 뒤따라 터져나온 부정 선거 혐의와 일치하게 우리가 선거 며칠 전에 조사했을 때는 야당이 이길 것으로 보였다. 이 결과는 케냐 유권자들에게 그리 놀랄 일이 아니었을 것이다. 우리가 선거가 얼마나 공정하고 자유로울지를 물었을 때, 70퍼센트는 문제가 있을 것이라 생각했고, 이에 대한 우려는 야당 지지자들 가운데에서 훨씬 높았다. 투표에서는 종족 정체성이 모든 것을 좌우했다. 자신의 주된 정체성이 케냐인이라고 생각한 사람은 유권자의 절반밖에 되지 않았다. 투표를 하는 이유는 종족 정체성에 더 치우쳐 있었다. 키쿠유족이 키바키를 뽑고, 루오족이 오딩가를 뽑았을 뿐 아니라, 여타의 종족들도 대부분 자신과 같은 종족 후보에게 투표했다.

하지만 종족 정치학에 조종을 울리는 것은 바로 이 결과다. 유권자들은 선거 경쟁에서의 투표 성향은 정부 경제 정책을 누가 더 잘하느냐에 좌우돼야 한다고 생각한다. 선거가 치러지기 전의 케냐 경제는 20년 만에 제일 큰 성장을 했고, 성장의 이익도 키쿠유족에만 한정되지 않고 골고루 분배됐다. 루오족마저도 그들이 더 잘살게 됐다는 것을 인식했다. 키바키는 설문에 응답한 루오족으로부터도 꽤 훌륭한 평가를 받았지만,

별 도움이 되지는 않았다. 키바키의 종족이 달랐기 때문에 루오족은 그에게 투표할 수 없었다. 루오족의 98퍼센트는 오딩가에게 투표했다. 투표가 이런 식으로 이뤄진다면 대통령이 국가적 공공재를 공정하게 제공할 이유가 없고, 차라리 자신의 종족을 편애하는 편이 더 나을 것이다. 케냐 정치인들이 키운 강력한 종족 정체성은 정부를 평가하는 방식으로 선거 경쟁을 사용할 수 없게 만들었다. 선거의 다른 성과물인 합법성에 대해 케냐의 민주주의 교육 연구소장인 코키 물리는 다르게 논평했다. "이 사람들은 합법성을 무시하나요?"

제3장

가마솥 안: 분쟁 후의 평화 정착

새로운 밀레니엄인 2000년대에 접어들면서 평화가 찾아왔다. 드디어 국제 사회는 장기간 계속되는 내전으로 곪은 지역에 진지하게 관심을 갖기 시작했다. 평화 회의라는 이름의 압력이 여러 방면에서 가해졌고, 스리랑카, 브룬디, 남부 수단, 사에라리온, 앙골라, 콩고민주공화국, 보스니아, 코소보에서 일련의 평화 협약이 체결됐다. 이는 훌륭한 성과였으나, 분쟁 후 상황은 위태로웠다. 평화 협약이 체결된 곳들 가운데 40퍼센트 정도가 10년 이내에 다시 폭력 사태를 겪어야 했다. 이러한 회귀 현상은 전 세계적으로 일어나는 내전의 절반 정도를 차지한다. 때문에 분쟁 종식 후에 이전보다 효율적으로 평화를 유지하는 것이 내전을 줄이는 가장 효율적인 방법 중 하나다. 과연 민주주의가 이러한 사회에서 평화를 지키게 해주는 열쇠인가? 분쟁 후 상황에 대한 국제 사회의 접근 방법은 아직도 걸음마 단계다. 유엔 평화구축위원회는 이제 겨우 자리를 잡아가고 있다. 최근 기록을 볼 때 맥이 빠지는 것은 어쩔 수 없다. 여기서 몇 개의 예를 들어본다.

먼저 콩고민주공화국의 과도 정부를 살펴보자. 선거를 치러 직위를 박탈당하기 전에 권력을 유지할 시간이 3년밖에 남지 않았다는 점을 알아챈 각료들은 서둘러 국고를 약탈하기 시작했다. 하지만 세수가 줄어 국고에는 자금이 별로 없었다. 앞으로 설명하겠지만, 저세율 정책은 나쁜 통치 전략의 하나다. 대개 국고 약탈은 세수를 초과할 수 있다. 또 다른 전략은 돈을 빌려 미래의 국민들에게 빚을 떠안긴 뒤 그 수익금을 가지고 도망치는 것이다. 불행히도 콩고민주공화국의 새로운 지도자들에게 이 전략은 실현 불가능했다. 이미 모부투 대통령이 무리하게 이 전략을 사용해서 나라는 숨이 턱에 찰 만큼 빚을 진 상태였다. 어떤 은행도 정부에 돈을 빌려주려고 하지 않았다.

하지만 다른 방법이 있었다. 콩고에는 광물 자원이 풍부한데, 대부분의 광산이 미개발 상태로 있었다. 모부투 대통령 체제 아래 민간 기업이 광산에 투자하는 것은 어리석은 짓이었기 때문이다. 대통령은 경제학자들이 시간 일관성 문제(time-consistency problem)라고 부르는 상황에 봉착했다. 투자를 몰수하지 않겠다는 대통령의 약속이 없었기 때문에 어떤 기업도 광산 투자에 나서지 않았다. 하지만 과도 정부가 들어섰을 때 세계 원자재 가격이 급등하여 투자 위험도를 낮추었다. 과도 정부가 합법적으로 제시하는 가격을 지불하고 개발권을 얻는 것은 나름대로 가치가 있었다. 그리고 콩고민주공화국의 과도 정부는 국유 재산을 싼값에 팔았는데, 이는 국민들의 미래를 담보로 빚을 지는 셈이었다. 나는 몇 달 전 이 개발권을 구입한 약삭빠른 투자자와 호사스러운 점심 식사를 했다.

그 자리에서 내가 권리를 재협상해야만 한다고 말하자 그는 약간 거북스러워했다.

이제 모든 분쟁 종식 협의 가운데 가장 주목할 만한 남부 수단의 평화 정착 과정을 살펴보자. 남부 수단의 새 정부는 거의 달처럼 척박한 경제 시스템을 물려받았다. 공공 서비스가 전혀 제공되지 않았는데, 도로, 학교, 의료 보험뿐만 아니라 심지어 제대로 된 건물조차 없었다. 공공 서비스라곤 수단인민해방군(SPLA, Sudanese People's Liberation Army)이라는 치안 부대가 유일했지만 이마저도 곧 감축돼야만 했다. 하지만 남부 수단에는 엄청난 금융 자원이 있었다. 북부 수단과의 국경에서 발견된 유전에서 매년 13억 달러의 오일 달러를 얻을 수 있었다. 석유 수입에 더해 엄청난 규모의 원조도 유입되었다. 때맞춰 모든 기관이 외부에 도움을 요청했던 것이다.

이러한 상황은 예산 분배의 우선순위와 차례를 제대로 처리하기만 하면 꽤 훌륭한 환경이었다. 해방을 위한 수년간의 희생 끝에 남부 수단 국민들은 정부가 효율적인 정부를 세우기 위한 중요한 길을 찾아 그대로 실행에 옮길 것이라고 희망을 가질 만도 했다. 하지만 2년이 지난 오늘날, 과연 이 희망이 얼마나 진행되었을까?

한 선임 장관이 내게 "우리는 기회를 놓쳐버렸소"라고 말해주었다. 가장 심각한 실수는 SPLA 구성원인 전투 부대 사령관들에게 공익적 권력을 이양한 것이다. 그들은 이렇게 얻은 권력으로 무엇을 했을까? 그들은 석유 수출로 생긴 수입을 군인들의 봉급에 사용함으로써 전투 부대의 규모를 확대시켰다. 때문에 정부는 난처한 상황에 빠지고 말았다. 생산적인 목적에 사용할 예산을 얻을 유일한 방법은 고임금이라는 황금

열차에 올라탄 전투병들을 해고하는 것이었다. 그럼 외부로부터 온 원조를 장관들이 어떻게 사용했을까? 그들은 남부 수단이 아니라 치안 상황이 보다 나은 케냐의 나이로비에 거주했다. 후원 기관들이 남부 수단에서 회의를 하자고 주장하면 장관들은 케냐에서 수단으로 출퇴근한다. 그렇다면 이 회의에서 장관들은 행정의 우선순위를 어떻게 결정했을까? 가장 우선순위는 거대하고 화려한 행정부 건물이었다. 당신도 이런저런 행정 부서를 위한 높은 콘크리트 건물의 모습을 상상할 수 있을 것이다.

나는 자격이 있는 정부들만 민간 영역을 가져도 된다고 생각하는 편이다. 남부 수단에는 하나의 큰 민간 투자가 있다. 그것은 아무도 살지 않는 외딴 곳에 마치 우주 공간의 호텔처럼 자리하고 있는 5성급 호화호텔이다. 하지만 인프라 서비스가 제대로 이뤄지지 않아 그곳으로 가는 도로도 없다. 이 호텔에 묵는 투숙객들은 어떤 사람들일까? 남부 수단은 아직 주요 관광지가 아니지만 구호 단체 요원들의 목적지이기 때문에 그들이 호텔의 수요를 창출했다. 호텔 옆에 구호 요원들을 위한 국제 쇼핑몰도 생겼다. 구호 단체들도 어떤 단체가 원조 자금을 써야 할지를 놓고 다투는 데 시간을 허비했다. 모든 원조 기관들은 원조 자금을 어떻게 편성할지 결정하고 싶어 했지만, 누구도 지휘를 받길 원하지 않았다. 현재 남부 수단 정부는 독립 주권을 갖고 있지 않고, 수단의 연방 정부와 주권을 공유하고 있다. 하지만 2011년에는 완전 독립을 위한 국민 투표가 실시될 예정이다. 세계 무대에 남부 수단이라는 새로운 나라가 등장할 경우, 이를 환영할 준비를 해두자(2011년 1월 9일부터 일주일간 진행된 투표 결과, 분리 독립이 확정되었고 7월에 남부 수단은 독립 국가로 출범했다—옮긴이).

오랜 내전이 최근에 마무리된 부룬디에서는 국제 사회가 강요한 합의 조건 아래 평화가 정착된 직후 선거를 치렀다. 여러 후투족 저항 세력 중에서 가장 극단적인 집단이 승리했다. 승리한 집단은 초기에 반대 세력을 감금하고 고문한 데 이어 개인 민병대를 위한 총을 수입하려고 국고를 횡령했으며 유엔 평화유지군을 추방했다. 유엔은 철수 준비 외에는 할 일이 아무것도 없었다.

이제 에리트레아를 살펴보자. 에티오피아로부터 독립한 에리트레아는 다른 아프리카 정부는 꿈도 못 꿀 국제적 호평을 받으며 국가 건설을 시작했다. 한 투자평가지수에 의하면, 에리트레아는 아프리카의 싱가포르가 될 수도 있었다. 하지만 그 후 10년 동안 다시 에티오피아와 전쟁을 벌이고, 대통령이 친위 쿠데타를 일으켜 반수가 넘는 장관을 투옥시켰다. 군비는 대규모 징병 등 전시 체제 준비에 쓰이고 있다. 내가 이 책을 쓰는 동안, 에리트레아는 유감스럽게도 완충 지대를 보호하고 있던 평화유지군을 내쫓았다.

그리고 마지막으로 소개할 곳이, 36년의 투쟁 끝에 인도네시아로부터 민족 자결권을 인정받은 동티모르다. 수카르노 대통령의 후임자인 수하르토 대통령의 어리석은 판단으로 동티모르는 독립 국가가 아닌 식민지가 되어버렸다. 그래도 동티모르는 국제 사회로부터 축하를 받았다. 만약 80만 명에 달하는 여러 종족 집단들이 모두 민족 자결권을 갖게 된다면, 세계에 약 8000개의 국가가 존재할 것이라는 지적은 이들에게 무례한 것일지도 모른다. 다시 말하면, 동티모르의 독립은 도덕 철학자 이마누엘 칸트가 제안한 "만약 모든 사람이 전부 해버리면 어떻게 될까?"라는 질문에 옳은 대답을 할 수 없게 했을 것이다.

그러면 이처럼 영웅적인 동티모르가 2001년 독립 이후 어떻게 발전했을까? 동티모르는 분쟁 종식 지역 가운데 다시 분쟁에 휩쓸린 40퍼센트의 지역에 속하지 않는 곳이다. 2006년에 중진 정치인 하나가 개인 민병대를 위해 무기를 수입하다가 적발됐다. 군대 내에서 동티모르 서쪽 지방 출신으로 불평을 품은 대규모 집단이 쿠데타를 시도했다가 산으로 들어갔다. 바로 내전이 치러졌던 산이었다. 그 후 인구의 10퍼센트가 난민이 됐다. 쿠데타를 막기 위해 2000명의 오스트레일리아 군대가 제시간에 오지 않았다면, 내전이 장기화되면서 새로운 서부 동티모르라는 주권 국가의 출현을 세계 무대에서 보게 됐을 수도 있다.

분쟁 이후 평화를 지속시키는 것이 무엇인지를 조사하는 일이 중요한 현안임에도 불구하고, 관련 표본 집단이 적은 데다 통계학적 측면에서 볼때 꽤나 어려운 문제라서 얼마 전까지 나는 조사를 주저했다. 2006년까지 우리는 조사할 만한 가치가 있는 66개 국가에 대한 자료를 수집했다. 이번에 우리 팀에는 앙케 회플러(Anke Hoeffler)와 매우 똑똑한 스웨덴 출신의 만스 소데르봄(Mans Soderbom)이 있었다. 우리는 평화 체제를 지속시키는 데 영향을 끼칠 만한 정치적, 사회적, 경제적, 군사적 조건을 모두 조사하기로 결정했다.

이제 우리가 마지막으로 다뤘던 민주주의와 선거부터 시작해보자. 내전 이후 국제 사회가 사용하는 기본적인 방법은 민주주의적 헌법을 주장하고 몇 년 후에 선거를 통해 정부를 세우는 것이었다. 바로 합법성(legitimacy)과 책임성(accountability) 이론이다. 선거 승리자가 주민들로부터 합법성을 인정받으면 폭력적 대항을 힘들게 함으로써 평화가 보장

될 것이다. 선출된 정부는 합법적으로 인정받을 뿐만 아니라, 민주주의적 절차는 반드시 정부의 행정이 포괄적인 형태가 되게 함으로써 국민들의 불평도 줄어들게 만들 것이다. 이젠 증거를 살펴볼 시간이다.

먼저 우리는 정치 체제의 유형이 분쟁 이후 국가가 폭력적 분쟁 상태로 되돌아가는 데 영향을 주는지 조사했다. 이전과 같이 21점으로 나뉜 폴리티 IV 지수를 이용해 어느 구간이 다른 구간보다 통계적으로 안전한지 살펴봤다. 그러한 구간은 강력한 독재주의를 뜻하는 −10과 −5 사이였다. 이 구간에 속해 있는 국가들이 다시 분쟁을 겪을 위험은 전체 평균인 40퍼센트보다 훨씬 낮은 25퍼센트 정도였다. 이에 반해 −4 이상의 점수를 받은 덜 강압적인 정치 체제에서는 다시 분쟁이 발발할 확률이 놀랍게도 70퍼센트나 됐다.

좀 더 구체적으로 생각하고, 결과에 영향을 주지 않도록 최근에 일어난 예를 보자. 새 밀레니엄인 2000년 초반에 앙골라와 스리랑카 모두 평화를 일궈냈다. 앙골라는 지구 상에서 가장 강압적인 정부 중 하나로 꼽힐 정도지만, 스리랑카에는 민주주의가 사리를 잡았다. 앙골라에서의 굳건한 평화는 당분간 지속될 것으로 보이지만, 스리랑카의 평화는 이미 산산조각 나버렸다. 하지만 부유국 정부들은 콜롬비아무장혁명군(FARC, Fuerzas Armada Revolucionarias)과의 전쟁이 재발한 것을 콜롬비아 정부 탓으로 돌리고, 반군 세력인 '신의 저항군(Lord's Resistance Army)'과 전쟁을 일으킨 것을 우간다 정부 탓으로 돌린 것처럼 타밀 반군보다는 스리랑카 정부를 비난했다. 난 세 정부 모두 실수했다고 인정하지만 세 곳 모두 앙골라에 비하면 나은 편이다. 다시 말해, 민주주의적 성향을 더 띠는 정치 형태가 평화를 더 잘 유지하는 것은 아니다.

정부 형태 이외의 영향을 살펴보자. 분쟁 이후 10년에 대한 위험도 측정 사례에 선거를 덧붙였다. 선거가 많이 치러졌지만 명백한 영향력을 알 수 없어 우리는 처음엔 선거의 영향을 제대로 이해할 수가 없었다. 분쟁 이후 일반적으로 겪게 되는 심각한 환경에서 선거라는 중요한 정치적 행사는 사회에 영향력을 미치지 않을 수가 없다. 그러다가 우리는 분쟁 이후 선거가 분쟁으로 회귀할 위험성으로 바뀔 수 있다는 사실을 알아냈다. 선거 직전의 폭력 분쟁으로 되돌아갈 위험은 크게 줄어들어 사회가 안전해진 것처럼 보이지만 선거가 치러진 이듬해에는 위험이 급증한다. 선거의 순(純) 효과가 사회를 더욱 위험하게 만드는 것이다.

분쟁 후의 선거가 어째서 이런 영향을 미치는 것일까? 우선 통계 결과를 넘어서 깊이 고민해봐야 한다. 내 추측은 이렇다. 선거가 치러지기 전에는 선거만이 권력을 잡기 위한 수단이므로 모든 정당이 참여할 만한 인센티브가 있다. 때문에 정당은 선거 캠페인에 모든 동력을 쏟고, 결과적으로 위험성은 줄어든다. 하지만 선거 결과가 정해지면, 승리자와 패배자가 생긴다. 당연히 진정한 민주주의라면 패배한 당은 승자를 축하하고 충실한 반대 세력을 구성해야 한다. 집권당의 권력 남용이 제한되어 있기 때문에 패배한 당은 5년 안에 권력을 다시 잡을 기회가 있다는 것을 알고 있다. 그러나 분쟁 이후 상황은 일반적으로 그렇지 않다. 승자는 신이 나서 견제와 균형이 작동하지 않는 자유로운 권력을 기대한다. 이렇게 되면 패배자는 상대의 손안에 있는 자신의 운명을 예상하고, 이제는 폭력을 사용하는 방법밖에 없다는 걸 알게 된다.

내가 설명한 첫 번째 분쟁 이후 상황인 콩고민주공화국을 다시 살펴보자. 모부투 대통령은 르완다와 우간다로부터 군사적 도움을 받은 반군 지도자 로랑데지레 카빌라(Laurent-Desire Kabila)에 의해 쫓겨났다. 2001년 카빌라는 암살됐고, 그의 아들 조제프가 왕위를 물려받아 세계에서 가장 어린 국가수반이 됐다. '왕위'라는 단어를 사용함으로써 당초 반란의 진정한 목적이 표면상 마오쩌둥주의였는데도 완전한 독재 군주 체제를 세우려 하는 것으로 잘못 표현됐다면 미안하다. 어린 조제프는 헌법적 절차를 거쳐 새로운 대통령으로 임명됐다. 물론 이 상황에서 국제 사회가 해결의 열쇠를 쥐고 있었기 때문에 민주주의 선거를 다시 치르게 했다. 정부의 빚이 이미 한계에 이르렀고 늘 국세 세입이 부족했으며 유용한 군대가 없었다는 것을 기억하는가? 카빌라 2세 대통령으로서는 분쟁 후 선거를 치르는 데 동의할 수밖에 없었다.

선거는 프랑스와 비슷하게 두 단계에 걸쳐 시행하고, 결정적인 역할을 하게 될 두 번째 선거는 2006년 10월 29일에 치르기로 결정됐다. 국제 사회는 합법성과 책임성 모델을 자신한 나머지 2006년 10월 30일에 평화유지군을 철수하기로 결정했다. 이는 '미친 민주주의(Democrazy)'가 일어날 것이 뻔한 현실을 완선히 무시한 것이었나. 우리의 결과가 맞다면, 국제 사회의 전략을 이해할 수는 있다. 콩고민주공화국이 생기는 과정을 보면 선거 이전 해에는 주목할 만큼 평화로워 사회가 이제 별로 위험하지 않다는 인상을 심어준다. 국제적 평화 유지가 매우 비싸고 고소득 국가의 국민들이 파병을 좋아하지 않기 때문에 더 이상 필요 없어 보이면 철군 압력이 강하다. 때문에 분쟁 이후 선거가 철군의 이정표로 여겨지는 것이 놀랍지는 않다. 선거가 바로 출구 전략인 것이다. 이 전략이 콩고민주공화국에서 어떻게 사용됐는지 곧 설명할 것이다.

잘 생각해보면, 우리의 결과는 분쟁 이후 선거를 이정표로 생각하는 것은 적절치 않으며 오히려 묘비와 같다는 사실을 보여준다. 물론 평화 유지군도 분쟁 이후 치러지는 선거에 영향을 미칠 것이다. 제대로 능력을 보여주지 않으면 철군하는 게 나을 것이다. 그렇다면 이젠 선거에서 평화유지군의 영향력에 대해 생각해봐야 할 것이다.

우리는 유엔에 평화 유지 작전에 대한 자료를 요청했다. 다행히 꽤 빈틈없는 기록을 갖고 있다는 소식이 전해졌다. 하지만 불행히도 기록들은 정량 분석을 하도록 정리돼 있지 않아 보조 연구원들이 재정비하는 데 7개월이나 걸렸다. 마침내 우리는 국가별, 연도별 군대의 수와 비용에 대한 정보를 갖게 됐다. 이젠 평화유지군이 평화를 지속하는 데 도움이 됐는지 연구할 차례였다. 놀랍게도 우리는 평화유지군이 도움이 된다는 명확한 결과를 얻었다. 평화 유지에 드는 비용이 분쟁 이후 상황을 다시 내전에 빠져들게 하는 위험성을 현저히 감소시키고 있었다.

이제 당신은 이러한 결과가 '역의 인과 관계'에 의해 틀린 것이 아닌지 우려할 것이다. 예를 들어, 군대를 상대적으로 안전한 분쟁 종료 국가에 체계적으로 보냈다면, 그들이 평화를 유지하는 데 성공한 것으로 보이겠지만 결과에 영향을 미쳤다고 할 수는 없다. 그래서 우리는 평화유지군 배치를 설명하면서 분쟁 회귀 위험과 관련 없는 것을 찾으려고 노력했다. 우리가 무엇을 시도해도, 군대 배치를 제대로 설명해주는 예를 찾을 수가 없어 관련 학계 논문에서 찾기 시작했다. 예전에 함께 일한 적이 있으며 유엔 연구소장을 역임한 젊은 그리스 정치학자 니콜라스 삼바니스는 평화유지군에 대한 세계적 전문가인 마이클 도일(Michael Doyle)과 분쟁 이후의 평화 유지에 대한 책을 출판했다. 분쟁 종식 이후 상황에 군대를 배치하는 것은 너무나도 복잡하여 모델링이 가능하지 않다고 그들은 결론 내렸다. 결정에 참여한 여러 안전보장이사회 회원국들은 비잔틴 시대의 말 거래(byzantine horse-trading)처럼 어느 특정한 결정은 무작위로 내린 것과 비슷했다. 그래서 우리는 괜찮은 전망 수치를 찾을 수 없었고, 역의 인과 관계 문제를 겪지 않을 것이라고 예측할 수 있었다.

그럼에도 불구하고 우리는 유용한 확인을 할 수 있었다. 분쟁 이후의 상황에 군대를 얼마나 파병할지에 대한 결정은 두 단계로 나눠 생각해 볼 수 있다. 우선 파병을 할 것인가, 그리고 만약 한다면 얼마나 보낼 것인가? 우리는 파병 동기에 관해서는 첫 번째 선택을 살펴봄으로써 뭔가 배울 수 있을 것이라 생각했다. 우리는 파병 여부 결정은 폭력의 재발 위험과 상당히 관련 있다는 것을 발견했고, 주로 더 위험한 지역에 군대를 파병한다는 것으로 해석했다. 우리는 파병 병력 규모에 대한 결정도 그와 같은 관계를 갖고 있는지 알 수 없었다. 파병이라는 결정 아래, 군대를 더 많이 보낼수록 사회가 더 안전하다는 것은 안다. 정말 파병 병력 수가 첫 번째 결정과 같은 이유로 이뤄진다면, 가장 위험한 곳에 제일 큰 규모의 병력이 배치될 것이다. 만약 그렇다면 군대 배정이 임의로 이뤄진 것이라고 가정한 우리의 결과에 어떤 영향을 줄 것인가? 그것이 사실이라면, 우리의 결과는 평화유지군의 실제 효과를 과소평가하는 것이다. 결과가 보여주는 진정한 사실은, 많은 평화유지군이 배치된 곳이 본질적으로 더 위험함에도 불구하고 투쟁이 재발할 위험이 오히려 적다는 것이다. 때문에 평화유지군의 수가 본질적 위험과 관계가 없다는 가정은 적절하다.

2006년 여름쯤, 우리는 분쟁 이후의 선거와 평화유지군의 효율성에 대한 결과를 얻어냈고 국제 사회에서 자료를 필요로 하는 이들과 공유했다. 무엇보다도 나는 몇 달 후에 치러질 콩고민주공화국의 선거 다음 날 평화유지군을 철수하는 제안이 현명치 못하다고 걱정하고 있었다. 유엔 평화구축위원회에서 강연을 해달라고 요청해왔을 때 난 제일 많은 평화유지군을 파견했던 프랑스 정부와도 자료를 공유했다. 나는 지휘관들도 파병 철수 계획에 대해 매우 회의적이라는 것을 알게 됐다. 선거의 여파로 인해 너무 폭력적인 상황을 초래하기에, 철군보다는 추가적 파병이 이뤄져야 했다. 몇 달 뒤 선거에서 패한 벰바의 개인 민병대와 현직 승리자인 카빌라 2세의 군대 간에 대접전이 있었다. 벰바의 세력이 지는 바람에 그는 대사관으로 피신했다가 현재 유럽에서 망명 생활을 하고 있다. 그의 부재에도 불구하고 콩고민주공화국은 아직 위험하다.

또한 국제 평화 유지가 효과적이라 하더라도 경비가 많이 들고 인기가 없다는 문제가 있다. 여러 분쟁을 겪은 정부는 외부 세력의 침입에 분개한다. 유엔의 평화유지활동국(DPKO, Department of Peace Keeping Operations)은 권력을 행세하려는 정부의 주권에 도전이 된다는 점에서 국제통화기금(IMF)과 비슷하다. 그리고 어떤 국가의 국민들도 자국군의 파병을 좋아하지 않는 것은 이해가 간다. 누구도 자녀가 평화 유지에 따른 위험을 감수하는 것을 원치 않는다.

대안은 없을까? 난 두 가지 방법을 생각해낼 수 있었다. 하나는 장기간 약속으로 영국 정부가 시에라리온에서 쓰고 있는 방법이다. 최근 몇 년 동안 80개의 영국 부대가 주둔해 있지만, 만약 10년 동안 문제가 생기면 군대를 하룻밤 내 추가로 파병할 것이라고 약속했다. 이것이 시에라리온의 사회를 안정시켰을 수 있다. 폭력이 재발하는 점에 대해서만큼은 시에라리온은 큰 성공을 거두었고, 투쟁 후 선거와 정권의 변화까지 경험하게 됐다. 시에라리온의 경우에서 볼 수 있는 문제는 이런 사례가 하나밖에 없다는 것이다. 하나의 경우의 수를 가지고 통계 분석을 할 수 없기 때문에 이런 약속이 효과가 있을지는 알 수 없다.

하지만 정말 알 수 있는 방법이 없을까? 난 영국이 시에라리온에서 하고 있는 것과 비슷한 상황이 과거에는 없었는지 살펴보았다. 프랑스도 아프리카에서 수년 동안 안전 보장을 제공했었다. 국제 협력의 일반적인 논리에 따라 영국이 안전 보장을 제공하기 바로 직전에 프랑스가 이를 중단했다. 프랑스의 안전 보장은 비공식적이었지만 대부분 실제로 이루어졌다. 프랑스어권 서아프리카의 프랑스 군사 기지가 그 약속을 지원했다. 아프리카 국가들은 독립한 상태였으나 프랑스 정부가 1994년 후투 정부를 보호함으로써 비공식적으로 약속했던 담보를 이행하려 했다. 투치족 반군이 우간다를 침략하고 후투 정부가 대량 학살을 시작하려 했을 때 프랑스 군대는 르완다에 주둔해 있었다. 프랑스 군대는 집단 학살을 계획하는 정부를 지원할 뻔했으나 제시간에 빠져나올 수 있있다. 그 후 시라크 대통령은 아프리카에 대한 새로운 정책을 발표했다. 그는 군사적 개입이 시대에 뒤진 것이라 여겼던 것이다. 새 정책의 첫 번째 시험은 1999년 코트디부아르에서 일어난 쿠데타였다. 프랑스 근위대는 이에 개입하여 저지하길 원했지만 시라크 대통령은 개입을 거부했다. 그래서 우리는 프랑스 개입의 역사를 프랑스어권 아프리카의 독립부터 1990년대 중반까지만 관찰할 수 있었다. 베트남에서 비극적인 디엔비엔푸 전쟁을 치른 프랑스는 프랑스어권 세계에 군사적 보장을 제공할 입장이 아니었다. 프랑스는 서부와 중부 아프리카에서 약 30년 동안 약속을 이행했다. 하지만 이것은 통계 분석에 충분한 국가 수와 기간이었다.

프랑스의 약속이 내전 발생을 감소시켰는지가 중요한 문제다. 답을 내리기 위해선 내전의 위험에 대한 모델이 필요하다. 이 모델을 가지고 여러 개의 중요한 질문에 답할 수 있는데, 여기선 특정한 답을 말하고자 한다. 프랑스의 비공식적 안전 보장이 내전 발생을 감소시켰는가? 우리는 프랑스어권 아프리카 국가들이 전쟁을 겪을 만한 특성을 지녔지만, 예상한 것보다 실제로 발생한 내전은 훨씬 적다는 점을 발견했다. 안전 보장은 통계적으로 유의성을 나타내며 투쟁의 위험을 거의 75퍼센트 정도 줄였다.

하지만 분쟁 감소의 이유가 군사적 담보였는가? 프랑스군의 다른 특성과 관련된 것은 아닐까? 예를 들어, 프랑스가 이라크 침략을 반대하는 데 대해 어떤 미국인들은 프랑스가 무력 사용에 필요 이상의 반감을 드러낸다며 "치즈 먹는 항복한 원숭이들"이라고 비난했다. 어쩌면 프랑스 문화가 평화적 가치를 주입했을까? 프랑스군 역사를 아는 사람에게는 믿기 어려울지 모르지만, 우리는 모든 돌을 들춰봐야 한다고 생각했다. 투쟁의 위험 감소가 안전 보장이 아닌 문화에 의한 것이라면 담보가 제의되지 않은 다른 프랑스어권 국가에도 영향이 있어야 할 것이다. 하지만 결과는 그렇지 않았고, 안보 강화는 프랑스 군사 기지가 위치한 서부와 동부 아프리카에 제한된 것이었다. 내게 이 결과는 논리적으로 설득력이 있었다. 장기간 약속은 효능이 있는 것처럼 보였다. 이 책의 집필을 마무리할 때쯤, 차드에서는 내전이 시작되어 반군이 대통령궁까지 진격했다. 사태가 벌어지자 프랑스의 입장이 급변했다. 처음에 프랑스는 군사적으로 개입할 의향이 없다고 발표했다. 그러나 일주일 뒤 다시 안전 보장을 발표하여 반군이 철수하지 않으면 프랑스군이 격퇴할 것이라고 선포했다. 프랑스는 차드에 대규모 군사 기지를 갖고 있는 상태였다. 반군은 철수했다.

이제는 정치와 군사 문제를 그만 다룰 차례다. 분쟁 종식 이후 위험에 영향을 미치는 것은 또 무엇이 있을까? 경제도 상관있지 않을까? 실제 두 가지 방법으로 경제가 영향을 줄 수 있다. 소득이 낮을수록 분쟁 재발 위험이 높고, 경제 회복이 느릴수록 위험이 더 높다. 이 두 관계 모두 암시하는 바가 크다. 만약 조건이 같은 상황에서 저소득 국가가 내전 재발의 위험이 더 높다면, 국제 사회는 평화유지군을 소득이 낮은 국가일수록 불균형적으로 배치해야 한다. 이것은 도일과 삼바니스가 발견한 안전보장이사회의 무작위 결정을 타개할 수 있는 유용한 경험 법칙을 제공할 것이다. 또 하나 생각할 점은, 조건이 같을 경우엔 경제 회복을 개선하는 전략이 평화를 강화할 것이라는 점이다. 따라서 성장을 격려하고 소득 수준을 올리는 것이 필요하다.

그렇다면 분쟁 종식 이후 경제는 어떻게 재건해야 하는가? 경제 개입의 문제는 단면적이지 않다. 무가베 대통령이 보여준 것처럼 경제를 순식간에 파괴하는 것은 쉽지만, 재건하려면 많은 시간이 걸린다. 만약 분쟁 이후 상황에도 충분히 가능한 연평균 소득 7퍼센트 성장이 실현된다면, 소득 수준은 10년 내 두 배가 될 것이고, 그때가 되면 위험이 상당히 줄어들 것이다. 하지만 이것은 경제 회복을 위한 시간대별 구상일 뿐, 2~3년 안에 해결될 일이 아니다.

지금까지의 이야기는 분쟁 이후 10년간이 위험하고, 명확한 정치적 해결책이 없다는 것이다. 특히 분쟁 이후의 상황에서 일반적으로 볼 수 있는 선거와 민주주의는 위험을 줄이지 않는다. 경제 회복은 유용하지만 시간이 걸린다. 효능이 빠른 것은 국제적 평화 유지 활동인데, 경제가 회복될 때까지의 장시간 평화 유지 활동을 지속하는 것은 정치적으로 어렵다. 장기간 보장의 형태라도 평화 유지 활동을 연장하는 것이 꼭 필요할까? 가능한 방법은 하나가 남았다. 어쩌면 주요 위험은 10년 초기에 생길 뿐, 그 이후에는 안전한 기간이 따를 수도 있다. 그렇다면 평화 유지 활동이 단기간에 끝날 수도 있는데, 이렇게 되면 정치적으로 훨씬 해결이 쉬워질 수 있다. 정치적으로 쉬운 방법은 채택될 가능성이 커서 조사할 만한 가치가 있었다. 분쟁의 재발 위험은 시간이 흐를수록 점점 줄어드는 것처럼 보이지만, 너무 기대하지는 말길 바란다. 시간이 약이라곤 하지만, 1년 단위로 영향력을 끼치기보다는 10년 단위로 효능이 있는 것으로 나타났다. 분쟁 이후 4년 동안은 그 후 6년보다 위험하지만, 그 영향력은 통계적으로 별다른 의미가 없었다. 분쟁 이후 10년 이내에는 안전한 기간이 없었다.

그렇다면 우리는 어떻게 해야 할까? 경제 회복은 평화를 유지하기 위한 유일한 출구 전략이다. 나는 선거가 평화 정착을 위한 획기적인 이정표라는 착각을 버리고 경제 건설이라는 기나긴 여정에 나설 필요가 있다고 생각한다. 10년 내내 많은 평화유지군을 유지할 필요가 없을 수도 있다. 처음에 군을 배치한 뒤 점차 장기간 안전 보장 체제로 변경할 수도 있는 것이다. 하지만 그러한 보장은 믿을 만해야 한다. 프랑스의 안전 보장은 해당 지역에 군사 기지가 있었기 때문에 믿을 만했고, 영국의 안전 보장은 시에라리온의 수도 프리타운을 차지한 혁명연합전선(RUF, Revolutionary United Front)에 대처하기 위해 영국군이 단 하룻밤 사이에 도착한 것으로 믿을 수 있었다. 영국군은 수도 외곽의 워털루에서 RUF와 대치했는데 조금만 늦었어도 큰일 날 뻔했다. 영국군이 간발의 차이로 도착했던 것이다. 당시 지휘관이었던 웰링턴 경은 "아슬아슬한 전투였다"고 말했다.

만약 경제 회복이 출구 전략이라면 어떻게 이를 촉진할 수 있을까? 또 어떤 정책이 유용하고, 후원자들도 이를 도울 수 있을까?

앙케와 나는 이미 분쟁 이후 원조에 대한 연구를 시작한 상태였다. 우리는 다른 때보다 원조가 훨씬 효율적이라는 사실을 발견했다. 이것은 놀라운 결과가 아니다. 분쟁 이후 경제 회복은 국제 지원 단체들의 초기 논리였다. 하지만 나는 경제를 살리기 위해 무엇을 할 수 있는지 좀 더 깊이 알아보는 것이 필요하다고 결정했다. 연구를 위해 시에라리온 출신의 대학원생 빅터 데이비스(Victor Davies), 옥스퍼드 대학 동료 크리스 애덤(Chris Adam)과 팀을 구성했다. 그리고 내가 방문 학자로 수업을 하는 소르본 대학교의 대학원생 마르게리트 뒤퐁셀(Marguerite Duponchel)도 연구를 도왔다. 이제 설명하려는 내용이 잘 짜인 그물망을 보는 것처럼 느껴지도록 노력하겠지만, 연구를 시작했을 때는 전혀 그렇지 않았다.

분쟁 종식 이후 원조의 중요한 용도는 너무 당연하게도 인프라 재건축에 쓰이는 것이다. 하지만 이보다 명확하지 않은 다른 용도는 바로 인플레이션에 대처하기 위해 쓰이는 것이다. 고인플레이션은 피해가 막심한 거시경제 전략으로 사실상 자포자기나 다름없는 정책이다. 보통 정부는 단기간에 돈을 찍어내 경제에 풀 수 있지만 적당한 선에서 인플레이션을 관리한다. 사람들은 세금으로 인식하지 않지만 인플레는 사실상 세금이다. 정부가 자제하는 이유는 초인플레이션(hyperinflation)이 발생할 수 있기 때문이다. 그러므로 화폐를 추가로 인쇄하는 정책을 쓰는 정부는 미래를 내다볼 겨를조차 없고 현재를 유지하기에도 힘겨운 절망적인 정부다. 무가베 대통령이 미래를 저버린 그럴듯한 이유 중 하나는 그가 84세나 되는 노령이기 때문일 수도 있다. 그는 세계에서 제일 나이 많은 대통령이다. 얄궂게도 짐바브웨 국민들은 평균적으로 세계에서 가장 젊기 때문에 이들의 미래에 대한 인식이 매우 높을 것이라고 예상할 수도 있다. 하지만 불행히도 짐바브웨의 일바적인 사람들 역시 미래를 저버릴 만한 충분한 이유가 있다. 그것은 바로 짐바브웨의 평균 수명이 매우 짧다는 점이다.

짐바브웨는 심각한 초인플레이션을 겪으면서도 정말 드물게 평화로운 사회를 유지하고 있는 곳이다. 하지만 우리는 내전을 겪는 정부가 왜 더 자주 절망하는지 궁금했다. 사회가 폭력 사태를 겪으면 경제가 위축되면서 일반적으로 세수는 줄어든다. 세수는 감소하지만 군대가 예산을 더 필요로 하면서 폭증하는 지출과 상충하게 마련이다. 내전 중의 군사비 지출은 보통 두 배로 증가한다. 그래서 우리는 정부가 화폐를 추가로 발행할 것이라고 짐작했는데, 그 추측이 사실로 나타났다. 하지만 우리는 내전 기간 동안 경제에 무슨 일이 일어났는지보다 분쟁 이후 회복에 미칠 영향을 우려했다. 초인플레이션의 여파는 사람들이 인플레이션이 계속될 것이라 예상하고 현금을 적게 보유해야 한다는 사실을 터득하게 했다. 정부가 저인플레이션과 사람들이 현금을 충분히 보유해도 괜찮다고 확신하는 상태로 돌아가길 원한다면, 재정 긴축의 시간이 필요하다. 사실상 내전 중에 펼친 정부의 인플레이션 전략은 인플레가 생길 것이라는 기대 심리를 키웠기 때문에, 이는 사실상 돈을 꾼 것이나 다름없었다. 이제 분쟁 이후 정부는 이런 경향을 완전히 배제할 필요가 있지만 정부 자체가 재정의 어려움을 겪는 상황에 처해 있다.

세수를 다시 축적하려면 시간이 걸린다. 일반적으로 기업들이 과세를 회피하려 하기 때문에 경제도 안정되기가 쉽지 않다. 세금을 급하게 높이면 기업들이 공식적인 활동을 재개하기를 꺼린다. 시에라리온의 상공회의소장은 기업이 비공식적인 상태를 선호하는 바람에 회원사들이 감소했다고 말했다. 그럼에도 불구하고 인프라 재구성, 붕괴한 공공 서비스를 개선하고 청년 실업자를 위한 일자리 창출에 들어갈 정부 지출 수요는 상당하다. 우리는 분쟁 이후 원조의 알려지지 않는 이익이 불가능한 일을 가능하도록 돕는다는 사실을 알아냈다. 정부는 더 이상 인플레 전략을 사용하지 않아도 되고, 그러면 화폐에 대한 신뢰가 생긴다. 경제 회복의 다른 면과 마찬가지로 원조를 그렇게 사용하려면 국민들이 분쟁 이전처럼 지폐를 소유할 의지를 가질 때까지 충분한 시간을 투자해야 한다. 그러나 분쟁 이후에 외부로부터의 원조가 없다면 이 과정은 더 오래 걸릴 것이다.

원조가 중요한가? 연구에 의하면, 인플레는 분쟁 이후 경제에서 단순한 이유만으로도 해롭기 그지없다. 내전이 벌어지는 상황에서 국민들은 자산을 해외로 빼돌리는 것으로 나타났다. 자본 도피라고 부르는 이 현상은 최빈국에서 빈번히 일어난다. 짐바브웨 대학원생 타라 매킨도(Tara MacIndoe)와 앙케와 함께 나는 해외에 투자된 아프리카의 개인 자산 비율을 추정했다. 2004년에 36퍼센트의 자산이 해외에 있는 것으로 조사됐으니 3분의 1이 넘게 외국으로 빠져나간 셈이다. 더 놀라운 사실은 내전 중과 그 이후의 자본 도피는 앞서의 평균치보다 훨씬 높다는 점이다.

분쟁 이후 기간 동안 누적된 도피 자본의 유산은 돈을 다시 끌어들여올 수만 있다면 생명줄이나 다름없다. 하지만 일반적으로 자본 도피는 생명줄이라기보다는 지속적인 대출혈이다. 분쟁 재발의 높은 위험을 직시한 사람들이 계속 해외로 돈을 빼돌리기 때문이다. 이는 집단행동 문제다. 총체적으로 자본 도피는 경제 회복을 지연시키기 때문에 분쟁이 재발할 가능성이 더 커진다. 모든 사람들은 각자의 자산이 국내에 있어야 한다고 생각하면서도 개인적으로는 외국으로 빼돌리는 데 관심을 갖는다.

그렇다면 이 같은 경향과 인플레는 어떤 관계가 있을까? 빅터는 평상시 평화로운 상황보다 분쟁 이후 상황에서 자본 도피가 인플레에 특별히 민감하다는 것을 발견했다. 왜 그런지 우리는 확신할 수 없다. 어쩌면 초인플레이션을 미래 불안정성의 표시로 여겨 정부 자체도 미래 가치를 깎아내린다고 생각할 수도 있다. 하지만 그 말은 분쟁 이후 기간에 원조가 특히 효율적이라는 의미도 함축되어 있다. 정부가 인플레를 해소함으로써 원조는 자본 도피를 감소시키고 유출됐던 자본의 송환을 가능하게 한다.

분쟁의 외중에는 자본뿐만 아니라 고급 기술 인력도 잃는다. 나는 마르게리트와 함께 시에라리온의 국내 분쟁이 민간 기업의 인력에 미치는 영향을 분석하려고 노력했다. 분쟁 이후 경제에 관한 유용한 자료가 별로 없기 때문에 이 연구는 가능한 선까지 최대한 노력한 것이었다. 우리는 유엔개발계획(UNDP, United Nations Development Programme)이 기업과 노동자를 조사한 자료를 건네받았다. 현지 답사를 통해 노동자 훈련에 대한 많은 정보를 얻었지만 그 자체로는 별 도움이 되지 않아 다른 정보와 대조해볼 필요가 있었다. 버클리 대학교의 연구 팀이 시에라리온의 가정을 조사해 내전에 의한 가족당 사망자 수를 파악한 상태였고, 그 팀이 친절하게도 우리에게 자료를 제공했다. 그리하여 우리는 지역별로 폭력 사태의 여파가 어떻게 달랐는지 비교해볼 수 있었다.

우리의 생각은 가족에게 미친 내전의 여파와, 기업과 노동자에 대한 조사를 비교함으로써 분쟁 사태가 일자리와 기술을 어떻게 파괴했는지를 살펴보는 것이었다. 그러기 위해서는 분쟁이 일어나기 전의 지역별 경제 상황을 파악할 필요가 있었다. 옥스퍼드 대학교의 장점 중 하나는 케케묵은 문서들까지 보유하고 있는 것인데, 시에라리온의 기업에 대한 과거의 조사 자료가 있을 것으로 생각돼 마르게리트를 이 대학 도서관에 보내 자료를 찾아보도록 했다. 오랜 조사 끝에 마르게리트가 37년 전에 실시된 연구 조사가 있었다는 것을 발견했지만 옥스퍼드는 보고서 일부분만 갖고 있었다. 우리는 전국적으로 조사를 벌여 결국 없는 부분까지 찾아냈다. 앞으로 몇 년 내에는 그 옛날 기록을 인터넷에서 내려받을 수 있어 많은 시간을 투자하지 않아도 될 것으로 생각한다.

느디어 우리는 분생이 기업, 일사리와 기술에 어떤 영향을 미쳤는지 연구할 수 있게 됐다고 생각했다. 그런데 슬며시 걱정거리가 떠오르기 시작했다. 만약 폭력 사태가 가장 살기 어려운 동네에 집중됐다면 마치 폭력이 지역의 살림살이에 영향을 미친 것으로 나타나 결과가 믿기 어려울 수도 있을 것이다. 우리는 인과 관계를 잘못 판단할 위험이 있었다. 이런 문제를 해결하는 방법은 폭력의 위험을 증가시키지만 경제에는 직접적인 영향을 미치지 않는 요인을 찾아야 했다. 운 좋게 우리는 RUF 반군 세력이 라이베리아에 기반을 두었다는 점을 알아냈다. 라이베리아는 이웃 국가에 폭력을 행사하는 집단의 안전한 피난처 역할을 하고 있었다. 따라서 시에라리온의 각 지역이 라이베리아부터 얼마나 떨어져 있는지를 비교하는 것은 폭력의 강도가 어느 정도였는지를 예측할 수 있는 좋은 척도였다. 이 거리는 폭력의 강도에는 영향을 미쳤지만 경제와는 연관이 없었다. 비로소 분석할 준비가 끝났다. 거기까지 도달하는 데 석 달이 걸렸으나 자료를 가지고 결과물을 도출하는 데는 사흘밖에 걸리지 않았다. 지금까지의 모든 노력이 헛수고였는지는 알 수 없다. 물론 이 위험을 감수한 것은 마르게리트였다. 내가 그녀를 막다른 골목으로 이끌었을 수도 있고, 그녀가 대학원 졸업 논문을 쓸 만한 결과를 찾을 수도 있었을 것이다.

결과는 흥미로웠다. 분쟁이 종식된 후 7년 동안은 폭력이 기업의 수나 일자리 수에 어떤 영향도 미치지 않았다. 기업 규모와 일자리의 수 및 기업 창립 연도를 관찰한 결과, 우리는 폭력 사태가 더 격렬해진 곳에서 기업이 축소됐다는 것을 알아냈다. 전쟁이 끝나자 경제는 어느 정도 회복했지만, 노동 생산성이 급격히 낮아졌다. 이 문제에 대응하기 위해 분쟁을 겪은 행정 구역에 위치한 기업들은 노동자들에게 기본적인 훈련을 실시하려는 경향이 커진다. 분쟁은 확실히 노동 생산성을 저하시켰다. 총체적으로 보면 신축성 있던 민간 경제가 파괴됐다. 기업들이 다시 살아나고 노동자들은 저급한 수준의 임금이라도 받을 수 있었지만 고임금을 줘야 하는 고급 인력을 잃었다. 40여 년 전에 노벨 경제학상을 받은 케네스 애로는 '사회의 기술 축적(skill accumulation)' 과정에 대한 중요한 통찰을 했다. 그가 '활동을 통해 배우는 것'이라고 칭한 이 과정은 연습이 생산성을 증가시킨다는 의미였다. 개념적으로 보건대, '활동을 통해 배우는 것'의 반대는 '활동하지 않아서 잊는 것'이다. 애로의 다양한 경제학 연구 자료에서 이러한 논리적 가능성은 각주를 보증할 만큼 중요한 사항이 아니었다. 하지만 내전은 발전과는 반대의 개념이고, 애로의 모델이 거꾸로 적용될 수 있기 때문에 내전의 경제를 연구하기 위해서는 고려해야 할 조건이었다.

분쟁 이후의 회복에 특별히 중요하지만 여기에 포함되지 않은 기술이 있을까? 내 생각에는 있다. 하지만 원조 기관들이 인식하기엔 너무 당연한 것들이다. 기관들은 화해 분위기 조성을 위한 야심찬 계획을 실행하려고 많은 돈을 쓰는데, 최근 연구에 의하면 이 역시 비효율적으로 나타났다. 하지만 그들은 분명한 사실을 간과하고 있다. 내전 중 가장 심한 피해를 입는 분야는 건설업이다. 사회는 무모하게 파괴돼가지만, 건물과 인프라에는 누구도 투자하지 않는다. 건설 부문은 미숙련 노동자들을 많이 고용하기 때문에 분쟁 이후 터져나오게 마련인 청년 실업 문제를 해결하기 위한 일자리 창출에 큰 도움을 준다. 하지만 건설 분야조차 기술을 필요로 한다. 미숙련 노동자들만으로는 건물 벽 하나 세울 수 없다. 내전이 벌어지는 동안은 기본 기술을 가진 건설 인력이 줄어드는 바람에 빠른 경제 회복이 어려움을 겪는다. 마르게리트의 가이드는 천장이 반쯤 무너진 건물을 보여주면서 "제 할아버지라면 어떻게 수리하실 줄 알았겠지만, 전 몰라요"라고 말했다.

후원자들과 정부가 재건축을 하려고 노력할수록 그들의 지출은 건축비를 오르게 하고, 이 때문에 예산은 곧 탕진된다. 부족한 고급 인력도 재건축 사업의 이행을 방해한다. 한 예로 라이베리아에서 학교 건축비는 거의 두 배나 됐다. 건축 사업을 방해하는 장애물들은 극복돼야만 했다. 그래서 어떤 후원자들은 중국 토건업자를 고용하는 것으로 문제를 해결하려 했다. 중국인들은 건축에 필요한 모든 것을 가지고 오기 때문에 특별한 방해물이 없다. 그들은 심지어 작업 인부들까지 본국에서 데려온다. 하지만 중국인에게 의존하는 것은 건설업의 중요한 단기적 기능인 청년 실업 해소에 부정적인 영향을 준다. 일자리 창출은 분쟁 위험을 줄이는 데 매우 중요한 역할을 하기 때문에 고급 인력 부족을 해소하는 방편인 교육 훈련이 매우 중요하다. 분쟁 이후 상황에서는 청년들을 훈련시킬 수 있는 벽돌공, 배관공 및 용접공 집단이 필요하다. 하지만 불행히도 이 같은 현안은 개발 기관들이 신경 쓰기에는 너무 한가한 이슈다. 우리에겐 '국경 없는 벽돌공 모임'(1968년 젊은 의사들의 노력으로 시작된 비영리 단체인 '국경 없는 의사회'를 따서 붙인 이름—옮긴이)이 필요한 상황이다.

우리는 연구를 통해 분쟁 이후의 사회가 매우 취약하고 단순한 정치적 해결책은 없는 것처럼 보인다는 사실을 알아냈다. 하지만 위험을 줄이고 변화를 일으킬 수 있는 전략은 장기적으로 담보된 평화 유지와, 원조를 통한 빠른 경제 회복으로 요약되는 출구 전략이다.

각 구성 요소가 현저한 차이를 유발하는 것처럼 보이지만, 그렇다고 실행할 만하다는 것은 아니다. 행동으로 옮기기에는 너무 비싼 전략일 수도 있다. 외부의 개입이 도움이 되는지 어떻게 판단할 수 있을까? 내 전공 분야에 기초해서 보면 비용 편익 분석(cost—benefit analysis)으로 장단점을 비교해보는 게 정답이다. 그렇다면 이제 비교 검토를 해보자. 어떤 형태로든 군사 개입은 논쟁의 여지가 있으므로 나는 평화 유지가 비용 면에서 효율적인지의 여부에 집중하겠다. 이때는 비용 대 이익의 비율과 순이익이라는 두 개의 잣대가 유용하다.

위험을 줄이기 위한 평화유지군의 성공 여부는 파병 규모에 달려 있다. 우리의 평가가 대략적인 근사치로 보일 수도 있다. 정확한 결과는 기술적인 선택에 의존한다. 평화유지군에 매년 1억 달러를 지출함으로써 10년 이내에 분쟁 재발 위험을 38퍼센트에서 17퍼센트로 줄일 것이라고 우리는 예측했다. 만약 평화유지군의 규모를 늘리면 위험도는 더 떨어진다. 매년 2억 달러를 지출하면 위험도는 약 13퍼센트가 되고, 5억 달러에서는 9퍼센트대로 떨어진다. 다음 단계는 위험 감소를 이득으로 계산하는 것이다. 이를 위해서는 투쟁 비용에 대한 예측이 필요하다. 나는 200억 달러를 사용할 예정이다. 이 수치가 엄청나게 보일지 모르지만 최빈국에 속하는 나라의 내전을 고려하면 실제 비용은 낮은 편이어서, 이는 상당히 보수적으로 추산한 것이다. 내전이 사회에 200억 달러 정도의 비용을 부과한다고 가정한다면, 내전을 겪지 않는 것은 200억 달러의 이득을 얻는 셈이다. 나아가 전쟁이 일어날 확률을 50퍼센트로 줄이는 전략의 이익은 100억 달러가 될 것이다.

이를 좀 더 일반화하면 내전 위험을 1퍼센트 감소시킬 때 2억 달러의 이익을 얻는 것이다. 매년 평화 유지 비용에 1억 달러를 쓸 경우, 분쟁 이후 10년 동안 내전 위험이 21퍼센트 감소한다는 사실을 상기해보자. 그렇다면 이익의 가치는 42억 달러다. 평화유지군이 10년 동안 유지돼야 하므로 총비용은 10억 달러다. 이제 우리는 결정적 수치를 제시할 수 있다. 이익 대 비용의 비율은 약 4대 1이므로 평화 유지 활동은 충분한 가치가 있는 것처럼 보인다. 예측의 어려움을 고려하면, 이는 아직 확실한 수치가 아니다. 엄밀하게 말하면 통계적 신뢰 구간을 예측할 수 있기 때문에 내가 계산을 했지만, 신뢰를 얻기 위한 더 좋은 방법은 다른 연구자들이 내 예측에 도전하는 것이다. 다른 예측이 더 생기면 우리는 믿을 만한 해답의 범위를 알게 될 것이다. 내가 소개한 숫자가 확실하다고 주장하는 것은 아니지만, 평화 유지 활동이 돈 낭비는 아닌 것처럼 보인다. 나는 평화 유지 활동이 필요한 이유와 그 결과에 대해 2008년 코펜하겐 컨센서스에서 발표해달라고 초대를 받았다. 패널들은 열 개의 연구 팀이 국제 사회의 공금을 어디에 쓰는 게 유용한지에 대한 발표를 평가했다. 노벨상 수상자들로 구성된 심사위원단 앞에서 이뤄진 이 과정은 30년 전 박사 학위 논문 발표 시절을 연상케 할 만큼 엄격했다. 심사위원단은 평화 유지 활동을 지출 종목에 포함시키며 이렇게 설명했다. "심사위원단은 분쟁 이후 사회에서 평화유지군이 비용에 비해 충분한 가치가 있다고 평가했습니다."

비용 대 이익의 비율을 보면 평화 유지 활동이 유용하기는 하지만 이야기의 끝은 아니다. 통계 수치에 따르면, 평화유지군은 수익 체감 효과가 있는 것으로 나타났다. 평화유지군의 규모를 늘릴수록 추가 비용에 비해 효과가 줄어든다. 물론 규모가 전부는 아니고, 군대의 질도 중요하다. 본래 시에라리온에 배치됐던 유엔군은 군인으로서의 권한이 없는데다 싸우려는 의지마저 없어서 별 소용이 없었다. 하지만 평화유지군의 질적인 측면에서 볼 때 규모는 의미가 있다. 추가되는 액수마다 효력이 줄어들기 때문에 적어도 이상적인 규모를 상정해볼 수 있다. 이상적인 규모라는 개념이 난해하게 비칠 수 있지만 사실은 매우 명확한 의미를 갖고 있다. 이상적인 규모는 비용을 추가했을 때 비용과 동일한 추가 이득을 얻을 경우다. 그 이상으로 확대하는 것은 낭비다. 이론적으로 볼 때 비용 대 이익의 비율을 얻을 수 있는 분석은 평화 유지 활동의 이상적인 규모도 알게 해줄 것이다. 분명한 것은 평화 유지 활동이 특정 상황에 맞춰져야 하기 때문에 실질적인 자료군에 바탕한 통계로는 해답을 얻을 수 없다.

내가 제시한 모델은 아직 성숙 단계가 아니므로 섣부른 경향도 있지만, 그래도 설명을 덧붙이고자 한다. 추가 비용이 추가 이득과 일치하는 지점은 평화유지군에 드는 비용이 1억 달러와 2억 달러 사이일 때다. 2억 달러일 때 분쟁 재발 위험이 25퍼센트포인트 정도 줄어들기 때문에 이 가치는 50억 달러 정도로 추산할 수 있다. 10년 동안 드는 비용이 20억 달러 정도이므로 실질적으로는 평화유지 활동의 비용이 낮다고 볼 순 없다. 이 정도 규모의 평화 유지 활동은 비용 대 이익의 비율이 인상적이지 않지만 그래도 비용이 30억 달러일 때까지는 전반적으로 이익을 낼 수 있다. 이 예측은 전쟁에 드는 비용의 중요한 많은 부문을 제외하고 줄여 잡은 수치여서 평화 유지 활동의 총 이득은 더 클 것이다. 정치인들의 주된 억할은 비용보나 이득이 훨씬 큰 공공 서비스를 제공하는 집단행동을 이끌어내는 것이다. 그리고 평화 유지 활동이 바로 그런 공공 서비스다.

이러한 계량화는 완전한 환상인가? 나는 콩고민주공화국에 평화유지군이 주둔했기 때문에 재앙을 피했다고 생각한다. 이를 돈으로 환산할 경우 상당한 액수였을 것이다. 계량화는 이런 판단을 구체화하도록 도와준다. 어느 누구도 바보처럼 수치에만 의지해 정책을 펴지는 않을 것이다. 그러나 엄청난 규모의 돈과 생사의 갈림길에 있는 사람들의 수를 생각하면 직감에만 의존하는 것보다 수치가 유용할 것이다. 원조 기관들 사이에서 평화 유지 활동은 별로 인기가 없다. 재정이 국방부로 흘러가는 것보다는 정부 기관들이 직접 다루기를 원하기 때문이다. 밥그릇 싸움보다는 평화 유지 활동이 비용만큼 효과가 있는지의 여부에 따라 원조 기금의 사용처가 결정되어야 할 것이다.

초기의 평화 유지는 군대 없이 제대로 될 수 없지만 시에라리온에서의 영국이 보여준 사례를 보면 5년 정도 후에 파병군을 줄여나가는 대신 신속대응군을 약속하는 것이 가능하다는 걸 알게 해준다. 1990년대 후반 프랑스어권 아프리카에서 프랑스가 지켰던 안보 약속도 5년 동안 프랑스어권 아프리카의 한 국가에서 내전이 일어날 위험을 10퍼센트에서 3퍼센트로 줄였다. 프랑스의 정권 안보 약속으로 위험이 감소한 것은 장기간 정권 안보 약속이 비용 대비 효율이 높은지에 대한 모범 사례가 될 것이다.

프랑스의 약속에 대한 비용 편익 분석을 어떻게 할지 생각했을 때 난 세 개의 요소가 필요할 것이라고 내다봤다. 하나는 분쟁 위험 감소에 대한 수치인데, 10퍼센트에서 3퍼센트로 감소했다고 방금 설명했다.

두 번째는 분쟁 위험 감소에 드는 비용이다. 프랑스 재무부에 신속대응군에 사용되는 비용이 얼마인지 물었을 때, 그들은 대략의 수치를 제시했다. 대체적인 범위여서 어느 정도 한계가 있지만 그들이 제시한 액수는 매년 10억 달러 정도였다. 이는 한 나라에 파병하는 평화유지군에 대한 비용이지만, 액수 자체가 수치화의 신뢰도를 향상시켰다. 실제로 안보를 위한 군사력은 예상할 수 있는 가장 대규모 군사 작전에 필요한 수만큼은 되어야 한다.

비용 편익 예측의 세 번째 요소는 미리 방지한 분쟁 비용이다. 나는 앞에서 평화 유지 활동에 200억 달러라는 수치를 사용했는데 장기간 안보 약속에는 수치를 제시하지 않았다. 이는 평화유지군의 부재와는 상관없는데, 평화유지군의 지속적인 주둔과 관련 있는 장기간 안보 약속의 가치를 측정해보기 위해서였다. 질문으로 설명하자면 "분쟁 위험을 변화시키지 않을 때 만약 안보를 담보하는 약속을 한다면 평화유지군을 얼마나 철군시킬 수 있을까?"라고 할 수 있다. 이렇게 물으면 분쟁 위험의 변화에 대해 굳이 가치를 매길 필요가 없어진다.

평화유지군을 지상에 배치함으로써 얻는 이득은 군대의 규모와, 신속대응군이 처리해야 할 상황의 경우의 수에 의존한다. 예를 들어 만약 초기에 군 규모가 5억 달러를 필요로 했다면 이는 곧 1억 달러로 줄일 수 있다. 신뢰할 수 있는 예측을 하기엔 평화유지군이 부분적으로 철수하고 장기간 안보를 약속한 사례가 충분치 못하기 때문에 이런 예는 설명을 돕기 위한 것일 뿐이다. 하지만 실례는 실제로 결정을 내릴 때 필요한 판단에 도움이 될 수 있다. 내가 제시한 예에서 보듯 장기간 안보 약속 체제하에서 신속대응군에 속한 군인은 분생 상황에 처해 있는 군인보다 훨씬 덜 효과적일 수 있다. 하지만 신속대응군이 한 가지 상황 이상에 대처할 수 있다면 비용 대비 효율은 더 높을 것이다. 한 지역에 배치된 군은 스프링클러와 유사한 반면 신속대응군은 소방서와 비슷하다. 군인들이 집을 떠날 필요가 없다는 이점을 제외하더라도 신속대응군이 세 곳의 분쟁 종식 이후의 상황에 대처할 수 있다면 비용 면에서 효율적일 것이다.

이번 장의 연구에서 우리가 결론 내릴 수 있는 것은 무엇일까? 분쟁 이후의 상황은 매우 취약한 데다 일반적으로 간단한 정치적 해결책이 없다는 점이다. 단계적으로 장기간의 안보 약속을 하는 한편 평화유지군을 활용하는 게 분쟁 이후의 평화 정착에 중요한 수단처럼 보인다. 파병국과 이를 받아들이는 국가 양측 모두에 환기되는 불안감은 이해하지만 이는 잘못된 것이다. 평화유지군조차 신속한 효과가 있는 것은 아니다. 적어도 10년 정도는 유지되어야 한다. 평화 유지 활동은 경제 회복의 보조 역할을 하는 것일 뿐, 라이벌이 아니기 때문에 원조 기관과 고소득 국가의 국방부 사이에 벌어지는 재정 다툼도 잘못된 것이다. 분쟁 종식 이후 평화를 구축하는 것은 경비가 많이 드는데, 이에 따라 평화유지와 경제 회복에는 많은 예산이 필요하다. 평화유지군 활동에 들어가는 많은 예산은 그 나름의 가치가 있다. 우리는 이를 지원해야 함을 깨달아야 한다. 또 분쟁 이후의 상황도 많은 원조를 필요로 한다. 따라서 원조를 통한 경제 회복이이야말로 평화를 유지하는 진정한 출구 전략이다.

현실 직시하기:
끔찍하고 잔인하고
기나긴 이야기

제4장

총: 불에 기름 붓기

우리가 흔히 듣는 말 가운데 "총이 사람을 죽이는 것이 아니라 사람이 사람을 죽인다"는 말이 있다. 르완다의 대학살은 대량 학살에 굳이 총이 필요하지 않다는 사실을 잘 보여준다. 후투족 정부는 주로 칼을 사용하여 50만 명이 넘는 사람들을 살해했다. 하지만 상대가 총을 깇고 있다면 가해자에게도 총이 필요할 수밖에 없다. 후투족 정부가 칼만으로도 투치족 민간인들을 상대할 수 있었던 것은 투치족이 무장하지 않았기 때문이지만, 반군이 정부군을 상대할 경우에는 총이 필요하다. 반군에게 총이 없다면 반란도 없을 터이고, 끔찍하면서도 잔인하고 장기간에 걸친 내전도 없을 것이다. 총이 있는 이웃 나라로부터 국민들을 보호하기 위해 우리와 인접국 정부에도 총이 필요하다. 이에 기초하여 대부분의 정치인들이 국가 안보는 최상의 공공 서비스이고, 군비 지출은 이를 성취하기 위한 방법이라는 메시지를 즐겨 사용한다.

다른 많은 논란처럼 총기를 손쉽게 구입할 수 있는지의 여부가 사회를 더욱 위험하게 하는지, 아니면 덜 위험하게 하는지는 각각의 처한 상황에 따라 다르다. 정치적으로 열띤 견해가 있지만 대략 세 가지 합리적인 가능성이 있다. 값싸고 많은 총이 폭력의 위험을 높이거나, 혹은 위험을 너무 높이기 때문에 폭력을 억제할 수도 있다. 또 폭력이 자주 발생하는 곳에 총이 많을 수도 있지만, 정반대의 다른 이유로 폭력이 횡행하는 사회에서 예방 차원으로 사람들이 총을 소유할 수도 있다. 총이 원인이 아닌 결과물인 것이다. 공론가들은 증거를 찾으면 그럴듯한 생각의 정당성에 방해가 된다고 판단하여 논쟁이 추측으로도 해결될 수 있다고 여기는 경향이 있다.

총에 대한 가장 중요한 질문은 아마도 분쟁 저지 역할을 하느냐의 여부일 것이다. 이 질문에 답하기 위해서는 정부가 왜 그토록 많은 총을 구입하는지부터 알아야 한다.

어쨌든 우리는 총에 관해서 '닭이 먼저냐, 달걀이 먼저냐'와 같은 식의 문제를 풀어야만 한다. 폭력의 위험이 군비 지출에 영향을 주기도 하고, 군비 지출이 폭력의 위험을 좌우할 수도 있다. 만약 군비를 더 지출하는 게 사회를 안전하게 해준다면 그만한 값어치를 한 셈이다. 하지만 이렇듯 쉽게 결론을 내기 전에 나는 그에 기여하는 요인이 무엇인지 조사하기로 했다. 그 결과 내가 생각한 답이, 내가 젊은 시절에 마르크스주의자들이 상상하던 '군산 복합체'와 같은 것은 아니다.

동서 냉전 시대에 북대서양조약기구(NATO)와 바르샤바조약기구 국가 간의 군비 경쟁에 대해 연구하던 집단이 있었는데 냉전 말기에 해체된 이후 다시 결성되지 않았다. 개발 도상국의 군사비 지출에 대한 최근 연구가 드물어, 나는 연구원 앙케와 직접 조사하기로 했다. 우리는 이 문제를 처음 다뤄보는 것이라서 제대로 연구하는 데 시간이 걸렸고, 2007년에야 결과를 발표할 수 있었다. 그리고 바로 노벨 평화상 수상자인 코스타리카의 아르눌포 아리아스(Arnulfo Arias) 대통령이 군비 지출의 조화로운 감소 프로그램을 위해 우리의 연구 결과가 적용될 수 있는 부분을 조사해달라고 요청해왔다. 코스타리카는 군비 지출을 완전히 없애려는 노력에 관한 한 세계적으로 앞선 국가여서 우리는 그의 노력에 도움이 될 수 있도록 기꺼이 협조할 의향이 있었다.

별로 놀랄 만한 일은 아니지만 대부분의 정부들이 군비 지출에 대한 자료를 쉽게 공개하지 않는다. 때문에 해당 국가의 군비 지출을 분석하는 일은 더욱 어렵다. 난 미국 정부가 예측한 여타 국가의 군비 지출 비용을 공개해달라고 설득했지만 성공하지 못했다. 대신 우리는 매년 스톡홀름국제평화연구소(SIPRI, Stockholm International Peace Research Institute)가 발표하는 예측 비용을 이용했다. 군비 지출을 국민 소득의 한 부분으로 측정하기로 결정하고, SIPRI가 갖고 있는 모든 나라의 자료를 1960년부터 1999년까지 살펴보니 세계 평균은 3.4퍼센트였다. 퍼센트로 따지면 작은 숫자이지만, 달러로 환산하면 결코 적지 않은 액수로 2006년에는 세계 원조 예산의 열 배가 되는 1조 2000억 달러였다. 최빈국들만 고려하면 90억 달러를 군사비로 소비하는데 그들이 받는 340억 달러의 원조와 비교할 때 적지 않은 액수다. 우리의 문제는 왜 어떤 나라는 다른 나라에 비해 군비를 더 많이 지출하고, 왜 특정한 시기에 더 높은 비율을 지출하느냐는 것이었다. 가장 높은 비율을 기록한 국가는 소득의 46퍼센트였고, 가장 낮은 국가의 비율은 0.1퍼센트였다.

우리는 분명한 곳부터 시작해 점점 정교한 문제로 옮겨갔다. 정부 예산이 군에 많이 사용되는 가장 흔한 이유는 외국과 전쟁을 벌이고 있을 경우였다. 그 점을 입증하는 자료를 찾지 못하면 우리는 일찌감치 포기하고 다른 문제에 집중하는 것이 더 낫다고 생각했다. 자료를 가지고 연구한 결과, 다른 요인들을 조절하면 국제적인 전쟁에 얽혀 있는 국가는 GDP의 1.5퍼센트 정도가 증가한다는 것을 발견했다. 하지만 그런 전쟁이 드물기 때문에 군비 지출의 대부분은 평시에 일어난다.

그러나 다른 나라와 전쟁 중이 아니라는 사실 자체가 외압으로부터 자유롭다는 것은 아니다. 우리는 외부 위협을 측정할 수 있는 대용 변수를 생각해내기 위해 머리를 쥐어짰는데 그 결과 생각해낸 아이디어는 그다지 쓸모가 없었다. 만약 한 국가가 다른 나라와 전쟁을 치르고 나면 전쟁 재발에 대한 두려움이 더욱 커질 수밖에 없다. 아마도 특별히 공격적 리더십을 갖추거나 자신 스스로를 국제 경찰이라고 여기는 지도자가가 있는 어떤 나라가 위험한 국가와 인접해 있을 경우 억압받는 체제를 구원하는 역할을 맡을 수도 있다. 우리는 제2차 세계대전 이후의 전쟁 역사를 살펴봤다. 예상대로 국제 전쟁을 한 번 치르면 군사비 지출이 1.8퍼센트 정도 영구적으로 증가했다. 시간의 흐름에 따른 감소 여부도 연구해봤으나 뚜렷한 경향을 찾을 수 없었다. 우리의 연구 결과, 오래전 치른 전쟁에서도 군비가 확대 지출됐다는 점을 확인할 수 있었다. 만약 이것이 사실이라면 국제 전쟁의 대부분의 비용은 전쟁이 끝난 후에도 계속 증가해 그 사회는 높아진 군비 지출의 부담을 질 수밖에 없다.

과거의 전쟁은 외부 위협의 대용 변수로 여길 만하지만 우리는 더 명확하고 보완적인 '냉전'을 변수로 사용하기로 했다. 냉전은 분명 인식된 위협의 시기였으나 우리의 대용 변수와는 달리 형체가 있는 위협이 아니었다. 게다가 소련의 붕괴라는 분명한 역사적 사실이 있었다. 따라서 냉전 종식은 위협의 순조로운 제거에 대한 자연적인 실험 과정으로 여길 만했다. 이를 이용하여 최빈국을 힘들게 하는 내전 종식의 효과를 모의실험할 수 있다. 그렇다면 냉전이 끝난 뒤 무슨 일이 있었을까? 군비 지출의 세계적 수준이 바뀌었을까? 자료를 분석한 결과, 냉전 종식은 세계 군비 지출의 35퍼센트를 줄임으로써 세계 평화에 커다란 영향을 미쳤다.

하지만 냉전 기간 중에 나타난 위협의 속성은 특이했다. 미국과 소련은 인접국이 아닌데도 서로를 위협했는데, 이는 물론 핵탄두 미사일 때문이었다. 이를 제외한 거의 모든 위부 위협은 인접 국가에 의한 것이다. 국경선을 마주하고 있지 않으면 위협도 없었다. 핵미사일 확산은 정세 변화에 거의 영향을 주지 못했다. 인도와 파키스탄의 경우 인접국이어서 서로를 두려워하는데, 이제는 핵미사일로 서로를 겨냥하고 있다.

그렇다면 당신의 이웃 국가는 어느 정도로 위협적인 존재일까? 다른 요인이 모두 동일하다면 위협은 인접국이 얼마나 군비 지출을 하느냐에 달려 있다. 경제학에는 전쟁에 대한 화려한 이론이 있는데, 바로 '경쟁 성공 함수(contest success function)'라는 추한 용어다. 이 연구의 결론은 적이 더 많이 투자할수록 당신도 더 써야 현명하다는 것이다. 이것이 당연하다고 생각할 수도 있지만 경제학자는 수학을 이용해 이를 입증했다. 그럼 이제 무쇠처럼 확실한 정리(定理)로 무장했으니 실험 대상인 개발 도상국에서 군비 경쟁이 있었는지 조사해보기로 하자. 우선 우리는 인접국에 따라 국가들을 정리하여 아시아에 있는 국가가 아프리카에 있는 국가와 이웃하지 않도록 거듭 확인하면서 재정비했다. 이러한 점은 우리가 하는 연구가 왜 인내심을 필요로 하는지 보여준다. 정리된 자료를 살펴본 결과, 다른 요인을 제외하고 어떤 나라의 인접국이 군비 지출을 많이 하기 시작하면 그 나라도 그런다는 것을 발견했다.

외부 위협에 대한 대용 변수 연구는 이것이 전부가 아니었다. 사실 이보다 더 명백한 점이 있었다. 만약 당신이 이웃 국가를 선택한다면 중국과 부탄 중 어느 나라를 더 꺼릴까? 정치적 상황이나 국가 수입 중 군비 지출의 비율을 따지지 않더라도 중국이 훨씬 큰 나라이기 때문에 본질적으로 더 위협적이다. 인구가 많은 국가일수록 군비 지출 비율이 더 낮다. 또한 국가 안보는 '규모의 경제(economies of scale)' 의 영향을 받는다는 사실이 이 책에서 자주 거론될 것이다. 큰 것은 아름답지 않을지는 몰라도 안전하다. 작다는 것은 위험하고 더 큰 비용이 따른다.

지난 세기에 있었던 국제 전쟁의 공포로 인해 역사적으로 외부의 위협은 국방에 대한 우리의 사고 체계를 지배해왔다. 이 같은 주제를 연구하는 국제관계학과가 생길 정도였다. 하지만 국제 전쟁은 이제 과거의 현상이다. 최빈국의 군비 지출의 주요인은 각 사회 내부에서 찾을 수 있다. 때문에 위협은 외부적이 아니라 내부적인 것이다.

군대가 필요한 가장 분명한 내부적 안보 위협은 반란에 대처하기 위한 것이다. 정부가 내전을 치르고 있을 경우 군비 지출은 국가 소득의 1퍼센트포인트 정도 증가한다. 내전은 국제 전쟁보다 훨씬 흔하고, 평균적으로 열 배 이상 더 오래 지속된다. 때문에 내전은 최빈국에서 국제 전쟁보다 군비 지출을 강요하는 더 큰 요인이 된다. 앙케와 나는 아프리카에선 두 배 정도 더 중요하다고 예측했다.

하지만 내전은 그렇게 흔한 것이 아니다. 국제 전쟁의 경우, 정부들은 싸우는 것보다 걱정하는 데 더 많은 시간을 보낸다. 앙케와 나는 반란의 위험 모델을 개발해서 정부가 위험이 증가할 때 군비를 더 지출하는지를 예측했다. 그 결과, 정부는 대규모 군을 양성함으로써 반란의 위험으로부터 안보를 확보하려고 노력한다는 사실을 확인했다.

이런 대응은 갈수록 태산일 수밖에 없다. 대규모의 군사력은 안전한 국방을 제공하지만 그 자체가 이익 집단이 된다. 우리는 군산 복합체에 대한 연구에서 군대가 자기 자신의 이익을 챙기는 데 관심이 있는지를 거의 알아냈다. 일반적으로 많은 전문직 종사자들은 각 개인의 이익을 위해 종사하는 경향이 있다. 플라톤은 이상적인 정부야말로 철학자인 왕과 학자들이 운영하는 정부일 것이라고 생각했다. 불행하게도 플라톤의 이 대단한 아이디어는 통계학으로 분석할 만큼 충분히 실행에 옮기지 못했지만 내 추측에, 학자로 이뤄진 정부는 분명 대학에 더 많이 투자할 것이다.

교수들이 정부를 운영하는 경우는 드물지만, 장군들의 사례는 완전히 다른 이야기다. 때로 국민들이 장군들이 전쟁 영웅이기 때문에 그들에게 투표하는 경우가 있다. 대표적인 예가 미국인들이 아이젠하워 장군을 대통령으로 뽑은 것을 들 수 있다. 하지만 일반적으로 장군들은 다른 방법으로, 즉 자기 자신이 선택함으로써 권력을 잡는다. 군사 정부의 등장은 꽤 빈발하기 때문에 통계학적으로 연구할 수 있다. 내가 교수들이 대학을 위해 예산 지출을 늘릴 것이라고 예상하는 것처럼 군(軍)도 비슷한 결정을 할까? 결과는 분명히 그랬다. 군사 정부는 쿠데타 이후 군비 지출을 늘리고, 안보 위험을 제외하고도 군에 많은 투자를 한다. 물론 동기가 완전히 불순한 것이 아닐 수도 있다. 장성들과 영관급 장교들이 '이제 우리 차례야'라고 생각하기보다는 '우리 정부에 진정으로 필요한 국방 수준을 갖춰야 해'라고 생각할 수도 있다. 때문에 군비 지출을 늘리는 현상은 좋은 동기에서 출발할 수도 있다. 나는 타당성의 효과보다 결과를 검색하는 것이 더 유용하다고 생각한다. 지도자들은 좋은 동기에도 불구하고 비참한 결과를 야기할 수 있기 때문이다.

지금까지 정부가 필요하다고 느끼거나 지출하고 싶은 점을 살핌으로써 군비 지출에 대해 숙고해봤다. 하지만 다른 종류의 예산 지출처럼 군비 지출에도 그만큼 감당할 만한 여력이 있어야 한다. 우리는 군비 지출에 대해 국가 소득에서 어느 정도를 차지하느냐를 토대로 측정했지만 그래도 감당할 능력이 있는지에 대한 고려는 충분하지 않다. 한 가지 중요한 요소는 사회가 얼마나 부유한지를 살펴보는 것이다. 부자들은 가난한 이들보다 소득의 많은 부분을 사치품 소비에 쓴다. 이것은 도덕적인 선언이 아니라 경제학적 정의다. 사치품은 경제학에서 소득이 증가함에 따라 지출이 증가하는 물품을 가리키며 그 반대는 생필품이다. 물품이 생필품이 되기 위해서는 소득이 낮을 때도 구입해야만 하는 것이어야 한다. 때문에 부유한 사람들보다 가난한 사람들이 소득 중에서 음식에 지출하는 비율이 높은 것이다. 세계 식품 가격의 급등은 적당한 소득이 있는 가정에는 단지 화를 돋울 뿐이지만 가난한 사람들에게는 음식비가 지출의 절반을 차지하기 때문에 감당하기 어려운 고통을 준다.

그렇다면 군비 지출은 생필품일까, 사치품일까? 우리는 정치인들로부터 군사 안보가 최우선이라고 들어왔다. 그들은 가끔 그만하면 충분하다고도 한다. 경제학적으로 생각하면 중요도가 높은 것은 생필품으로 여겨 덜 중요한 물품을 포기하고라도 사게 된다. 이 정의에 따르면 군비 지출은 생필품이다. 이 관계에 대해 사실이라고 여길 수 있지만 진실이라고 알려진 것도 가끔 틀리는 경우가 있으므로 다시 확인해보는 것이 좋다. 조사 결과, 군비 지출은 소득에 따라 증가하는 명확한 사치품이라는 것을 알 수 있었다. 한편으로 생각하면 가난한 국가들이 소득의 적은 부분을 군비로 지출하는 경향이 있다는 것은 좋은 소식이다. 하지만 불행히도 전세계적으로 군비 지출의 증가는 점점 심각해지고 있다. 정치인들은 군비 지출이 얼마나 필요한지에 대해 언급하지만, 그들은 마치 정부도 사치품인 것처럼 행동한다.

우리가 탐구하기로 결정한 또 다른 금융 분야는 저소득 국가가 받는 상당한 액수의 원조다. 우리는 군부에 지원된 원조금이 우연히 그렇게 됐는지의 여부가 궁금했다. 개발 지원용 원조는 교육이나 인프라를 위한 것이지 군을 위한 것이 아니므로, 만약 군에 사용됐다면 부주의한 것이다. 군사 지원을 위한 원조는 따로 기록된다. 1960년대 미국은 개발 원조와 군사 원조에 같은 수준의 자금을 지원했다. 그러다 점점 균형이 바뀌어 개발 원조보다 군사 원조가 크게 줄어들었다. 지원의 우선순위가 바뀐 것은 어리석은 행동이 아니었다. 국가 안보는 총이 아니라 개발과 함께 달성되기 때문이다.

원조금이 군비로 흘러들어가는지를 확인하기는 힘들다. 왜냐하면 원조와 군비 사이의 인과 관계를 제대로 정리하기가 어렵기 때문이다. 우리는 원조가 군비 지출을 초래하는지 알아보고 싶었지만 원조국들이 군비를 많이 지출하는 정부를 탐탁잖게 여겨 원조를 덜 주려는 경향이 있기 때문에 인과 관계가 복잡하게 꼬여 있어 어려움을 겪었다. 원조금이 군사비로 흘러들어가는지를 확인하기 위해서 우리는 후원 활동에 의해 영향을 받지 않는 군비의 변화를 살펴야 했다. 경제학자들이 2003년에 알아내 이제는 표준으로 여기는 연구 방법을 우리도 사용했다. 많은 원조국들이 대부분 역사적인 이유로 여러 나라에 원조한다는 사실에 기초한 방법이다. 이탈리아는 전 식민지였던 에티오피아에, 프랑스는 코트디부아르에 원조한다. 게다가 원조국의 지원 예산은 자국의 경제 상황에 따라 오르락내리락한다. 그래서 프랑스보다 이탈리아의 경제가 더 성장할 때 에티오피아는 코트디부아르보다 상대적으로 갑자기 많은 돈을 받게 된다. 이 현상은 받는 나라의 국내 상황과 관계없기 때문에 에티오피아의 군비가 증가하고 코트디부아르의 군비가 내려가면 우연의 일치거나 원조가 군비 지출을 변화시킨 것이다. 우연의 일치일 가능성도 항상 존재하지만, 만약 표본 수가 크다면 그 가능성은 줄어든다. 이러한 현상을 통계적 유의성이라고 한다.

이렇게 연구한 결과, 우리가 찾은 것이 무엇이었을까? 원조는 실제로 군비 지출에 사용되는데, 평균적으로 원조의 11퍼센트 정도가 쓰인다는 것을 발견했다.

여러 가지 방법으로 원조금이 군비로 전용될 수 있다. 가장 명확한 것은 특별한 지출에 지원되는 원조가 본래 그 지출을 위해 수혜국 정부가 표면상 배정해놓았던 예산을 대신한다는 사실이다. 이를 방지하기 위한 방법은 원조국들이 정부가 원하지 않는 항목에 지출할 수 있도록 이를 미리 규정하는 것이다. 그러나 과거 10년 동안 원조의 철학은 꽤 합리적으로 바뀌었다. 수혜국이 자체적으로 정하도록 바뀐 덕에 수혜국 정부가 원조를 어떻게 사용할 것인지를 결정한다. 그래서 원조 일부를 군비에 전용하는 것이 더 쉬워졌다. 만약 원조액의 11퍼센트 정도가 군비로 사용된다면 최빈국의 총 원조가 340억 달러이므로 약 37억 달러 정도가 군비로 전용된다고 볼 수 있다. 최빈국의 총 군비 지출이 90억 달러인 점을 감안하면 군비의 40퍼센트 정도가 원조로 충당되고 있음을 의미한다. 이렇게 사용되는 원조금이 평균적으로 전체의 11퍼센트라 하더라도 만약 원조국에서 소득 수준이 평균보다 낮은 곳에 더 후원한다면, 비율이 거의 40퍼센트에 가까울 수도 있다.

이 같은 결과와 함께 이웃 국가와의 군비 경쟁 증거를 조합하면 충격적인 암시를 받게 된다. 아마도 원조는 원조국의 의도와 관계없이 군소 국가들의 군비 경쟁에 사용될 것이다. 우리가 이제 곧 확인하듯이 분쟁 종식 사회의 측면에서 보면 더 충격적인 암시다.

총이 내전을 저지할 수 있을까? 반란이 시작되면 높은 군비 지출은 반란을 막을 수도 있지만 이를 미연에 방지하는 것은 차원이 전혀 다른 일이다. 총이 반란을 저지할 수 있느냐의 여부는 대답보다 묻는 게 쉬운 문제다. 반란 방지에 대한 필요성이 낮은 총을 보유하고 싶어 하게 만드는 하나의 이유여서 통계적으로 입증하기 어려운 문제다. 군비 지출을 많이 하면 반란 위험이 줄어든다지만 오히려 반란 위험이, 높은 군비 지출과 연관이 있을 수 있다. 이렇게 양쪽으로 영향을 주는 인과 관계가 원조와 군비 지출이 보여주는 기본 문제와 비슷하다는 것을 알 수 있다. 이를 제대로 살펴보기 위한 해결 방법 역시 같다. 군비 지출에 영향을 주지만 전쟁의 위험에는 영향을 주지 않는 요인을 찾아야 한다. 경제학적 용어로, 이러한 요인을 수단(instrument)이라 부른다. 원리적으로는 수단에 의한 군비 지출 변화가 지출이 반란의 위험에 변화를 일으키는지, 즉 위험을 방지하는지를 입증할 것이다.

이 방법을 이용해 조사한 결과, 우리는 군비 지출이 반란의 위험을 막지 못할뿐더러 별다른 효과도 없다고 결론지었다. 어쩌면 수단이 충분히 좋지 않아서 그럴 수도 있다. 사실 사회과학에서 어떤 것이 상관없다는 것을 입증하는 일은 상관관계를 보여주는 것보다 더 어렵다. 하지만 우리는 한 단계 더 나아가 군비 지출이 분쟁 이후의 상황에서 차별적으로 효과가 있는지 살펴봤고, 이에 대한 결과는 더 설득력 있을 것이라고 생각했다. 이에 대해 통계적 유의성이 있는 결과를 찾았는데, 분쟁이 종료된 이후에 정부가 군비 지출을 늘리는 것이 폭력을 방지하기보다는 더 자극한다는 것을 발견했다.

앙케가 헨리(앙케의 아들)를 낳을 무렵 우리는 여기까지 연구한 상태여서 서둘러 마무리지어 결과를 발표했다. 우리의 연구가 완전히 정리된 데다 이 사실의 발견을 위해 차근차근 단계를 밟았음을 확신했기 때문이다. 분쟁 이후 위험에 대한 문제점을 주제로 두 개의 학술지에 제출할 논문을 썼다. 하지만 분쟁 이후 사회의 군비 지출에 대한 우리의 분석이 평화 유지 활동과 같은 특정한 영향력에 대해서 무의식적으로 염두에 두지 않았다는 것을 난 깨달았다. 두 연구는 연관해서 생각할 필요가 있어 노르웨이 출신 정치학자 하바르 헤그레(Havard Hegre)와 함께 두 결과를 종합했다. 우리는 정부의 분쟁 이후 군사비 지출의 영향력을 평화 유지 활동과 함께 관찰했고, 그전과 마찬가지로 높은 군비 지출은 또 다른 분쟁의 위험을 크게 증가시킨다는 것을 확인할 수 있었다.

이러한 영향력에 대해서 우리는 통계학적 결과를 넘어 이성적으로 추측해야 했다. 나는 군에 투자하겠다는 정부의 결정은 국민들에게 안 좋은 일이 생길 것이라는 신호로 작용해 최근 무기를 내려놓았던 반군들이 미리 경계하도록 할 것이라고 예상했다.

지금까지 원조금이 군비로 누출된다는 점과 분쟁 이후 상황에서 군비지출이 전쟁의 재발 위험을 증가시킨다는 두 개의 다른 결과를 설명했다. 이젠 원조가 분쟁 이후 경제 회복에 유용하고, 또 다른 갈등이 위험을 줄인다는 점을 살펴볼 차례다. 지금까지의 논의를 모두 종합하면 분쟁 이후 상황의 원조는 경제 회복에 도움을 주면서도 군비 지출을 늘리는 효과를 가져오는 양날의 칼이나 다름없다.

지금까지는 정부의 군비 지출에 관심을 집중했지만 반군들이 무기를 어떻게 획득하는지도 관심거리다. 한 가지 방법은 특정 국가에 적대적인 정부가 그 국가와 상대하는 반군을 위해 무기를 사주는 것이다. 하지만 이 방법만 있는 것이 아니라 공식적인 용도로 구입된 총 역시 반군의 손에 들어가기도 한다.

자존심 있는 반정부 운동가들이 종종 선택하는 무기가 칼라슈니코프나. 이 무기는 워낙 간난한 구조로 되어 있어 고장이 잘 나시 않고, 유시 관리도 크게 필요로 하지 않아서 총에 대해 문외한인 사람에게도 맡길 수 있다는 것이 장점이다. 특히 반군의 신병들은 대부분 젊고, 교육을 받지 못한 아마추어여서 이 총이 유용하다. 칼라슈니코프가 인기 있는 또 다른 이유는, 과거 소련이 대량으로 생산한 데다 동구권 위성 국가에도 생산할 수 있게 하여 값이 저렴하다는 것이다. 최근 베네수엘라의 우고 차베스(Hugo Chavez) 대통령은 칼라슈니코프 생산 공장을 세웠는데, 아마 자신과 우호적 관계를 맺은 국가에 이를 판매할 것으로 예상된다.

경제학자들은 가격에 특히 관심이 많다. 내가 젊은 연구원이었을 때

한 경제학자가 "그것은 우리가 가진 전부다"라고 말했던 것이 기억난다. 그가 말하고자 한 것은, 경제학의 핵심이 바로 '행동에 대한 이론'이라는 것이다. 경제학자들은 사람과 기업은 맞닥뜨리는 제약이 어떻든 간에 무언가를 최대화하려는 성향이 있다고 생각한다. 그때 고려하는 주된 제약이 바로 가격이라는 점을 이용해 경제학자들은 제약이 바뀔 때 행동이 어떻게 바뀌는지를 예측할 수 있다. 가격이 하락하면 사람들이 제품을 더 구입한다는 점을 감안할 때 만약 칼라슈니코프가 저렴하면 반군들은 더 많이 구입할 것이다. 하지만 전쟁에 대한 연구를 거의 독점하고 있는 정치학자들은 가격에 대한 이러한 현상을 고려하지 않는다. 그래서 총에 대한 자료도 대부분 수량에 대한 것으로서, 총이 얼마나 거래되고 있는지에 대한 견적은 많지만 가격에 대한 것은 없다.

지난 몇 년간 나는 가격에 대한 자료를 찾았는데 그 과정에서, 오스트레일리아 대학원생 필립 킬리코트를 만나게 됐다. 그는 전 세계의 비공식적인 시장의 칼라슈니코프 가격에 대한 국가 및 연도별 자료를 수집하겠다고 지원했다. 7개월이 지난 후, 그는 300개의 케이스를 찾아내 통계학적 분석을 할 수 있었다. 분석을 하기 전에 대충 훑어보아도 주목할 만한 점이 많다는 것을 알 수 있었다. 중고 칼라슈니코프는 세계의 어느 곳에 비해 아프리카에서만 절반 가격이었다. 왜 다른 곳보다 아프리카에서 칼라슈니코프가 훨씬 저렴할까? 필립은 이 문제를 해결해야 했다. 경제학과에서는 문제의 중요성뿐만 아니라 학생이 최상의 가능한 기준에 맞는 최신 방법으로 연구했는지를 중요하게 여긴다. 조정을 해본 적이 전혀 없는데도 최근 반세기 만에 오스트레일리아 출신으로는 최초로 옥스퍼드 대학교 조정 팀 선수에 뽑힐 정도로 열정적인 필립이 최근 7개월 동안 자료 수집에 시간을 쏟은 논문으로 상도 받았으니 그의 연구 결과는 신뢰할 만한 것이라 할 수 있다.

아프리카에서 중고 칼라슈니코프는 왜 값이 싼가? 그 해답은 각국의 정부군으로부터 유출되는 총에 있었다. 정부군은 보통 낮은 임금을 받기 때문에 그들의 총을 팔거나 무기고에서 빼내고 싶은 유혹에 빠지곤 한다. 정부군은 반군과 싸울 때 칼라슈니코프를 가장 활발히 구입한다. 그래서 아프리카로 공식 수출된 이 총이 도난당한 다음 다시 비공식적으로 팔리기 때문에 중고 칼라슈니코프 가격이 싸질 수밖에 없는 것이다. 아프리카에서 총을 수출하려면 국경 관리가 제대로 되어 있는 나라에 팔아야 하는데 보통은 총이 수입되어도 그 나라에 계속 머물러 있지 않다. 아프리카의 국경은 구멍이 많아서 저렴한 총이 수요가 있는 곳, 즉 전쟁이 있는 곳을 따라 대륙을 휘젓는다. 다음 질문은 저렴한 가격의 총이 반란의 위험을 증가시키는지에 대한 것이다. 간단한 경제 이론에 따르면, 저렴한 가격의 총은 반란을 더 쉽고 가능하게 만들 수 있다. 주어진 자료로 이 질문에 답할 수 있을시 의심스러웠지만 필립은 유의성 있는 결과를 찾아냈다. 저렴한 가격의 총은 내전의 위험을 증가시켰다. 필립이 오스트레일리아로 돌아가면서 오슬로에 있는 국제평화연구소에 건네준 자료는 이제 또 다른 진취적인 학생이 새롭게 해석해주기를 기다리고 있다.

필립의 연구가 함축하는 것은 위험한 국가가 위험한 지역을 만든다는 것이다. 또 다른 점은, 아프리카의 국경에 구멍이 많아서 다른 위험한 곳으로 무기가 전해지는 것을 막으려면 아프리카 전체에 들어가는 무기를 줄여야 한다는 것이다. 그러기 위해서는 두 가지 쉽지 않은 방법이 있다. 그중 하나는 원조가 무기 구입에 사용되지 못하도록 하면 금융 지원이 없으므로 무기 거래량도 줄어들 것이다. 또 다른 방법은 교역량에 양적 제한을 두는 것이다.

두 가지 방법 모두 적절치 않다고 여길 수도 있다. 다른 지역도 무기를 많이 구입하는데 왜 아프리카만 제한을 두어야 하느냐고 말이다. 아프리카인들과 이에 동조하는 다른 사람들이 분개하기 전에 한발 물러나 아프리카의 이익을 먼저 생각해보자. 명백하게도 아프리카는 이제 더 이상 외부로부터 군사적 위협을 받는 것이 아니라 인접국이나 반군에 대한 두려움이라는 내부의 위협을 받고 있다. 인접국으로부터의 위협은 정부를 '죄수의 딜레마'(두 명의 참가를 전제로 하는 비제로섬 게임의 일종인데, 협력을 통해 서로 이익이 되는 상황이 아닌 더욱 불리한 상황을 선택하는 점을 잘 보여주는 사례로 거론된다–옮긴이)에 빠지게 한다. 각 국가는 군비 지출을 증가함으로써 더 안전하게 느낄 수도 있지만 이웃 국가는 오히려 안전에 위협을 느낀다. 내가 설명한 것처럼 인접 국가들은 이에 대비하여 군비 지출을 늘린다. 군비 지출 경쟁은 지역 전체로 봤을 때 평화에 대한 위협이다. 게다가 작은 국가일수록 군비 지출이 더 높다는 점을 상기해보자. 아프리카는 총인구 수에서 인도보다 적은데도 불구하고 54개의 국가로 나뉘어 있다. 그래서 군비 지출에 의한 낭비는 아프리카에서 더 심한 문제가 되는 것이다.

죄수의 딜레마에 대한 해결책은 협력이다. 아프리카는 군비 지출을 줄일 수 있는 집단행동이 필요하다. 하지만 협력에서의 진짜 문제는 이를 실행에 옮기는 것이다. 각 정부는 인접국이 군비 지출을 감소하도록 격려하면서 자신은 그러지 않는다. 협력이 이루어지도록 돕는 방법은 여러 가지가 있지만 가장 직접적인 것은 중립적 경찰이 실행에 옮기도록 설득하는 것이다. 이 경찰은 원조의 비정상적 누출을 막는 후원자나 무기 교역 금지를 내리는 유엔일 수도 있다. 하지만 어떤 형태로든 아프리카는 경찰을 찾아야 할 것이다. 내가 설명한 것처럼 후원자들은 최근 누출을 더 어렵게 만들기 위해서 원조 할당량을 재정비했다. 그렇다면 무기 수출에 대한 직접적 제한은 어떨까?

원조가 처음 의도와 다르게 무기 구입에 쓰이고, 값싼 총이 내전을 더 부추길 때 이에 대한 처방은 위험한 곳으로 무기가 유입되는 것을 제한하는 것이다. 다행히 내전 위험이 높은 국가들은 무기 산업이 정착될 만큼 산업화되지 않아서 무역을 막는 것만으로도 총의 입수 가능성을 막을 수 있다. 최근에 이러한 아이디어가 충분한 대중적 압력에 힘입어 때때로 시행되기도 했다. 한 예로 코트디부아르에서 남쪽에 있던 정부와 북쪽에 있던 반군이 서로 대치하고 있을 때 유엔은 양쪽으로 투입되는 무기에 제한을 뒀다. 그런데 무기 제한이 소용이 있었을까? 내가 설명할 연구는 스테파노 델라 비냐(Stefano Della Vigna)와 엘리아나 라 페라라(Eliana La Ferrara)의 결과에 따른 것이다.

그들은 무기 회사에 투자하는 사람들이 무슨 일이 일어나고 있는지 잘 알고 있을 것이라고 생각했다. 물론 투자자 모두가 기업이 어떻게 활동하는지 아는 것은 아니다. 하지만 주가에 어떤 영향을 미칠지 알기 위해서는 많은 시간과 에너지를 필요로 하지 않는다. 만약 기업이 무기 거래 제한으로 인해 피해를 입는다면, 투자자들은 주식을 팔 것이고 그러면 주가가 떨어질 것이다. 이러한 논리를 이용해 델라 비냐와 라 페라라는 무기 거래 제한 조치 전에 코트디부아르로 수출하던 기업들에 대한 정보를 찾았고, 무기 거래 제한 발표 이후 주가가 어떻게 변했는지를 확인했다.

그들이 결과를 처음 봤을 때 어떤 기업의 주가는 오르고 다른 곳은 하락해서 헷갈렸다. 하지만 무작위로 변화한 것이 아니라는 사실이 드러났다. OECD 국가에 기반을 둔 무기 생산 기업들의 주가는 거래 제한으로 떨어졌지만, OECD 국가가 아닌 곳에 위치한 기업들의 주가는 상승했다. 두 경제학자는 아마도 두 번째 집단의 국가들은 거래 제한을 무시하여 OECD 국가 기업들과 경쟁하지 않아도 된 덕분에 이익을 창출했을 것이라고 추측했다.

이러한 분석을 통해 무기 거래 제한이 효율적이지 않은 게 아니라 오히려 더 효과적으로 제한할 수 있다고 제안했다. 무역 제한에 따라야 할 기업의 주가가 오르면 의심을 해봐야 할 것이라는 제안은 통계학적 연구가 선보이는, 간단하지만 잠재력이 큰 아이디어다.

이 모든 연구의 중점은 군비 지출이 군비 경쟁의 소용돌이에 의해 과도해질 수 있고 지역적 공공의 해가 될 수 있다는 것이다. 최빈국들은 전체적으로 군에 90억 달러를 쓰고 있는데, 이 중 40퍼센트가 원조금이다. 그리고 국경에 구멍이 있는 곳에서는 한 정부가 구입한 많은 총이 점차 인접국의 비공식적 시장에 흘러들어가는 것으로 보인다. 이러한 시장에서 싼값에 팔리는 총은 내전의 위험을 증가시킨다. 분쟁 종식 이후 군에 투자를 많이 하는 경향이 있는 사회의 최종적인 위협은 군이 역효과를 가져와 이를 방지해야 할 위험을 더욱더 초래한다는 것이다.

군비 지출은 지나칠 뿐만 아니라 원조가 여기에 이용되고 있어 문제다. 국제 사회가 이 문제를 시정할 의향이 있다면 두 가지 방법이 있다. 즉 무기 구입에 양적 제한을 두거나, 군비 지출의 수준에 따라 원조 규모에 인센티브를 주는 것이다. 무기 거래 제한은 과거에 성공한 적이 별로 없음에도 불구하고 효과적일 수 있다. 그리고 총은 정치적 폭력에 불을 지피기 때문에 억제될 필요가 있다.

제5장

전쟁: 파괴의 정치 경제학

왜 어느 특정한 곳에서만 전쟁이 일어날까? 이라크 전쟁은 21세기 전쟁에 대한 사람들의 생각에 혼란을 불러왔다. 이라크 전쟁은 미래를 위한 가이드가 아니라 사실상 끝난 세계사의 한 단계를 재연한 것이다. 두 차례의 세계대전, 나폴레옹의 전쟁, 크림 전쟁, 프랑스-프로이센 전쟁 등 역사상의 유명한 전쟁들처럼 이라크 전쟁도 국제적 침공으로 시작됐다. 21세기에 들어 국제적 침공은 발생하는 빈도가 줄어들 것이다. 이번 세기에 들어와서 텔레비전에 보이는 것은 국제 전쟁이 아니라 내전일 것이다. 물론 19세기에도 침공과 내전이 있었지만 19세기의 내전도 전쟁의 미래를 충분히 보여주지 못했다. 19세기의 대표적인 내전은 미국의 남북전쟁이었다. 형태상으로나 법적으로나 남북전쟁은 각자의 영토와 정부, 군대가 있는 여러 주(州)로 형성된 남부 집단과 북부 집단이 치른 국제 전쟁이나 다름없었지만 이제는 역사 속의 사건이 됐다.

미래의 내전은 법의 권한 밖에 있는 민간 군부 세력 대 정부의 형태를 띨 것이다. 민간 군부 세력은 반군, 테러리스트, 자유 투사나 폭력 단체 등으로 불리겠지만 그 본질적 특색은 같을 것이다. 이들의 전쟁은 국민 국가(nation state)가 서로 협력하기 이전의 매우 다른 역사 시대로 후퇴하는 격이다.

문제를 바꾸어 말하자면 왜 특정 국가들은 다른 국가들보다 내전을 치를 위험이 더 높을까? 만약 우리가 이 질문에 대답할 수 있다면 내전의 위험을 증가시키는 요인을 알아내 바로잡을 수도 있다. 이 질문에 대한 답변은 우리가 내전의 원인을 오래 연구했음에도 불구하고 아직 확실하게 밝혀내진 못했다. 나는 통계학적으로 가능한 오랜 기간 동안 전 세계에서 특정한 시기에 왜 어떤 곳에서는 내전이 발생하고 다른 곳에서는 일어나지 않았는지를 찾으려고 노력했다. 한마디로, 왜 어떤 곳은 위험한지를 찾고 있다.

내 연구의 핵심은 전쟁이 시작되기 전의 특징을 토대로 내전이 왜 발발하는지를 예측하는 것이다. 이 방법을 사용하는 데 뜻하지 않은 위험이 있지만 가장 큰 문제는 자료 부족이다. 내전 기록 자체는 그다지 큰 문제가 아니다. 놀랍게도 정치적 현상에 대한 정량 분석을 개척한 미시간 대학교의 한 연구 팀이 1815년 이후에 일어난 세계의 내전에 대한 기록을 모두 수집했다. 북유럽에서도 같은 목록을 만들고 있다. 하지만 그 시기에 대해 설명할 만한 배경 자료가 부족해 내전 발발 이유를 설명하기 힘든 상황이다. 예를 들어 대부분의 나라에서는 1960년 이전의 경제에 대한 자료를 갖고 있지 않다. 그 자료를 활용한다 하더라도 1960년까지는 사실상 모든 저소득 국가들이 꽤 오랫동안 내부 갈등을 감춘 제국이나 다를 바 없었다. 제국주의 시대 이전의 기간이 유용할 수 있지만 믿을 만한 자료의 부족으로 나의 접근 방법은 실현 가능성이 없었다. 1960년대 이후 내전을 치렀을 많은 국가들이 충분한 자료를 가지고 있지 않았다. 그래서 국제기구가 발표하는 표에는 빈칸만 있을 뿐이었다. 하지만 다행히 시간은 내 편이었다.

1990년대 말에 앙케와 내가 처음으로 이 방법을 사용했을 때 우리가 수집할 수 있는 내전 사례는 23건에 지나지 않았다. 거의 절망적인 상태였다. 하지만 우리가 다시 시도하여 2004년에 논문을 출판했을 때는 53건의 내전과 550개의 내전이 일어날 만한 상황을 연구할 수 있었다. 전보다는 향상되었지만 관찰 대상의 수가 이상적인 것은 아니었다. 최근 우리는 새로 합류한 도미니크 로흐너와 함께 연구를 시작했는데 우리는 세 가지 측면에서 시간을 절약할 수 있었다. 첫 번째로 가장 큰 도움이 되었던 것은 내전이 발생할 만한 시간이 충분했음에도 불구하고 발발하지 않았거나, 혹은 더욱 고무적이게도 발발할 만한 상황 속에서도 내전이 일어나지 않았음을 확인한 일이다. 앙케와 내가 서로 5년씩 기간을 나누어 분석한 덕분에 1999년까지의 자료를 활용했던 첫 번째 분석보다 5년 더 늘어난 2004년까지의 자료를 살필 수 있었다. 두 번째로는 이렇게 추가된 5년 동안의 자료를 통해 국제 사회가 전쟁을 막기 위해 기울인 노력이 실제로 전쟁을 줄이는 데 영향을 주었는지도 확인할 수 있었다는 점이다. 뿐만 아니라 학자들은 이전에 측정되지 않았던 현상들을 정량화하고, 예전에 측정하지 못했던 것을 측정하기 위해 심혈을 기울인 덕에 과거에 관한 우리의 자료는 거의 완성되어갈 수 있었다.

세 번째 측면은, 부끄럽지만 우리가 일을 더 잘할 수 있게 됐다는 것이다. 자료가 없는 시기에 대해 다양한 숫자를 무작위로 생성해주는 환상적인 통계 프로그램을 사용할 수 있었던 것이다. 나는 가상 수치 사용을 꺼렸지만 이 방법을 사용하면 매번 다양한 숫자를 빈칸에 채워 넣을 수 있었다. 우리는 실제 측정된 수치에서 얻은 결과를 확인하는 데 이 방법을 사용했다.

또한 우리는 연구를 할 때 최근 경제학의 주 관심사인 '역의 인과 관계(reverse causality)' 나 일반 인과 관계를 좀 더 잘 제어하게 됐다. 예를 들어, 저소득 국가가 내전을 겪을 확률이 더 높다는 우리의 연구 결과를 검토해보자. 저소득과 내전이 서로 연관이 있긴 하지만 저소득으로 인해 내전이 일어나는 것인지 그저 두 현상이 함께 일어나는 것인지 살펴봐야 했다. 연관성에서 인과 관계로 바뀌는 과정을 연구하는 것은 힘들다. 이때 쓰이는 기초적인 방법은 연관성에서 인과 관계로 바뀌는 과정을 단계별로 생각해보는 것이다. 만약 저소득 문제가 전쟁 발발 이전에 보이는 특성이라면 소득 수준을 전쟁 발발 원인으로 볼 수 있다. 하지만 그것이 모든 것을 충분히 설명해줄까? 연관성에서 인과 관계로 추론하는 과정은 오류에 빠질 수 있는 세 가지 문제가 있다.

첫째는, 내전을 예상할 수 있다는 점이다. 만약 당신이 전쟁이 일어날 위험이 높은 나라에 살고 있다면 투자하려 하지 않을 것이다. 또한 전쟁이 발발하기 전부터 다른 전쟁으로 그 나라가 가난할 수도 있다. 하지만 대개 저소득이 전쟁을 일으키는 것이 아니라 전쟁이 일어날 수 있다는 전망이 저소득을 불러온다. 둘째는, 우리의 분석 대상에 포함되지 않은 국가가 내전을 일으키곤 한다는 점이다. 예를 들어 조나스 사빔비(Jonas Savimbi, 1934~2002, 독립운동가 출신의 앙골라 정치인-옮긴이)는 앙골라에서 두 번의 내전을 일으켰다. 내전이 경제를 파괴하는 바람에 그가 두 번째 내전을 일으킬 때까지도 앙골라는 가난했다. 그가 두 번째 내전을 일으키지 않았더라도 이미 오래전부터 앙골라는 저소득 국가였던 것이다. 즉 사빔비라고 지칭할 수 있는 무대 밖의 다른 요인이 전쟁을 유발했고 그 첫 번째 전쟁이 소득을 감소시킨 것이다. 마지막으로 고려할 점은, 어떤 현상은 소득을 낮추고 내전의 위험을 증가시키는 경향이 있다는 것이다. 나쁜 통치는 경제를 파괴하고 사람들이 반항하게 만든다. 따라서 저소득이 전쟁을 일으킨다고 결론짓는 것은 충분치 못하다.

경제학자들은 점차 모호함에서 벗어나 문제를 풀어나갈 수 있게 됐다. 우리의 새로운 연구에도 점점 더 이러한 안전장치를 활용하기 시작했는데 실제로 관찰 대상을 늘리는 것이 모호함을 벗어나는 데 도움이 됐다. 연구를 위한 안전장치의 예를 들자면, 우리는 사빔비 문제를 해결하기 위해 첫 번째 내전에 대한 예측으로 분석 범위를 좁혔다. 부분적으로 우리는 분석 과정에서 가능한 한 많은 특성을 포함시킴으로써 나쁜 통치의 문제점을 줄일 수 있었다. 우리는 소득엔 영향을 미치지만 내전 발발 가능성에는 영향을 주지 않는 몇 개의 특성을 가지고 예측한 소득 수준을 실제 소득으로 대체함으로써 예상되는 분쟁의 문제를 처리했다. 이러한 안전장치를 사용해도 의심의 여지가 있긴 하지만 적어도 우리는 포괄적 데이터, 즉 84건의 내전에서 일어난 최대 1600개의 국제적 사례에 기초한 결과를 얻을 수 있었다. 이 과정이 최선의 방식이 아닌데다 개선돼야 할 부분이 있긴 하지만 그 결과는 매우 주목할 만한 가치가 있었다.

우리는 경제학자들이지만 내전이 일어날 가능성을 설명할 때 중립적인 입장을 유지하기 위해 사회 과학 전반에서 끌어온 광범위하고 가능한 요인을 포함시켰다. 경제의 다양한 특성뿐만 아니라 나라의 역사, 지리, 사회 구성과 정부의 형태를 고려했지만, 분쟁을 일으키는 정치적 상황이나 성격은 고려하지 않았다. 모든 전쟁은 여러 가지 요인에 의해 일어난다. 사담 후세인이 쿠웨이트를 침공한 이유 중 하나는 쿠웨이트 지도자들이 무례하게도 그가 서자 출신임을 의심했기 때문이었다. 어느 특정한 전쟁을 이해하기 위해서는 바로 이 같은 점들에 대한 고려가 필요한데, 자칫하면 내전 현상의 이해를 엉망으로 만들 수도 있다. 전쟁을 방지하기 위해서 미치광이를 모욕하는 것이 좋지 않은 생각이라고 인식하는 게 유용할 수도 있다. 하지만 나의 접근은 한 국가가 위험에 노출될 수 있는 구조적 특성을 찾아내고, 또 이것을 변화시킬 수 있는 방법까지 찾는 것이다.

그럼 이제 시작해보자. 84건의 내전을 실제로 일으킨 것은 무엇이었을까?

경제는 당연히 관계가 있다. 가능한 한 많은 비논리적 해석을 제어하더라도 저소득 국가가 위험에 상당히 너 직면한 것은 분명하다. 가난은 위험하다. 소득 수준뿐만 아니라 성장의 속도도 상관있다. 1인당 소득이 빠른 속도로 증가하는 사회는 변화가 없거나 하락하고 있는 사회보다 전쟁을 겪을 확률이 적다. 이러한 결과는 경제 개발이 평화 유지에 도움이 된다는 점을 보여주는 것이어서 희망적이다. 경제 성장을 억제함으로써 평화로운 사회를 만들 수 있다고 믿는, 마치 에덴동산의 복원이 가능하다고 믿는 낭만주의자들에 대해 나는 참을 수 없다. 진실은 오히려 그 반대라고 생각한다.

1960년대 이후 세계 경제에 대한 통계는 과거 역사에 나오는 사회의

심오한 역사적 증거로도 뒷받침된다. 이스라엘의 전쟁사가인 아자르 가트(Azar Gat)가 《인류 문명사회에서의 전쟁(*War in Human Civilization*)》에서 설명한 것처럼 빈곤한 사회들은 극단적으로 폭력적이었다. 경제 개발은 폭력과 맞설 수 있는 핵심적인 치료 방법이다. 경제 발전이 평화를 증진시키는 효과를 낳는지 확인하는 과정에서 진정으로 어려운 문제는 타당성 있는 방법을 잘 분류하는 것이다. 전반적인 경제 개발로부터 분리해 생각할 수 있는 마법 같은 방법은 없지만 일자리, 교육, 희망, 상실 우려감, 보다 효과적인 국가 안보 서비스 등 여러 가지 방법이 있다고 생각한다.

경제에서 폭력과 관련된 요인은 소득 수준과 성장만 있는 것이 아니다. 천연자원에 의존하는 것도 위험을 증가시킨다. 목재를 놓고 싸운 라이베리아, 시에라리온의 다이아몬드와 콩고의 광물 자원 전쟁을 예로 들 수 있는데 이러한 국가 내 폭력 사태가 일어나는 곳의 통계학적 분석도 천연자원에 의존하는 것이 위험하다는 점을 입증하고 있다. 예를 들어 앙골라의 폭력 분쟁은 다이아몬드 발굴 지역에 집중되어 있다. 즉, 천연자원이 폭력 가능성을 높이는 증거가 된다. 천연자원은 반란 세력을 위한 금융 자본을 제공할 수 있고, 많은 사람들의 싸움을 유발하는 요인이 될 수 있다. 또 천연자원은 국민들에게 세금을 부과하지 않아도 정부가 일을 할 수 있도록 하기 때문에 국민들이 원하는 바에서 점점 멀어지도록 만든다.

그럼에도 불구하고 천연자원 문제는 우리의 결과 중에서 가장 뜨거운 논란거리였다. 어떤 학자들은 그저 석유 효과(oil effect)라고 주장하는가 하면, 다른 이들은 역의 인과 관계에 의한 잘못된 결과로 여겼다. 이 과정에서 앙케와 나는 자신만만해선 안 된다는 법을 배웠다. 수년 동안 잘 못 판단한 적이 많았기 때문에 내가 항상 맞을 거라고 예상하지는 않는 다. 새로운 자료를 가지고 우리는 석유 효과에 의한 것인지 확인했으나 그렇지 않다는 것을 알게 됐다. 하지만 충분한 천연자원을 보유한 나라 는 안전해진다는 것을 발견했다. 사우디아라비아와 페르시아 만에 있는 여러 부유한 국가들은 평화롭다. 그들은 양질의 안보 체제를 유지하고 적군에 맞설 만큼 여유가 있다. 어떤 자원은 위험을 증가시키지만 그 양 이 충분할 경우 오히려 감소시킨다는 애매한 점은 런던 정치경제 대학 교의 프란체스코 카셀리의 최근 이론적 연구로도 예측됐다.

역의 인과 관계 문제는 보다 까다롭다. 왜냐하면 소득에서 1차 상품 이 차지하는 비율로 자원 의존도를 측정하기 때문이다. 이는 필연적으 로 문제를 야기한다. 즉 무슨 이유이든지 간에 저소득 국가는 1차 상품 수출 비율이 높을 가능성이 큰데, 여기에서 분모에 해당하는 소득이 작 기 때문이다. 어떤 학자들은 비율 대신 자원 매장량을 변수로 사용함으 로써 문제를 해결했다. 세계은행이 발표한 국가별 2000년도의 예측 자 원 매장량 역시 다른 종류의 역의 인과 관계 문제를 불러왔다. 자원 매 장량의 예측은 자원 개발 회사의 생산량 전망 조사에 의존한다. 이 조사 는 비용이 많이 드는데, 이렇게 입증된 매장량의 가치는 지질학적 개념 이자 경제학적 개념이기도 하다. 그래서 기업의 채광권이 확보된 곳에 서만 조사할 가치가 있다.

1960년부터 2000년에 이르기까지 이 같은 전망은 내전이 일어나고 있는 사회나, 심각한 내전 위험이 있는 곳에서는 거의 이루어지지 않았 다. 이것이 의미하는 바를 생각해보자. 2000년도에 자원 매장량이 적은 것으로 드러난 곳은 좋지 않은 내전의 역사가 있는 곳이었다. 이 방법을 사용한 학자들은 자원을 많이 보유하는 것은 사회를 더욱 안전하게 한다고 자신 있게 발표했다. 역의 인과 관계 문제는 최근에 팀 베슬리와 토르스텐 페르손에 의해 해결됐다. 그들은 원자재 가격 상승이 원자재 수출국들이 내전을 겪을 위험에 영향을 주는지를 조사한 결과, 우리와 마찬가지로 그들은 위험이 증가한다는 것을 발견했다. 하지만 그들은 더 중요한 조건을 발견했는데, 민주주의의 질이 매우 양호하면 위험은 증가하지 않는다는 것이다. 선거와 개혁처럼 민주주의는 제대로 작동할 때 좋은 영향력을 가진다.

이제는 역사를 살펴보자. 내전을 설명하기 위해 역사를 다룰 때 관심을 끄는 점은 바로 식민지 지배 경험이다. 선진국의 많은 사람들은 그들 사회 자체의 책임을 강조하는 데 크게 불편하게 생각하지 않는다. 마찬가지로 개발 도상국의 많은 사람들은 그들이 겪고 있는 폭력 사태가 자신들의 사회 내부 특성에 의한 결과라는 사실을 회피하려 하지 않는다. 그래서 식민 지배가 폭력을 불러왔다고 보여주는 증거를 원하는 이들이 많다. 불행하게도 앙케와 나는 이러한 주장을 뒷받침하는 증거를 찾을 수 없었다. 독립 이후의 기간이나 이전의 식민 세력도 관계가 없었다. 이 점을 너무 일반화하고 싶지는 않지만 포르투갈로부터 해방된 지역이 대개 비참한 결과로 이어졌다는 사실은 분명하다. 즉 앙골라, 모잠비크와 동티모르 모두 내전을 겪은 것이다. 하지만 제국주의 시대의 포르투갈은 상대적으로 작은 나라였고, 큰 제국이었던 영국이나 프랑스 둘 다 어떤 특정한 양식을 보이지 않았다. 제국주의의 영향을 받지 않은 에티오피아나 라이베리아 모두 끔찍한 내전을 치렀다. 하지만 식민주의를 비난에서 벗어나게 해주려고 이렇게 설명하는 것은 아니다. 내전을 식민주의에서 비롯된 것으로 치부하는 것은 변화시킬 수 있는 진정한 요인으로부터 관점을 흐리게 만들기 때문에 큰 착각이다. 이는 많은 사람들의 기분은 좋게 할지 모르지만 내전 방지를 위한 행동을 취할 수 없게 한다.

많은 학자들이 관심을 갖는 역사의 또 다른 부분은 냉전이다. 제법 분명하게도 어떤 상황에서 내전은 냉전의 도움을 받기도 하고, 또 한편으론 부추기기도 했다. 하버드 대학교 역사학 교수인 니얼 퍼거슨이 간결하게 설명한 것처럼, 사람들이 일어날 것이라고 예상했던 제3차 세계대전(Third World War)은 '제3세계의 전쟁(third-world wars)'이 되고 말았다. 하지만 냉전 효과는 논란의 여지가 있다. 초강대국들(Super-Powers)이 내전에 개입한 것은 분명하지만 그들이 내전을 야기했는지는 그리 분명하지 않다. 실제로 그들은 상쇄 효과를 가지고 있다. 즉 만약 제3차 세계대전으로 불거질 가능성이 있는 국지 전쟁이 있었다면 그들은 그 분쟁을 방지하려 노력했을 것이다. 이를 확인하기 위해 우리는 냉전 시대 이후 기간에 다른 때에 비해 내전이 더 빈발했는지를 살펴봤으나 그렇지 않다는 것을 알아냈다. 냉전이 종식되고 처음 몇 년 동안 폭력 사태가 새로 일어난 적이 있었지만 1995년 이후 세계는 다시 정상으로 돌아왔다. 제3세계의 전쟁은 일반적으로 제3차 세계대전의 두려움 때문에 일어난 것이 아니었다.

이 문제와 관련해 상관관계가 높은 것으로 나타난 역사적 양상은 과거의 내전 역사인 것으로 보인다. 한 나라가 내전을 겪은 경험이 있으면 다시 전쟁을 치를 가능성이 크다. 하지만 이 역시 일반 인과 관계로 쉽게 결론 내릴 수 있다. 우리가 폭력 사태가 일어날 가능성이 높은 한 국가의 특성을 놓친 게 있다고 가정해보자. 어쩌면 사람들은 본래부터 폭력적일 수도 있다. 통계학적으로 볼 때 한 전쟁이 다른 전쟁을 일으키는 것으로 나타나지만 사실 두 전쟁은 근본적으로 동일한 요인이 야기했을 수도 있다. 이 문제를 해결하기 위해 우리는 가장 최근에 일어난 내전으로부터 몇 년이 경과했는지 측정한 후 그 기간이나 단지 과거 내전이 있었던 사실이 전쟁에 영향을 끼쳤는지를 확인했다. 그 결과, 오직 경과 기간만 관계가 있었는데, 시간이 흐를수록 분쟁이 일어날 위험이 줄어드는 것으로 나타났다. 이러한 결과로 미루어볼 때, 폭력 사태의 위험은 근본적이고도 지속적인 요인 때문이라기보다 점점 쇠퇴하는 과거 폭력 사태의 영향력으로 인해 야기되는 것처럼 보였다.

역사 다음으로 다룰 특성은 사회 구조다. 우리가 조사한 사회 구조 중에서 가장 중요한 측면은 종족 및 종교 간 분열의 영향력일 것이다. 새로운 자료에 의해 종족과 종교의 다양성이 두 개의 반대 효과를 지닌다는 이전의 내 연구 결과가 번복되는 바람에 나는 망신을 당했다. 이제 우리는 종족과 종교의 다양성이 폭력의 위험을 증가시킨다는 보다 더 간단한 관계를 찾았다. 우리가 보기에 종족 및 종교의 다양성은 서로 간에 더욱더 사태를 악화시킨다.

폭력의 위험에 영향을 주는 사회 구조의 또 다른 점은 인구 중 15세부터 29세 사이의 젊은 남성 비율이다. 폭력적인 반란이 나이 든 숙녀들에 의해 일어나는 게 아니므로 이는 그리 놀랄 만한 일이 아닐 수도 있다. 대신 젊은 남성들은 굉장히 위험한 것으로 나타났다. 그들의 비율이 두 배로 늘었을 때 분쟁 위험은 5년 동안 5퍼센트에서 20퍼센트로 증가했다. 하지만 유의할 사항이 몇 가지 있다. 그것은 젊은 남성들로 이뤄진 사회와 젊은 여성들로 이뤄진 사회를 통계학적으로 구분하기 어렵다는 점이다. 중국을 제외한 여타 국가에서는 젊은 남성과 여성의 비율이 거의 비슷하다. 대부분의 반란을 보면 젊은 남성들이 주로 전투를 도맡지만 항상 그런 것은 아니다. 홍해 연안에 있는 에리트레아의 국민해방전선의 3분의 1은 여성이다. 그리고 싸울 수 있는 젊은 남성이 높은 비율을 차지하는 사회와 인구 성장이 빠른 사회를 구분하는 것도 어렵다.

사회에 관해서 고려해야 할 마지막 요소는 그 사회의 크기다. 분쟁의 위험은 인구와 함께 증가하지만 그 관계가 반드시 비례하는 것은 아니다. 같은 크기의 나라가 두 개 있다고 할 때, 한 나라의 인구가 다른 곳의 두 배일 경우 내전을 겪을 위험은 20퍼센트 정도 더 높다. 잠깐 이 결과에 대해 생각해보자. 민족주의를 배제한 상태에서 같은 크기의 두 나라가 합병된다면 내전을 겪을 위험이 줄어들 것이다. 만약 각 나라별로 10퍼센트 위험이 있다고 가정했을 때 두 나라 중 한 곳에서 전쟁이 벌어질 위험은 20퍼센트다. 반면 새로 합진 국가의 위험은 각 나라에서 분쟁이 발생할 위험에서 5분의 1만큼 높아지기 때문에 새로운 국가의 위험은 12퍼센트다. 따라서 전쟁이 일어날 위험이 20퍼센트에서 12퍼센트로 줄어드는 셈이다.

난 그 이유가 안보도 규모의 경제로부터 영향을 받기 때문이라고 생각한다. 제국주의의 해체와 함께 태동한 대부분의 국가는 너무 작은 까닭에 안보적 측면에서 적절한 규모의 경제를 이룰 수 없었다. 규모의 경제는 국가를 병합하면 얻을 수 있지만 대신 종족 다양성이 증가해 잠재적인 긴장 상태를 초래했다. 현재의 모든 정치적 압박은 더 작은 국가들을 만들려 하고 있다. 에리트레아는 에티오피아로부터 독립했고, 동티모르는 인도네시아로부터 분리 독립했다. 유고슬라비아는 여섯 개의 다른 나라가 되었다. 남부 수단은 수단으로부터 분리 독립 여부를 결정하기 위한 국민 투표를 할 예정이다(2011년 1월 19일, 잠정 집계 결과를 발표하면서 독립 찬성이 과반수를 훨씬 넘어 남부 수단의 독립이 사실상 확정됐다—옮긴이).

독립 투쟁의 역사적 사실들에서 한 발짝 벗어나 이러한 추세가 올바른 방향으로 가고 있는지를 생각해보자.

지금까지 사회 구조를 다뤘으니 이제는 지리적 상황을 고려해보자. 우리는 특정한 지리적 상황이 반란과 상관관계가 있는지 조사하려고 했다. 가장 그럴듯한 생각은 안전한 피난처에 대한 것으로서, 삼림과 산악이 지형적으로 반란군들을 돕는 것이었다. 삼림의 문제는 상대적으로 측정하기 쉽다. 그래서 유엔식량농업기구(FAO)가 국가별로 발표하는 삼림에 관한 수치를 조사했지만 어떤 영향력도 찾을 수 없었다. 그러나 산악에 관한 수치는 없었다. 국가별로 가장 높은 산과 같은 대략적인 대용변수는 있었지만 반란군이 실제로 유용하게 여길 만한 점은 빠져 있었다. 그들이 원하는 것은 에베레스트 산 정상에서의 휴식이 아니라 정부군이 찾을 수 없는 험악한 지형이었다. 우리는 산악 지형을 전공한 지리학자를 찾아 그에게 산악 지형의 비율에 관한 정량적 지수를 모아줄 것을 요청했다. 그리고 이 지수를 사용해 우리는 산악 지형이 내전에 위험하다는 것을 발견할 수 있었다.

마지막으로 이젠 정치로 들어가보자. 우리는 사회 과학에서 쓰이는 다양한 변수를 사용했지만 가장 많이 사용되는 폴리티 IV에 중점을 두었다. 이미 설명한 것처럼 저소득 사회의 민주주의와 고소득 국가의 독재 정치는 위험하다는 점 외에는 다른 영향력을 찾을 수 없었다. 많은 이들이 폭력적인 내부 분쟁은 정치적 억압의 결과라고 추측하지만 우리는 자료를 통해 이를 입증할 수 없었다. 물론 그렇다고 해서 압제가 정당하다는 것은 아니다. 압제는 정치적 권리를 무시하기 때문에 그 자체로 정의롭지 못하다. 하지만 압제는 사회를 더욱 위험하지 않게 만들 수도 있었기 때문에, 나는 그 위험성을 중점적으로 천착했다.

이미 사용된 증거에 대해 생각하려면 통계를 해석해볼 필요가 있다. 통계적 증거를 고려했을 때 믿기 어려운 해석도 있지만 내 설명이 틀릴 수도 있다. 그 점을 고려해서 나는 '타당성 가설(feasibility hypothesis)'을 제안한다. 타당성 가설은 내전을 이해하기 위한 실마리로, 반란의 동기보다 반란의 발생 과정에 주목하는 것을 의미한다.

왜 반란 세력에 주목해야 할까? 반란 세력은 친정부에 대한 편견을 가지고 있는가? 반란 세력에 주목하는 것은 내전 발발을 규정하는 것이 반란이라는 행동이기 때문이다. 코스타리카와 아이슬란드를 제외한 모든 정부가 군대를 갖고 있기 때문에 군대의 존재 유무는 결정적인 특성이 아니다. 때때로 정부군이 힘없는 국민을 공격하기도 하는데, 이는 내전이 아닌 대학살이다. 내전 발발의 결정적인 특성은 정부군이 독점하고 있는 물리력이 자체 군대를 갖춘 민간 조직으로부터 도전을 받는다는 점이다. 어떤 정부도 자신의 국토에 민병대의 존재를 허용할 수 없고, 정부군이 먼저 발포한다 해도 반란군의 탄생은 전쟁을 의미한다.

내전이 왜 일어나는지에 관심이 집중됐기 때문에 반란 세력이 군대를 조직하는 동기가 무엇인지에 초점을 맞추는 것도 자연스러운 일이었다. 나 역시 〈욕심과 불만을 넘어서(Beyond Greed and Grievance)〉라는 논문을 통해 불만이 반란군의 동기라는 일반적인 입장을 의심하며 욕심 때문에 그럴 수도 있다는 점을 제안했고, 이어 동기에 대해 조사했다. 동기에 기반한 설명을 개선하는 연구였지만 이젠 그 관점을 넘어서서, 반란에 대한 중요한 통찰은 **왜** 일어나는 것인지를 묻는 것이 아니라 **어떻게** 일어나는지를 묻는 데에서 얻을 수 있다고 생각한다. 일반적으로 반란이 내전 규모로 커지기는 그리 쉽지 않다. 평균적으로 내전은 7년 정도 지속된다. 그럴 경우 반란 세력은 대규모 피아 살육전을 치르며 몇 년 동안은 살아남아야 한다. 이 정도 수준의 반란이 발생하려면 두 개의 장애물을 넘어서야 한다. 첫 번째 장애물은 총기 구입과 군인들에게 지급하는 자금이다.

사람들은 반란이 정치적 시위의 한 형태라고 생각한다. 사람들이 투표할 수 없을 때 싸운다는 것이다. 하지만 중간 크기의 반란 세력과 주요 정당의 재정을 비교하면서 깨달은 것은 반란이 정치적 저항의 한 형태가 아니라는 점이다. 내가 선택해서 분석한 반란 세력은 스리랑카의 타밀 호랑이 반군이었다. 다른 반란 세력과 비교할 때 이들에게 별다른 특징은 없다. 그들이 활동하는 스리랑카 북동쪽은 값비싼 천연자원이 있는 곳도 아니다. 다만 그들의 재정 상태가 잘 연구되어 있기 때문에 이들을 연구 대상으로 삼았을 뿐이다. 대부분 외국에 있는 타밀족이 제공하는 것이지만 그들의 연간 수입은 3억 5000만 달러 정도로, 이는 북동스리랑카 GDP의 28퍼센트 수준이다.

야당을 고를 때는 부유한 사례를 찾았다. 내가 고른 영국 보수당은 역사적으로 제일 오래된 데다 가장 성공한 정당 중 하나로 쉽게 재정적 지원을 받을 수 있다. 재정이 상대적으로 넉넉한 가운데 선거를 치른

2005년을 분석 대상으로 택했다. 타밀 호랑이 반군에 대한 정보보다 상대적으로 찾기 쉬웠던 영국 보수당은 5000만 달러의 수입이 있었다. 그렇다면 세계적으로 재정적 지원이 좋은 야당도 중간 크기 반란 세력의 7분의 1 정도 수입을 거둔 셈이다. 타밀 호랑이 반군의 세입이 반군이 지배하려는 지역 GDP의 28퍼센트인 점을 감안하여 환산하면 타밀 반군 세입의 7분의 1 수준인 영국 보수당의 수익은 영국 전체 세입의 1만 분의 1밖에 되지 않는다. 정치적 반대파에서 민간 군대로 변하기 위한 길목에는 재정적 방해물이라는 절벽이 있다. 반란을 일으키고 싶어 하는 많은 집단이 동기에 상관없이 필요한 돈을 모으기는 힘들다.

두 번째 장애물은 군대다. 만약 젊은 남성들로 이루어진 작은 단체가 무장하고 정부군을 상대하면 시민을 겨냥한 테러 단체로 여겨져 죽게 된다. 그들은 군사적으로 약한 정부를 상대했을 때만 살아남을 확률이 생긴다. 자이르의 반란군 지도자인 로랑데지레 카빌라는 모부투 대통령이 군대를 포함한 정부의 모든 기관을 망쳐놓은 덕분에 오랫동안 살아남을 수 있었나.

그렇다면 타당성 가설은 무엇인가? 반란 발생 과정을 설명하는 데 있어 반란 가능성을 규정하는 환경과 비교할 때 동기는 중요하지 않다는 것이다. 나로서는 별로 인정하고 싶지 않지만 진실에 가까울 수 있는 이 가설은 반란의 가능성이 있는 곳에선 결국 발발하게 된다는 사실을 설명해준다. 동기는 다를 수 있지만 어떤 사회적 모험가가 반란자의 자리를 차지할 것이다. 내전은 정치학과에서 많이 다루기 때문에 동기 또한 정치적으로 해석된 경우가 많다. 때로는 정치적 동기가 사회적 정의에서 일탈하는 경우도 있다. 정의롭게 보이는 반란마저도 의심스러울 경우가 있는 것이다.

수단의 서부지역 다르푸르에서 일어난 반란을 살펴보자. 수단 정부는 상당히 엄혹했고, 분쟁 중의 행태도 잔인했다. 하지만 다르푸르 반란을 자극한 것 중 하나는 남쪽에 위치한 반란 세력이었다. 그곳에서 북쪽 정부와 맞선 수단인민해방군(SPLA)은 6년 동안 평화를 유지한다는 약속 아래 새로운 정부를 세우고, 석유 수익의 상당 부분을 받으며, 원조국으로부터도 상당한 지원을 받을 수 있었다. 하지만 거래가 체결된 지 얼마 안 돼 SPLA를 위해 싸우던 다르푸르의 파견단은 귀대하자마자 반란을 일으켰다. 지도력만을 얻기 위해서라면 반란이 매력적으로 보일 수도 있다는 점을 당신도 깨달았을 것이다. 반란군의 지도자가 대통령이 되고 나머지는 장관이 되는 등 분리 독립은 그 나름의 보상이 있다. 물론 다르푸르 사람들이 겪는 잔혹한 고통이란 측면에서는 이 반란이 정당화될 것이다. 하지만 다르푸르 사람들을 위한 반란의 결과는 대재앙이었다. 즉, 예상 가능한 어떤 시나리오보다도 훨씬 흉악했다. 반란 지도 세력이 자신들의 행동이 초래할 결과를 잘못 판단했거나, 아니면 다르푸르 사람들의 행복을 위한 진정한 동기가 아니었다. 정부가 최근 협상을 위해 반란 세력들을 모으려 했을 때 반란 세력의 핵심 조직은 이를 거부했다. 협상을 거부하는 것이 어떻게 다르푸르 사람들의 이익을 위한 것인지 이해하기는 어렵다.

때로 반란은 웨이코나 존스타운의 사이비 종교 집단처럼 종교적 동기를 지니지만 폭력은 대부분 외부로 표출된다(미국 텍사스에 위치한 웨이코, 가이아나에 위치한 존스타운에서 사이비 종교의 집단 자살이 있었다-옮긴이). 많은 신병들에게 반란의 동기는 폭력을 유혹하기도 한다. 일반 사회에서 정신병자는 극히 소수에 불과하지만 신병들은 반란 대열의 최전선에 설 가능성이 크다. 때로는 성적 동기 부여가 있을 수도 있다. 우간다의 '신의 저항군(LRA, Lord's Resistance Army)' 지도자 조지프 코니(Joseph Kony)는 젊은이들에게는 꿈이나 다름없는 60명의 부인을 거느리고 있는 것으로 알려져 있다.

통계학적 결과는 타당성 가설을 입증하지 않지만 이전 결과와는 일치한다. 나는 그 결과를 이용해 반란이 쉽게 일어날 곳과 그렇지 않을 두 가상 지역의 분쟁 위험을 실험해봤다. 반란의 가능성을 비교할 만한 특성 다섯 가지만 달리했다. 산악이 반란군의 피난처가 되기 때문에 한 지역은 산이 많고 다른 지역은 평지였다. 반란 세력은 젊은 남성을 필요로 하기 때문에 한 곳은 젊은 남성의 비율이 높고 다른 곳은 비율이 낮았다. 인구가 적은 나라는 안보에 관해서 규모의 경제를 누리지 못하기 때문에 두 지역 모두 인구가 5000만 명이지만 한 곳은 국가가 하나고 다른 곳은 각각 1000만 명의 인구가 있는 다섯 개의 국가로 이루어져 있었다. 자원 수출은 반란에 재정적 도움을 주기 때문에 한 곳은 천연자원 수출에 의존했고 다른 곳은 아니었다. 또, 한 곳은 프랑스 지배를 받았던 아프리카 지역이어서 프랑스의 보호 아래 있었고 다른 곳은 아니었다. 이외의 다른 모든 조건이 같았고 분석 과정에서는 모든 국가의 평균으로 맞추었다. 그리고 나서 두 나라의 위험을 비교했다. 반란이 일어나기 쉬운 지역은 5년 동안 5개국 가운데 하나 이상에서 분쟁을 겪을 위험이 99퍼센트였다. 그 지역은 기본적으로 너무 위험해서 끊임없이 분쟁을 겪어야 했다. 반란을 일으키기 어려운 지역의 위험성은 1퍼센트도 되지 않았고, 100년 동안 폭력을 겪을 위험이 거의 없었다.

두 지역의 차이가 심하긴 해도 결정적인 증거는 아니다. 내가 지역 간 차이를 두기 위해 사용한 특성은 동기로써 설명할 수도 있다. 예를 들어, 산악이 반란의 위험을 증가시키는 것은 반란 세력의 피난처가 되기 때문이라고 해석했다. 산악 지대에 사는 사람들은 일반적으로 같은 국가 안의 다른 지역에 사는 사람들보다 가난한데, 그에 대한 불만으로 산에서 쏟아져 내려올 수도 있다. 다른 해석 방법을 무시하고 싶진 않지만 정치 체제와 같이 불만과 관련된 특성은 위험에 차이를 주지 않는다. 하지만 타당성 측면에서 그럴듯한 해석을 갖는 특성들은 매우 큰 영향이 있다.

내전이 성취하는 것은 무엇인가? 당연히 전쟁은 사람을 죽고 다치게 한다. 사상자의 대부분은 전투가 아니라 질병 때문에 죽는다. 대규모 피난은 자연 면역이 없는 곳으로 사람들을 움직이게 하고, 공공 보건 시스템이 무너진다. 전쟁이 끝난 후에도 질병은 지속되기 때문에 사망자가 생긴다.

전쟁은 경제에도 악영향을 미친다. 국가 경제를 파괴할 뿐 아니라 이웃 국가의 경제에도 피해를 준다. 이러한 영향은 지속력이 상당해서 전쟁이 끝난 후에도 경제적 손실을 끼친다. 내가 추측하기엔 최빈국에서의 일반적인 내전은 2년간의 국가 소득을 잃는 것과 같아서 200억 달러 정도의 경제적 피해를 준다. 내 추정이 과장된 것처럼 보이지만, 이는 아주 과소평가한 수치다.

이 비용은 폭력적인 내부 분쟁이 세계에서 가장 가난하고 혜택받지 못한 사람들에게 불균형적으로 영향을 준다는 사실을 고려하지 않은 것이다. 가난한 사람의 1달러는 잘사는 사람의 1달러보다 가치가 더 높게 평가되어야 한다. 10억 인구가 사는 최빈국 사회의 일반 국민과 개발 도상국의 일반 국민의 소득 차이는 1대 5다. 게다가 최빈국들 안에서도 소득은 크게 차이가 나는데 최근 분쟁을 겪은 나라는 최하위에 있다. 전쟁을 치를 가능성이 높은 곳은 이미 가난할 뿐만 아니라 가난에서 벗어날 가능성이 별로 없다. 속도가 느린 성장이 폭력적인 분쟁의 의미 있는 위험 요인이기 때문에 폭력을 겪을 가능성이 큰 나라는 성장이 가장 느린 지역에 속한다.

비용에 대한 내 예측은 평화가 성장의 기본이라는 사실도 감안하지 않았으므로 평화의 부재는 다른 잠재적 개입 요인들까지 무력화한다. 전쟁 상황에서는 어린이들에게 예방 접종을 하거나 항종양 바이러스 치료제를 지속적으로 제공하는 것이 거의 불가능하다. 이처럼 전쟁은 범지구적 공공 서비스의 제공에 취약점을 만든다. 예를 들어 국가별로 추진된 캠페인으로 천연두는 지구 상에서 사라졌는데, 이는 분명 시간과의 싸움이었다. 모든 곳에서 퇴치되지 않으면 다시 세계적 질병이 될 가능성이 있었다. 지구에서 천연두가 마지막으로 퇴치된 곳은 1970년대 소말리아였다. 지금이라면 소말리아는 전쟁 때문에 출입이 통제되어 천연두 근절이 불가능했을 것이다. 그러므로 평화 유지는 다른 개입이 가능하도록 가장 먼저 이루어져야 할 투자다. 이를 전문적인 경제학 언어와 공식으로 치장하는 것도 가능하다. 금융경제학자들은 이제 선택권의 가치를 계산한다. 은행 예금과 같은 유동 자산의 실제 이윤은 또 다른 투자 기회를 잡을 수 있기 때문에 이자의 이윤보다 높다. 평화 역시 투자 가치가 있다.

최종적으로 난 세 가지 범지구적 파급 효과, 즉 범죄, 전쟁, 테러리즘을 감안하지 않았다. 대규모 정치 폭력과 그로 인한 국가 파괴는 국제적 범행을 저지르는 데 상대적으로 유리한 지역을 창출한다. 그곳은 범죄자들과 마약 등 불법 제품을 보관하는 안식처로 제공된다. 마약 생산지의 95퍼센트가 내전이나 분쟁을 겪은 곳에 집중되어 있다. 또한 내전은 공공 보건 체계의 파괴와 난민의 대이동으로 인해 질병 확산에 알맞은 상황을 제공한다. 이러한 질병 확산은 이웃 국가는 물론 전 세계에 영향을 줄 수도 있다. AIDS가 내전에서 비롯됐다는 사실은 이미 어느 정도 증거로 뒷받침됐다. 마지막으로, 내전은 테러리즘을 돕는 것으로 나타났다. 알카에다가 아프가니스탄에 훈련 캠프를 세운 것은 공인된 정부가 존재하지 않는다는 점이 편리했기 때문이다. 비슷한 이유에서 미국 정부가 공인된 정부가 없는 상태에서 소말리아를 떠나기로 결정한 것은 알카에다가 이곳으로 들어올 계획이 있다는 증거를 고려했을 때 너무 위험한 결정이었다.

이 모든 점을 따져봤을 때 우리는 이런 형태의 정치 폭력 비용이 매우 어마어마하다는 것을 깨닫게 됐다. 만약 건강한 정치 변화로 이어진다 해도 그에 따른 궁극적 이익이 엄청난 비용을 치를 만한 가치가 있는 것인지 살펴봐야 한다. 하지만 내전의 결정적인 비극은 어떠한 정치적 유산도 남기지 않는다는 것이다. 만약 폴리티 IV 지수를 사용하면 내전은 상황 개선이 아닌 악화로 이어질 것이다. 오히려 우리가 앞서 살펴본 것처럼 내전의 유산은 또 다른 내전이다.

타당성 가설이 맞다면 동기를 유발하는 문제를 다룸으로써 폭력 분쟁을 저지할 수는 없지만 분쟁 발생 자체를 어렵게 함으로써 막을 수 있다는 강력한 함의를 보여준다. 반란이 쉬운지 어려운지는 반란 세력이 총과 돈을 얻을 수 있는지와, 국가가 효과적으로 그들에게 대응할 수 있는지에 달려 있다. 반란에 사용되는 총과 돈에 대한 재정적 후원은 내전을 겪는 사회 외부에서 제공된다. 국가의 유효성은 개발 수준에 따라 증가한다. 이런 결과는 국제 사회가 전쟁 발생 횟수를 줄이는 데 고려할 점을 제공한다. 현재 반란 세력에 제공되는 총과 돈을 축소함으로써 반란 조직을 압박하고, 개발을 가로막는 방해물을 제거할 수 있다.

국제 사회가 반란을 말려야 할까? 체 게바라의 상징과도 같은 포스터가 처음 나왔을 때 나는 학생이었다. 우리 세대에게 개발 도상국의 무력 항쟁을 지지하는 것은 독립운동에 대한 지원의 자연스러운 연장선이었다. 하지만 식민주의로부터 독립하는 일과 반란은 같은 것이 아니다. 전자는 외부 압제자로부터 사회를 통합하지만 후자는 사회 자체를 분열시킨다. 뿐만 아니라 무력 투쟁은 개발과 역행하는 것이다.

제6장

쿠데타: 비유도 미사일

정치 폭력의 한 기술이라 할 쿠데타는 이 책에서 중요한 역할을 맡고 있다. 정치 폭력과 관련된 잔인한 매력은 대부분 애호가들에 의해 무력 투쟁으로 불리는 반란에 주로 집중됐다. 내전의 결과는 너무 비참하기 때문에 반란은 가능한 한 빨리 역사 속으로 사라져야 할 것이다. 하지만 쿠데타는 전혀 다른 문제다. 쿠데타에 의해 제기되는 도전은 반란을 제거하는 것이 아니라 활용하는 것이다. 쿠데타는 무력 투쟁이 성취하려는 것을 해낼 잠재력이 있지만 그 가능성은 거의 없다. 하지만 내가 설명하려는 것은 쿠데타에 대한 찬가가 아니다. 지금까지 대부분의 쿠데타는 끔찍했다. 그래도 한번 살펴보자.

당신이 최빈국들 중 한 나라의 대통령이라고 가정해보자. 일반 국민들의 삶은 여전히 어렵지만 다행히 국가가 당신의 삶을 놀랄 만큼 편안하게 해줬다. 선진국 대통령들은 임기가 끝날 때까지 기다렸다가 베스트셀

러가 될 회고록을 써야 한다. 성공한 개발 도상국이라도 정치권력은 부(富)로 쉽게 이어지지 않는다. 세계에서 가장 성공적으로 변한 국가 중 하나인 말레이시아의 마하티르 빈 모하마드 전 총리(Mahathir bin Mohamad, 1981~2003년에 총리로 재임—옮긴이)는 수년이 지난 지금도 부유하지 않다. 그런가 하면 아프리카에서 가장 경제적으로 성공한 나라인 보츠와나의 전 대통령 케투밀레 마시르(Ketumile Masire)는 자신이 파산할지도 모른다는 두려움에 퇴임했다. 하지만 최빈국 사회에서 대부분의 정치 지도자들은 임기 동안 부를 축적하는 오랜 전통을 갖고 있다. 보고 싶은 책을 마음껏 볼 수 있는 퇴임 이후를 염두에 두기보다는 권력을 잃는 것을 더 겁낸다. 그 두려움이 어느 정도인가 하면 공공 의식이 높은 모 이브라힘(Mo Ibrahim, 수단 출신의 기업가이며, 아프리카 최대의 통신 업체인 셀텔 창업자. 이브라힘 재단을 설립해 2007년부터 아프리카 퇴직 원수를 상대로 이브라힘상을 주고 있다—옮긴이)이 자율적으로 퇴직하는 아프리카 대통령에게 500만 달러를 상금으로 주겠다고 제안했다. 앞으로 시간이 흐르면 이 상금이 아프리카 국가 지도자들의 행동 패턴을 바꿀 것이다.

대다수의 대통령이 선거 과정에서 겪는 위협에 대처하는 방법을 깨달았다는 것을 상기해보자. 몇 년마다 선거를 치러야 한다는 것은 새벽에 대통령이 진땀을 흘리며 깨어나는 것만을 의미하지 않는다. 역설적으로 대통령들이 두려워하는 것은 국가의 안보를 지켜야 할 시스템인 자신의 군대가 일으키는 쿠데타다. 식민지에서 독립한 이래 아프리카에서는 성공한 쿠데타가 거의 매년 두 번꼴로 일어났다. 선거와 달리 쿠데타는 시간에 구애받지 않고 낮과 밤 상관없이 일어날 수 있다. 그리고 다행스럽게 대통령이 피신할 수도 있겠지만 그러지 못할 수도 있다. 라이베리아의 새뮤얼 도(Samuel Doe) 대통령을 무너뜨린 쿠데타 지도자들은 그를 고문해서 죽였을 뿐 아니라 고문 장면을 기록한 동영상까지 남길 정도였으니 다른 대통령들이 두려워하는 것은 당연하다. 여기서 설명할 연구는 대통령들이 주목할 만한 내용으로, 베네딕트 고데리스(Benedikt Goderis)와 앙케 회플러가 합류한 공동 연구다.

쿠데타가 일어날 가능성은 대통령들에게 당연히 큰 관심사일 것이다. 만약 쿠데타가 독재 정치만 위협한다면 이는 분노할 것이 아니라 독재자들을 축출하는 유일한 방법이 될 수도 있다. 물론 민주주의 체제가 쿠데타 위협을 받는다면 이는 전혀 다른 문제다. 쿠데타가 독재자를 대체한다 해도 경제학자인 내 머릿속에 가장 먼저 떠오르는 생각은 '비용이 많이 든다'는 점이었다. 내전을 치를 경우 좁은 의미에서 소득이 없어지는 것과 넓은 의미에서 다수의 사망자와 사회적 결속력 약화 현상 등을 겪는 것을 고려하면 상당한 비용이 드는 것은 분명하다. 하지만 그 이유는 내전이 장기간 지속되는 데다 매우 파괴적이고 대부분 결판이 잘 나지 않기 때문이다. 쿠데타는 남성의 국부를 가격하는 것처럼 나쁜 정부를 쫓아내는, 값싸고 효과적인 방법일 수 있다. 나는 이 같은 예상을 토대로 조사하기로 결정했다. 이쯤에서 대통령들이 불쾌감을 못 이기고 내 책을 던져버릴 수 있으니 쿠데타를 방지하는 요소에 대해서도 뒤에 설명할 것이다. 혹시 독자 가운데 인내심이 부족한 대통령이 있다면 이 부분은 건너뛰어도 좋다.

쿠데타 비용을 알기 위한 첫 작업은 쿠데타가 경제 성장에 미치는 영향이다. 우리는 쿠데타가 일어난 해에 소득이 3.5퍼센트 정도 하락하지만 몇 년 내에 다시 정상으로 돌아온다는 명확하면서도 직접적인 효과를 발견했다. 그래서 후유증까지 고려할 때 쿠데타 비용은 1년 소득의 7퍼센트 정도 되지만, 이는 빙산의 일각에 불과하다는 사실을 깨달았다.

경제학자들은 정치적 불안정이 경제에 해를 끼친다는 것을 발견했는데, 쿠데타는 불안정의 중요한 형태일 수 있었다. 게다가 쿠데타에 드는 비용도 문제지만 쿠데타에 대한 두려움도 문제일 수 있다. 쿠데타 가능성이 큰 국가에는 투자자들이 몰리지 않을 수 있다. 쿠데타의 위험을 조사하기 위해 우리는 이 위험부터 예측해야 했다. 그 과정을 통해 국가가 쿠데타를 겪게 되는 요인을 발견했다. 그리고 이 위험을 경제 성장에 대한 분석에 포함해 쿠데타가 경제 활동을 감소시키는지 확인했지만 큰 영향력을 미치지는 않는다는 것을 발견했다. 그렇다고 해서 영향력이 전혀 없다는 것은 아니지만 아마 큰 영향을 주지는 않을 것이다.

정부를 교체하는 비용이 1년 소득의 7퍼센트 정도라면, 이는 싼 방법은 아니지만 정부가 형편없어 더 나은 정부를 원할 때 꽤 괜찮은 거래라 할 수 있다. 이라크인들이 사담 후세인을 쫓아내기 위해 1년 소득의 7퍼센트를 내는 대신 이라크 전쟁을 피하길 원했을까? 짐바브웨인들이 무가베 대통령을 몰아내기 위해 돈을 지불하고 경제 붕괴와 대규모 이주라는 참사를 피하고 싶었을까? 이것이야말로 쿠데타와 반란의 중요한 차이점이다. 내전으로 이어지는 반란은 사회로부터 높은 비용을 요구하기 때문에 그다지 바람직한 것은 아니라고 생각한다. 무장 투쟁은 낭만적으로 보이지만 대개 위협적인 존재다. 만약 정부와 반란군이 모두 나쁘다면 국제 사회가 중립을 지켜야 한다는 주장도 있는데 나는 강력히 반대한다. 반란군이 정부보다 더 좋지 않다면 반란으로 정부를 전복하는 과정에서 드는 비용이 너무 크므로 반란은 장려되지 말아야 한다. 논쟁이 전쟁이냐 평화냐의 문제일 때 중립을 택하는 것은 부적절하다. 하지만 쿠데타는 또 다른 문제로, 그것이 통치 체계를 향상시킬 수 있는지의 여부에 따라 정해져야 할 것이다.

쿠데타가 상황을 개선시킬 방법을 생각해내는 것은 쉽고 때로는 실제로 개선되기도 한다. 쿠데타의 압박 자체가 정부를 억제할 수 있다. 한 예로 최빈국들 가운데 하나인 세네갈에서 2000년에 있었던 선거에 현직 대통령이 물러나고 새로운 대통령이 당선됐다. 현직 대통령은 자리에서 물러나지 않으면 쿠데타를 일으키겠다고 군부가 선언해서 선거 결과를 받아들일 수밖에 없었다. 몇 개월 전 코트디부아르에서 성공한 쿠데타 소식에 세네갈 군부가 용기를 얻은 것이다. 그 상황에선 한 나라의 쿠데타가 이웃한 다른 국가의 민주주의 과정의 안전장치였다.

쿠데타는 정부가 제대로 일하도록 다그칠 뿐 아니라 극단적 상황에선 제대로 일을 못하는 지도자를 대체하는 방법일 수도 있다. 2005년 모리타니의 엘리 울드 모하메드 발(Ely Ould Mahamed Vall) 대령은 돌발 쿠데타를 일으키면서 자신이 후보로 참여하지 않는 깨끗한 선거를 치르겠다고 약속했는데 실제로 그 약속을 지켰다. 엄정하게 실행된 선거는 현 정부가 자리 잡도록 이끌었다. 하지만 불행하게도 형편없는 지도자들을 대체하는 좋은 쿠데타도 정치 체제를 타락시키는 경우가 있다. 에티오피아의 하일레 셀라시에(Haile Selassie) 황제는 자신에게 권력이 집중되도록 정치 체제를 바꿨다. 1974년에 그는 세계에서 가장 가난한 나라를 매우 무능력하게 통치하는 80대 황제였다. 셀라시에를 방문한 전 고문 존 스펜서(John Spencer)는 너무 놀라서 6주 내에 쿠데타가 일어날 것으로 예상했다. 아니나 다를까, 바로 다음 날 쿠데타가 일어났다. 처음엔 황제를 제외한 모든 사람들에게 좋은 변화였다. 존경받는 장군이었던 아만 안돔(Aman Andom)이 황제 대신 권좌에 올랐는데, 그것이 이야기의 전부가 아니었다. 노년의 황제보다 더 좋은 업적을 이루는 것은 쉬웠겠지만 쿠데타는 멩기스투 하일레 마리암(Mengistu Haile Mariam) 대령이라는 더 큰 재앙을 불러왔다. 첫 쿠데타를 일으킨 장군은 다음 쿠데타에 축출됐고, 새로운 지도자는 끔찍한 전쟁을 치르는 바람에 에티오피아를 세계에서 가장 억압된 나라로 만들면서 경제까지 파괴했다.

더 끔찍한 것은 나쁜 통치를 대체하려는 방편보다 군부의 기회주의적 욕심이 쿠데타를 유발한다는 것이다. 민주주의 체제인 상투메프린시페에선 석유가 발견된 지 얼마 지나지 않아 군이 쿠데타를 시도했다. 감비아에서는 술 취한 군인 몇 명이 봉급 인상을 요구하러 대통령 관저에 갔다가 보안이 허술한 점을 발견하고 다우다 자와라(Dawda Jawara) 대통령을 몰아내려는 심야 쿠데타를 감행했다. 2006년 타이의 쿠데타는 민주적으로 당선된 정부를 전복시켰지만 국민들에게 다시 투표권이 주어졌을 때 재신임됐나. 우선 우리는 나쁜 정부에 대한 내응책으로서의 쿠데타가 저렴한 비용으로 고려할 만한 것인지 아니면 욕심 많은 총잡이들의 위협인지를 분석해야 할 것이다. 먼저 쿠데타에 대해 걱정이 많은 대통령이 읽고 싶어 할 만한 부분에 대해 설명하고자 한다.

대통령 나리들, 이제 여기부터 다시 읽으면 된다. 나는 쿠데타를 결정하는 요인이 무엇인지 조사할 것이다. 내가 사용하는 방법은 평소와 같이 쿠데타에 대한 자료를 최대한 모은 다음 통계학적으로 분석하는 것이다. 세계의 성공적인 쿠데타에 대한 기본 자료는 이미 수집돼 있다.

물론 이 자료도 좋지만 나는 애리조나 대학교의 정치학자 패트릭 맥고완(Patrick McGowan)이 새로 모은 자료를 발견했다. 그가 생각해낸 것은 성공한 쿠데타뿐만 아니라 시도조차 못하고 계획 초기 단계에 머물렀던 것까지 포함된 실패한 쿠데타를 기록하는 것이었다. 그의 자료들은 아프리카에 국한된 것이었지만 그래도 실패한 쿠데타 계획들과 시도들, 또 성공한 쿠데타의 많은 사례들을 포함하고 있었다. 우리는 모든 시도가 성공 여부를 떠나 어느 정도 계획을 거친 것이라고 생각했다. 이런 과정을 통해 분석한 결과, 무려 336건의 쿠데타 계획 중 191건이 시도됐고 82건은 성공했다. 이제 무엇에 의해 계획이 준비되고, 계획이 실행되고, 시도가 성공하는지 하나하나 설명할 차례다.

이 부분의 주목적은 쿠데타를 걱정하는 대통령이 권력을 계속 유지하도록 돕는 것이 아니라 쿠데타라는 정치 폭력 형태를 줄이기 위함이다. 이 과정에서 쟁점은 민주주의가 쿠데타의 발발 가능성을 줄이는가의 여부다. 다른 영향력을 제외했을 때 불행하게도 쿠데타는 적어도 독재 정치만큼이나 민주 정부에서도 일어나는 경향이 있었다. 내가 '적어도'라고 말하는 이유는, 압제가 심한 독재 정치는 쿠데타의 위험을 의미 있게 감소시켰기 때문이다. 쿠데타의 근거가 정당할수록 오히려 쿠데타가 일어날 가능성은 극히 낮았다. 우리는 왜 압제 체제가 정부를 더 안전하게 만드는지 확인했는데, 그것은 바로 계획을 미리 탐지하는 능력을 향상시켰기 때문이라는 것을 알게 됐다. 억압적인 정부는 다른 종류의 정부보다 쿠데타에 덜 노출됐는데, 이는 실행으로 옮기기 전에 계획이 중단된 경우가 많았기 때문이다. 사전 탐지를 위해 압제 체제는 고문, 협박, 정보 요원들과 첩보원들을 이용했고, 이 방법이 유용하다는 사실이 알려지면서 독재자들이 이 방법을 열광적으로 사용했다. 이는 헤로도토스의 고대 그리스 시대처럼 반대파가 될 만한 사람을 선제공격하여 제거하는 것을 의미했다. 쿠데타가 걱정스러운 대통령은 이 책을 잠깐 내려놓고 침대 머리맡 수첩에 군사 정보 취득을 위한 재정을 늘려야겠다고 적어둬야 할 것이다.

쿠데타의 꽤나 불안한 두 번째 특성은 에티오피아처럼 쿠데타가 한번 일어나면 연이어 일어난다는 것이다. 아프리카에서 쿠데타를 경험할 위험의 기준치는 연 4퍼센트다. 그러나 한번 쿠데타가 시도되었을 때 후속 쿠데타가 이어질 가능성이 상당히 높아지는데 쿠데타 시도 후 1년 이내에 또 다른 쿠데타가 이어질 가능성은 10퍼센트에 이른다. 안돔 장군이 정부 권력을 가로채며 사용한 것과 똑같은 논리로, 멩기스투도 안돔으로부터 정부를 빼앗는 것을 정당화할 수 있었다. 하지만 권력을 빼앗는 행동 자체는 자신의 합법성을 지킬 수 없게 만든다. 합법성의 부재보다 더 문제 되는 것은 쿠데타가 하나의 본보기가 될 수도 있다는 것이다. 비록 안돔 장군이 의도하시 않았지만, 그의 서사는 한 번의 용기 있는 행동으로 누추한 막사에서 화려한 대통령궁으로 들어갈 수 있음을 젊은 군인들에게 보여준 것이다. 안돔 장군은 아마 국익을 위해 취한 행동이라고 하겠지만, 멩기스투는 그보다는 덜 고상한 이유를 쿠데타의 동기로 삼았을 것이다. 그는 이내 빨간색 캐딜락을 타고 아디스아바바를 돌아다녔다. 만약 쿠데타가 현재 최고위직 인사들을 쫓아낸다면 이들을 제외한 모든 사람의 직급이 올라가기 때문에 새로운 쿠데타 지도자들이 동료들 사이에 지지를 받는 것은 어렵지 않다.

앞선 결과들을 종합해 고려해보면 쿠데타가 좋은 정부보다 정말로 나쁜 정부를 전복할 확률은 그다지 높지 않다. 게다가 쿠데타는 미래에 또 다른 쿠데타를 불러올 수 있고, 그때마다 비용을 치러야 할 것이다. 이쯤 되면 우리가 예상했던 것보다 쿠데타는 덜 매력적으로 보이기 시작한다.

그렇다면 종족 분열이 관련 있을까? 종족 분열은 아프리카의 독특함을 나타내는 드문 특성 중 하나다. 아프리카도 일반적으로는 범지구적 행동 패턴을 따른다. 하지만 다른 결과가 나타나는 것은 범지구적 패턴을 유발하는 특성들이 아프리카에서는 다르게 작동하기 때문이다. 하지만 민족성과 쿠데타에 관해서는 그렇지 않다. 세계적으로 우리는 종족의 양극화나 다양성에서는 쿠데타가 일어날 위험에 미치는 영향력을 찾을 수 없었지만 아프리카에서의 민족 양극화는 쿠데타의 위험을 크게 높인다.

쿠데타의 위험을 결정하는 요인은 또 무엇이 있을까? 내전의 위험처럼 경제도 중요하다. 국가가 가난하고 경제 성장 속도가 낮을수록 쿠데타가 일어날 가능성이 크다. 따라서 대통령이 경제 개발을 도모하는 정책을 펼친다면 그는 좀 더 안전해질 수 있다. 만약 대통령이 개인 이익을 챙기거나 한눈을 팔면 양질의 경제 정책은 시행되기 어려울 것이다. 원조를 통한 경제 효과도 있다. 역의 인과 관계의 가능성을 고려했을 때 원조를 GDP의 4퍼센트포인트 정도 늘리면 쿠데타가 일어날 위험은 3분의 1 정도 증가한다. 원조가 꿀단지 같아서 정부를 통치하는 것이 더 매력적으로 보이기 때문이다. 그래서 애초의 의도와는 달리 후원자들이 정부가 쿠데타에 봉착할 위험을 증가시켰을 수도 있다.

내가 쿠데타 걱정에 잠 못 이루는 대통령에게 힘이 될 만한 것을 찾아냈을까? 다행히 쿠데타는 최근 들어 발생 빈도가 줄고 있다. 대통령은 시간이 자기편이므로 억압 통치를 더욱 강화하면서 버티면 된다고 결론 지을 수 있다. 하지만 불행히도 대부분의 대통령들에게 시간의 효과는 역효과로 상쇄된다. 시간이 흐를수록 지도자가 권력을 계속 잡고 있으면 쿠데타 위험이 증가한다. 정치 지도자들은 꼭 필요한 사람이 되기보다는 한번 잡은 권력을 유지하려는 데 점점 심혈을 기울인다.

현직 대통령에게 시간의 흐름과 재직 기간은 상쇄적이다. 어느 특정한 해, 예를 들어 2008년에 오랫동안 권력을 잡은 대통령은 새로 집권한 대통령보다 쿠데타를 겪을 위험이 컸다. 28년간 집권한 무가베 대통령은 그 당시 최근 집권한 잠비아의 레비 무아나와사(Levy Mwanawasa) 대통령보다 유효 기간이 지났다는 것을 쉽게 알 수 있다. 이와 비슷하게 우리는 오랜 기간 집권한 두 명의 대통령이 제각각 다른 시기에 경험할 쿠데타의 위험을 비교할 수 있다. 2008년은 무가베 대통령이 집권한 지 28년째 되는 해이고, 토고의 냐싱베 에야데마(Gnassingbe Eyadéma) 대통령에게는 1995년이 그런 해였다. 1995년의 경우에 에야데마가 그토록 장기 집권한 것은 위험 속에 살고 있음을 의미했는데 역시 그는 저승사자들에 의해 한때 대통령궁을 떠나야 했다. 하지만 이제는 흐르는 시간 덕분에 무가베의 2008년은 에야데마의 1995년보다 훨씬 안전하다.

억압 통치와 경제 성장 외에 대통령이 쿠데타를 막기 위해 할 수 있는 것이 또 있을까? 학계에서 칭송받는 전략 중 하나는 군부를 여러 부대로 나누어 서로를 견제하고 점검하게 하는 것이다. 1982년, 케냐에서의 쿠데타 시도는 공군이 육군과 틀어지는 바람에 실패했다. 자이르에서는 모부투 대통령이 군부를 많은 부대로 나누는 바람에 서로 간에 소통이 단절돼 쿠데타를 계획하는 일조차 어려웠다. 하지만 안보 체계를 완전히 비효율적으로 만든 이 전략엔 그만큼의 비용이 뒤따랐다. 큰 나라임에도 불구하고 자이르는 이웃의 소국인 르완다의 침략으로부터 스스로를 지킬 수 없었다.

우리는 불행하게도 군부의 내부 구조에 대한 자료가 매우 적은 탓에 분할 통치 가설이 이해는 갔지만 실제로 실험해보기가 매우 어려웠다. 그러다가 육지로 둘러싸인 내륙 국가는 해군이 없는 까닭에 군부가 덜 분리돼 있어 쿠데타 시도가 성공할 가능성이 좀 더 크다고 생각하고 조사하기 시작했다. 내륙 국가에서 쿠데타 시도가 더 성공할 수 있다는 예를 찾긴 했지만 그 효과는 통계적 유의성이 거의 없었다. 하지만 통계 실험의 표준에 따르면, 이 실험의 표본 크기가 작았기 때문에 유의성 부족만 가지고 결론을 내리기 어려웠다. 내 추측은 분할 통치가 의미 있다는 것이었다. 이 모든 것을 알아챈 일부 대통령은 신이 나서 군부를 일곱 개의 집단으로 나누어 친척들이 각각 지휘토록 하고 있다.

이제 더 도움이 되는 방안을 찾아보자. 어느 대통령이라도 고려할 수 있는 간단한 방법이 바로 임기 제한을 도입하는 것이다. 1990년대 초 임기 제한은 점차 대유행이 돼갔다. 어느 나라에서는 현직 대통령이 4년 연임제에 동의했지만 소급 입법이 안 되는 바람에 8년을 더 집권할 수 있었다. 임기 제한을 적용하는 것은 쿠데타 위험을 절반으로 감소시키는 데 통계적으로 유의성이 있는 효과다. 임기 제한으로 무장한 1990년대의 현직 대통령들은 이전보다 훨씬 안전했다. 하지만 임기 제한에 따라 대통령으로 집권할 마지막 해가 다가올수록 대통령들은 딴생각을 하기 시작한다. 정말 물러나야 할까? 너무 무책임한 행동이 아닐까? 나야말로 꼭 필요한 존재인데? 결국 대통령들은 관직을 잃을까 두려워하는 아첨꾼들의 압력에 무거운 마음으로 굴복하며 임기 제한을 없애기 위해 개헌을 도모하기 시작한다.

대통령의 임기 제한을 없애는 일이 얼마나 어려운지의 여부는 그 사회의 헌법에 대한 방어 체계가 얼마나 잘되어 있는지에 달려 있다. 차드, 짐바브웨와 우간다 대통령들은 임기 제한을 성공적으로 없앴고, 러시아 푸틴 대통령은 총리직을 맡음으로써 교묘히 피해갔다. 잠비아, 나이지리아와 베네수엘라 대통령은 없애려다 실패했다.

임기 제한이 쿠데타 위험을 감소시키는 데 효과적이라는 증거는 현재까지 가장 고무적인 현상이다. 이는 쿠데타가 권력에 대한 최후의 저지 기능을 어느 정도 갖고 있다는 점을 시사한다. 하지만 임기 제한이 쿠데타의 위험을 감소하는 데 효과적인지는 임기 제한의 신용도에 달려 있다. 너무도 많은 대통령들이 임기 말까지 기다렸다가 임기 제한 조항을 없앴기 때문에 권력에 급급한 사람들은 그 대통령들에게 임기 제한이 단지 속임수가 아닌지 물어야만 한다. 임기 말에 임기 제한을 없애겠다면서 군부를 속인 대통령들에게 임기 제한제 채택은 실제로 임기를 줄이는 게 아니라 오히려 늘리는 비뚤어진 효과를 가져다주었다.

이 문제를 집중적으로 살펴보기 위해 무가베 대통령이었다면 이 모든 정보를 어떻게 받아들였을지 상상해보자. 그는 짐바브웨의 경제 붕괴 때문에 쿠데타 위험이 심각할 정도로 증가했음을 인지했을 것이다. 또한 그가 집권했던 28년이라는 시간이 카스트로나 카다피 대통령에 비교하면 짧지만 그래도 꽤 긴 시간이었다는 점을 알았을 것이다. 그러나 임기 제한은 고려하고 싶지 않으므로 마지막 남은 희망은 억압 통치다. 하지만 군부의 인내심은 그리 많지 않다. 그렇다면 쿠데타에 대한 걱정으로 가득한 대통령이 달리 할 수 있는 일은 무엇일까?

그는 국방 예산안의 규모를 관리할 수 있다. 만약 쿠데타가 일어날 가능성 때문에 걱정이라면 예산안을 줄일 수 있다. 하지만 어느 방향으로 바꿔야 할까? 만약 군이 위협적이라면 가장 안전한 방법은 예산안을 줄이는 것이다. 만약 각각의 장교가 나폴레옹이 될 가능성이 있다면 장교 수가 적을수록 대통령은 안전할 것이다. 하지만 반대로 군부가 많은 돈을 요구한다면 가장 안전한 방법은 돈을 내주는 것이다. 대통령은 두 가지 선택 가운데 무엇이 최선인지 갈팡질팡하게 된다. 이 순간에 그는 인터넷 검색을 고안했고 여러 답안을 찾게 된다. 처음에는 답안이 아폴론 신전의 신탁처럼 명확하지 않은 것처럼 보이지만 대통령은 답안을 점차 추려내게 된다.

대부분의 국가에서 쿠데타 위험은 대개의 경우 무시해도 좋을 만큼 작다. 만약 군부 지도자가 군인들의 인내심이 한계에 도달해 있다고 말하면 현명한 대통령은 적절히 대응할 것이다. 또한 쿠데타 성공 확률은 매우 낮아서 사려 깊은 장교라면 시도하지 않을 것이다. 실패할 확률이 더 높은 데다 실패했을 때 치러야 할 대가는 성공에서 얻는 것보다 훨씬 크다. 때문에 위협은 항상 믿을 만한 것이 못 된다. 대통령은 군부 없이도 아무 탈 없는 코스타리카를 예로 들면서 예산안을 자른다. 이와 같은 사례를 우리는 자료에서 찾을 수 있었다. 일반적인 쿠데타 위험 범위의 경우 국방 예산안의 수준은 위험에 영향을 주지 않고, 정부는 조금씩 증가하는 위험을 예산안을 자르는 것으로 반응한다. 만약 군부가 신경 쓰인다면 규모를 줄이는 것이 나았다.

하지만 쿠데타 위험엔 다양한 범위가 있다. 만약 위험이 크면 강탈 위협은 대개 믿을 수밖에 없다. 대통령은 쿠데타의 성공 가능성을 인지하면 그 위험을 해결하기 위해 돈을 지불하는 것도 괜찮다고 생각한다. 그러지 않으면 위험한 삶을 살 수밖에 없다. 하지만 그가 돈을 지불함으로써 군부가 원하는 대로 해준다면, 쿠데타가 일어날 위험이 줄어들어 다시 안전해진다. 이런 사실 또한 우리는 자료에서 찾을 수 있었다. 쿠데타 위험이 높은 경우 많은 국방 예산안은 쿠데타 위험을 감소시키고, 높은 위험에 처한 정부는 국방 예산안을 늘린다. 나는 이런 현상 자체가 엄청난 부당 취득이라고 생각한다. 군부는 마치 건달들처럼 정부를 상대로 돈을 갈취하기 위해 협박을 하는 것이나 다름없다.

경제학적 연구에서 얻은 '델포이 신탁'과 같은 수수께끼를 군이 해석한다면 대통령이 해야 할 것은 쿠데타 발생 위험이 높은지, 혹은 낮은지를 미리 알아내는 것이다. 만약 위험이 낮으면 대통령은 국방 예산안을 줄이고 화려한 예복을 차려입은 필요 없는 장교들에게 자신이 그들을 어떻게 생각하는지를 보여주면 된다. 하지만 위험이 높으면 국방 예산안을 늘리는 게 좋을 것이다. 군부를 위해 봉급을 올려주는 대신 보건 예산을 삭감함으로써 그는 원조국들로부터 비난받을 것이다. 무가베 대통령은 의심할 여지 없이 앞으로 쿠데타를 겪을 것이다. 즉 경제 붕괴, 장기 집권과 임기 제한에 대한 불신 모두 쿠데타의 위험을 증가시키기 때문에 그는 엄청난 곤경에 부닥칠 것이다. 결국 억압 통치와 군부에 대한 자금 지원만이 그가 택할 수 있는 최선의 방책이었다. 또한 그는 사전 조치로 경찰력을 두 배로 증강했다.

이제 쿠데타가 국가를 개선시키는지 파괴시키는지를 확인하는 어려운 문제를 다룰 차례다. 쿠데타가 저렴하지 않다는 것을 알지만 나쁜 정부를 몰아내는 유일한 방법이라면 유용할 수도 있다고 생각한다.

우리가 판단해야 하는 쿠데타 유산의 두 가지 측면은 정치적 결과와 정책적 결과가 있다. 우리는 표준적인 방법을 사용해 두 가지 특성을 조사하기로 했다. 정치 체제를 위해서 우리는 폴리티 IV 지수를 사용했고, 경제 정책을 위해서는 세계은행의 국가 정책과 기관 분석 자료를 사용했다. 제각각 한계가 있지만 쿠데타의 유산에 관해서는 괜찮은 방안이다. 쿠데타의 즉각적인 영향력이 불리해 보일 수 있지만 유산을 판단하기 위해서는 장기간 관찰해야 한다. 우리는 쿠데타 이후 상황을 5년 동안 매년 어떻게 바뀌는지 관찰하기로 결정하고 정치 체제를 바꾸는 성공적인 쿠데타에만 집중하기로 했다. 결과를 설명하기 전에, 긍정적이고 갑작스럽게 일어난 쿠데타의 효과가 어떤 것일지 생각해보자. 괜찮은 쿠데타라 할지라도 처음 몇 해 동안은 결과가 악화될 수 있지만 이내 빠르게 개선될 것이다. 우리는 체제 변화가 있은 지 5년 후에 국가 조직과 경제 정책 모두 논리적으로 상당히 개선되길 바랐다.

하지만 그런 희망은 입증되지 않았다. 쿠데타 직후 첫 몇 해 동안 정치 체제는 의미 있게 악화됐다. 또 5년이 지났지만 쿠데타 이전보다 상황은 좋아지지 않았다. 경제 정책도 마찬가지였다. 쿠데타 직후 3년 동안 급격히 악화되고, 5년째가 되어도 쿠데타 이전보다 좋지 않았다. 당신이 이전에 읽었던 내용을 기억한다면 성공적인 쿠데타의 유산 중 하나가 국방 예산 증가임을 알 것이다. 대통령들이 쿠데타를 막기 위해 국방 예산안을 늘릴 뿐만 아니라, 만약 쿠데타가 성공하면 예산을 늘림으로써 지지자들에게 포상한다. 경제 정책에 관한 세계은행 조사가 악화되는 것으로 나타날 만하다. 또 다른 쿠데타의 유산은 내전의 위험을 증가시킨다는 점이다. 그럴 경우 쿠데타의 정치적 유산은 특별히 인상적이지 못하다.

내가 미처 조사하지 못한 하나의 가능성이 있음을 고백한다. 실제로 쿠데타가 해로울 수 있지만, 쿠데타에 대한 두려움은 정치가들이 괜찮은 정책을 펼치게 할 수 있다는 점이다. 하지만 실험하기가 너무 까다로워서 아직 고려해보지 않았다. 정량적 분석은 차이에 의존한다. 쿠데타의 위험 차이는 정부 수행 능력 차이로 나타나야 한다. 하지만 인과 관계가 여러 방향으로 설명될 수 있어 설득할 만한 결과를 찾을 수 있을지 의심스럽고, 또 올바르지 않은 결과를 낳을 수도 있다. 하지만 군부에 대한 책임은 일반 국민을 위한 정부 수행 능력을 개선시키지 못하는 대신 정부가 일반 국민은 희생해가면서도 군대만을 위해 복무하게 한다.

만약 상황이 그야말로 절망적이면 쿠데타가 필요할 수 있다. 쿠데타는 때로 피를 흘리지 않고도 잔인하고 비합법적인 체제를 내쫓는 유일한 방법일 수 있고, 그런 상황에서 장교들은 행동을 취할 의무가 있다. 다른 방안은 대중 시위와 반란이다. 소득이 증가함에 따라서 독재 정치를 반대하는 대중 시위가 증가한다는 것을 상기해보자. 최빈국의 특징인 매우 낮은 소득 수준일 때 시위는 자주 발생하지도 않을 뿐 아니라 설령 일어나더라도 쉽게 진압된다. 반란은 비용이 많이 드는 데다 정치 변화를 꾀할 가치가 거의 없는 방법이다. 쿠데타가 양질의 통치를 유지하는 역할을 맡아야 하고, 점점 줄어들고 있다는 게 반드시 좋은 소식만은 아니다. 역사적 기록을 살펴봐도 별로 고무적이지 않다. 갑작스러운 국지적 공격이 때로 일어나기는 하지만, 그것은 장교들에 의한 것이 아니라 아마추어들이어서 제대로 성사시키지 못하는 경우가 더 많다. 지금까지 쿠데타들은 비유도(非誘導) 미사일과 같았다. 어쩌면 쿠데타는 지구 상에서 축출되기보다 유도 장치가 필요한 것 같다.

제7장

코트디부아르의 대붕괴

코트디부아르는 부정 선거, 쿠데타, 또 한 번의 쿠데타와 전쟁 등 대재앙에 가까운 붕괴 사태를 모두 겪었다. 하지만 이러한 사태를 겪기 이전까지는 아프리카의 기적으로 알려졌고, 과거 수도였던 아비장은 아프리카의 파리로 여겨졌다.

그곳의 붕괴를 이해하기 위해서는 '아이보리의 기적'이라 불리는 이전의 과정부터 살펴봐야 한다. 이전의 성공은 민주주의에 기반한 것이 아니라 독재자 펠릭스 우푸에부아니(Félix Houphouët–Boigny)의 비전에 의한 것이었다. 그의 전략은 위험했지만 아슬아슬하게 적용됐다. 그 과정에서 대통령은 수도를 자신의 고향인 야무수크로로 옮겼고 로마의 산피에트로 성당을 모델로 한 대성당을 그곳에 지어 로마 교황을 준공식에 초청하기까지 했다. 대성당 건축에 외국 원조도 이용됐기 때문에 원조국들은 공포와 비웃음의 중간자적 관점에서 견해를 표명했다. 하지만 역사적으로 국가 조직은 공동 정체성을 확립하기 위해 기념비적 건축물을 사용했다. 인류학자 콜린 렌프루(Colin Renfrew)는 영국의 스톤헨지도 그런 이유로 건축된 것이라는 의견을 제시했는데, 나는 공동체 의식을 갖도록 하는 것은 지도자들이 마땅히 해야 할 일이라고 생각한다. 하지만 대통령의 고향에 짓는 대성당이 종교와 종족으로 분열된 사회에 이상적인 상징물인지는 의문스럽다.

코트디부아르에서의 고위험 전략은 대부분 성공하지 못했는데, 현재 그 지역의 가장 다루기 어려운 개발 실패작 중 하나로 여겨진다. 그곳에서 일어났던 변화는 경제 쇼크, 선거, 무기, 전쟁과 쿠데타에 관한 이야기다. 우선 관리되지 않은 경제 쇼크로 시작한 붕괴는 선거로 복잡해졌고, 그 다음에 쿠데타가 일어났다. 그로 인해 일어난 내전은 무기를 갖기 위한 싸움으로 번져 국제 사회가 무기 수출 금지 조치를 취했지만 실패했다. 10년 사이에 코트디부아르에서는 이 책에 설명한 모든 상황이 일어났다. 이번 장에서 나는 프린스턴 대학교의 정치학자 제니퍼 와이드너(Jennifer Widner)의 연구를 주로 인용할 것이다.

1960년 프랑스로부터 독립한 이래 1980년까지 코트디부아르는 굉장한 성공을 이루었다. 우푸에부아니는 강력한 국가 기관이 민간 부문 성장을 도왔던 1950년대 프랑스를 모델 삼아 튼튼한 경제를 세우겠다는 포부를 가졌다. 이 전략은 당시 유행하던 사회주의 모델과는 확연히 다른 것이었다. 독립 당시 이웃 국가였던 가나의 대통령 콰메 은크루마(Kwame Nkrumah)는 표준적인 사회주의 모델을 채택한 가나가 10년 후엔 코트디부아르를 앞설 것이라며 내기를 제안했다. 하지만 결국 은크루마가 패했다. 1970년대에 들어 가나는 경제 및 정치적으로 파괴 상태에 이르렀고 그는 쿠데타로 쫓겨났지만, 코트디부아르는 안정적으로 번영했다.

성장 전략의 중점은 이민 정책이었다. 이민자들은 주인 없는 땅에서 코코아를 재배하고 살도록 장려됐다. 그로 인해 자원이 부족한 이웃 내륙 국가인 부르키나파소에서 대규모로 이민자들이 들어왔다. 1980년대 초반엔 노동 인력의 무려 40퍼센트가 이민자였다. 이 정책이 정치적으로 가능했던 이유는 우푸에부아니가 이민자들에게 어느 정도의 정치적 권리를 부여함으로써 그들의 지지를 받았기 때문이다. 오히려 코트디부아르 국민은 많은 세금을 냈는데, 정부는 이를 재원으로 지역 공직자들에게 임금을 주었다. 이런 시스템이 지속될수록 체제가 더욱더 안정되어 이민자들은 꼭 필요한 집단으로 성장할 수 있었다.

우푸에부아니 정부는 일당(一黨) 체제 덕분에 오래 유지할 것처럼 보였지만 그의 모험적인 전략은 결국 경제 쇼크로 인해 무너졌다. 1980년에 세계적으로 코코아와 커피 값이 하락했고 석유 가격은 폭등했다. 이어진 경제 위기는 부분적으로는 채무 때문이기도 했다. 1993년엔 국가 부채가 150억 달러에 달했다. 이만큼 빌려 썼는데도 불구하고 평균 소득은 3분의 1 수준으로 떨어지는 등 빈곤이 악화됐다.

정치 때문에 경제 문제는 더 복잡해졌다. 코코아에 부과되는 세금은 국제 가격보다 낮은 수준을 보장하기 위한 가격 안정 전략으로 위장됐다. 국제 코코아 가격이 누구도 예상하지 못한 수준으로 떨어졌을 때 코코아를 생산하는 이민자들은 세금을 내는 것이 아니라 오히려 보조금을 지급받게 됐다! 정치적 담합을 지속하기 위해 공무원 채용은 계속 증가했고, 이로 인해 민간 경제는 붕괴됐다. 1980년대에는 도시 노동자의

절반이 괜찮은 직업에 종사했지만 1990년대 초반에는 그 75퍼센트가
비정규직처럼 겨우 생계를 이어갔다. 도시 빈민은 점차 강력한 정치 세
력으로 자리 잡았다. 일자리가 고갈되고 수입이 줄어들면서 젊은 남성
들은 농토로 되돌아가야 할 처지가 됐다. 하지만 좋은 농지는 이미 이민
자들이 차지한 후였다.

1990년대 초, 우푸에부아니는 권력을 잡은 지 30년이 넘은 노인이었
지만 아직도 권력을 붙잡고 있었다. 그는 자리를 유지하기 위해 권력 승
계가 복잡한 구도를 만들어놓은 뒤, 1993년 12월 갑자기 숨졌다. 어느
정도로 복잡한 상황이었는가 하면 권력 승계 후보자들이 서로 싸우는
바람에 일주일이 지난 후에야 그의 죽음이 발표됐을 정도였다. 어떤 명
확한 규칙도 없는 상태에서 권죄를 차지하는 누구든 이어지는 도전에
직면해야 했다. 정치적인 명성을 얻고 싶은 사람은 반이민 감정을 악용
할 것이 불가피한 때였고, 결국 모두 그 방식을 택했다. 경제가 초토화
된 상태여서 절대적으로 개혁이 필요했고, 돈은 생기는 대로 빚을 갚는
데 쓰여야 했다.

정치는 별개의 단계로 운영되면서 더더욱 엉망이 돼갔다. 앙리 코낭
베디에(Henri Konan Bédié)가 대통령이 됐지만 경제 문제는 총리였던 알
라산 와타라(Alassane Ouattara)가 더 잘 다뤘다. 얼마 되지 않아 서아프
리카 통화 가치가 50퍼센트나 하락하는 엄청난 경제 쇼크가 일어났고
그 덕에 소득이 재분배됐다. 가장 큰 피해자는 실질 임금이 떨어진 공무
원들이었다. 공무원이 쓸 돈이 줄어들면서 근근이 생계를 유지하던 도
시 빈민들도 피해를 입었다. 화폐 가치가 하락할 때 이익을 얻는 사람들
은 수출업자들인데, 코트디부아르에서는 바로 이민자 출신 코코아 농부

들이 그 이득을 누렸다. 게다가 통화 가치의 평가 절하 덕에 원조 증가라는 부수익까지 얻었다. 원조는 갑자기 소득의 7퍼센트에서 20퍼센트로 증가했고, 드디어 경제가 성장하는 것처럼 보였다. 베디에 정부는 기회와 위기를 모두 경험하며 시작했다. 경제적 위험은 기회였지만 정치적으로는 반이민 감정이 폭발하기 직전이었다. 성장 가능성을 도모한 정책이 정치 문제를 더 악화시킨 것이다.

베디에는 행정 관료 출신의 경쟁 상대인 와타라를 상대로 승리했다. 하지만 불행히도 그들은 영국의 토니 블레어가 의욕적이고 경험이 많으면서도 마음씨 좋은 경쟁자 고든 브라운과 유지했던 화목한 관계를 본받지 못했다. 그 대신 4개월 후 와타라가 IMF의 고위직을 맡으면서 둘 사이는 소원한 관계가 됐다. 와타라가 인구가 적은 북쪽 출신인 반면 베디에는 인구가 더 많은 남쪽 출신이었는데, 바로 이 점 때문에 베디에는 '정체성의 정치학'에 의존했다. 하지만 반이민 감정을 처음 이용한 것은 로랑 그바그보(Laurent Gbagbo)로, 그는 이민자들이 대부분의 코코아 재배지를 차지하고 있던 지역의 비주류 정치인이었다. 베디에도 그러한 추세에 따라 여당의 정치적 견해를 180도 바꾸었다. 이 변화 덕에 북쪽 지역의 무슬림 출신인 와타라는 이민자, 즉 외국인으로 여겨졌다. 이를 좀 더 확실히 하기 위해 베디에는 다음 선거에 와타라에게 피선거권이 없도록 헌법을 바꾸었다.

1995년 선거가 다가올수록 와타라 외에는 어떤 야당 정치인도 충분히 득표하지 못하리라는 점이 분명해졌다. 그바그보는 와타라와 관련된 정당이 투표 보이콧에 동참하도록 설득해 수치스러운 패배를 피할 수 있었다. 두 개의 야당 모두 선거 보이콧에 힘을 더하기 위해 민병대를 모집했다. 여기서 일단 선거 과정에서의 폭력은 주로 야당의 전략이라는 것을 떠올려보자. 적당히 맞설 후보가 없는 상황이어서 베디에는 불공정하다고 여겨진 선거에서 승리했다. 한 지역구와 다른 지역의 불공평함에 대한 선동적인 보도가 언론에 방송되자 이민자들을 향한 악감정이 심화됐다. 대통령은 곧바로 정부에서 요직을 맡고 있는 많은 북쪽 출신 사람들을 해임하는 정책을 준비했다.

베디에가 경제 긴축 정책과 당파 정치를 펼치자 군부는 짜증을 내기 시작했다. 나라가 전성기를 누릴 때, 안보 세력은 작지만 제때제때 임금을 받았다. 기본적인 예방책에 따라 군부는 8000명의 헌병, 6800명의 군인, 1100명의 대통령 경호대, 900명의 해군과 700명의 공군으로 나뉘어 있었다. 우푸에부아니 시대에도 몇 차례의 쿠데타 시도가 있었다. 1990년 군부는 아비장 외곽에 있는 공항을 점유하고 임금을 제대로 지급하라며 저항했다. 로베르 구에이 장군이 개입해 협상을 벌임으로써 저항은 끝났고, 그는 육군 참모총장이 됐다.

구에이 장군은 베디에가 대통령이 된 후에도 육군 참모총장으로 계속 재직했는데 둘 사이가 좋지만은 않았다. 군부는 베디에와 다른 민족으로 불균형하게 구성되어 있었다. 구에이는 베디에가 와타라를 체포하고 아비장에서 일어나는 선거 폭력을 진압해달라는 요구를 거절했다. 자연스럽게 베디에는 군부를 두려워하게 됐다. 그가 생각했을 고민을 상기해보자. 국방 예산안을 축소할까 아니면 돈으로 꼬드겨볼까? 그는 국방 예산을 점차 줄이기로 결정하고, 구에이 장군과 700명의 군인을 해임하기 시작했다.

와타라는 어떻게 됐을까? 객관적으로 와타라가 베디에를 쫓아내려면 경제 상태가 계속 나쁜 것이 유리했다. 개혁이 시작되면 코트디부아르 경제의 미래는 IMF의 손에 달려 있었다. 놀랍게도 와타라는 이제 IMF의 세 번째 고위직을 맡고 있어서 이해가 상반되는 입장에 놓여 있었다.

경제 개혁은 이민자들이 상당히 인기가 없을 때 그들에게 엄청난 소득을 분배해주었다. 정치인들은 반이민 정서를 이용할 수밖에 없었다. 체제 개혁자들은 베디에가 우선적으로 생각하는 쟁점인 와타라 세력을 약화시키는 데 집중했다. 지지부진한 개혁 속도에 답답해진 IMF, 프랑스 재무부와 세계은행 모두 와타라가 문제의 해결책이라 생각했고, 그에 따라 갑자기 원조가 줄어들었다. 정부 내에서는 외국 기관들이 정치 체제 변화를 논의하고 있음을 감지했다.

1999년 말, 코트디부아르에서 열린 좋은 통치에 대한 회의에서 내가 강연했던 일이 기억난다. 역설적으로 그 자리엔 대통령 베디에가 참석했다. 하지만 놀랍지 않게도 코트디부아르의 통치는 이내 형편없이 악화됐다.

계속해서 권력을 유지하려는 베디에의 교묘한 조작은 내전을 야기하는 두 번째 별개의 단계인 군사 쿠데타를 발생시켰다. 1999년 크리스마스이브에750여 명의 코트디부아르 군인들은 보너스 미지급에 항의하는 폭동을 일으켰다. 여러 고위직 장군들은 국방 예산안 증액을 요구하기 위해 베디에 대통령을 만나러 갔다. 하지만 그는 다음 주에 오라며 교묘하게 회피했다. 몇 시간 후에 그들은 다시 돌아와 베디에를 쫓아냈다. 구에이 장군이 쿠데타의 시작부터 관련이 있었는지, 아니면 절망적인 상황을 정당화하기 위해 끌어들였는지는 알 수 없다. 결국 예비역 장군인 구에이는 곧바로 상황을 장악해 폭동이 유혈 쿠데타로 악화되는 것을 막았다. 구에이는 6개월 이내에 깨끗한 선거를 치르겠다고 약속했다.

프랑스의 식민지였던 아프리카 국가들에 대한 프랑스의 안보 약속을 상기해보자. 르완다 사태 이전까지 코트디부아르에서 일어난 쿠데타 시도가 자체적으로 진압이 불가능해지면 프랑스 군대가 개입했을 것이다. 하지만 이 상황에서 프랑스는 개입하지 않기로 결정했다. 구에이는 대청소에 앞서 중립적인 짧은 막간을 제공해줄 것을 요구했다. 그가 의미한 것은 몇 주 정도였던 것 같다. 그때부터 코트디부아르는 내전으로 치닫는 정치적 사건들이 빠르게 전개됐다.

구에이가 권력을 잡으면서 모든 것이 빠르게 풀리기 시작했다. 그는 약속한 선거를 6개월 내에 진행했다. 하지만 그가 일단 권력을 잡자 구에이는 자신이 권력 지향적인 성향을 갖고 있음을 깨달았고, 국가의 요구를 거절하는 게 옳지 않다고 생각하게 됐다. 하지만 구에이의 관점에서 볼 때 선거는 문제가 될 수 있었다. 그는 자신의 재능을 확신했지만 유권자들로부터 큰 지지를 받지 못했다. 나라는 와타라가 대통령이 되길 원하는 사람들과, 베디에를 다시 원하는 사람들로 나뉘어 있었다. 다행히 베디에가 이런 어려움을 어떻게 대처할지 보여준 적이 있었다. 구에이는 두 사람 모두 자격이 없다고 선언하며 자신이 직접 뽑은 대법관들로 하여금 다른 열두 명의 후보도 부적격하다고 결정토록 했다.

그가 나이지리아의 사니 아바차 장군을 본받았다면 그런 실수는 저지르지 않았을 것이다. 아바차는 다당제 선거를 치렀지만 다섯 개의 당이 모두 아바차를 후보로 지명했다. 그러나 슬프게도 선거를 치르기 전에 아바차는 사망했다. 상상력이 빈약한 구에이는 적당한 상대가 필요하다고 생각했다. 패배가 당연시되는 로랑 그바그보의 제안을 받아들여 그를 내세움으로써 구에이는 자신의 승리를 정당화하려 했다. 이 과정에서 구에이는 독재자들이 자주 저지르는 실수, 즉 유권자의 지지도를 과대평가하는 잘못을 했다. 하지만 대부분의 유권자들은 이런 엉터리 선거에서 투표를 하지 않았을 뿐 아니라 그나마도 투표한 이들 거의 전부가 그바그보를 지지했다.

보통 이런 애로사항조차 군부를 독점적으로 통치하고 있는 현직 대통령을 쫓아내지는 못할 것이다. 선거의 목적은 민주주의의 마법을 이용해 집권을 합법화하는 것이지, 대통령을 뽑기 위한 것이 아니었다. 역시나 구에이도 자신이 승리했다고 발표하면서 선거관리위원회를 해산시켰다. 우리는 이것도 쿠데타의 일종이라고 생각한다.

그러나 구에이가 진정으로 잘못 계산한 것은 그가 받을 표가 아니라 과대평가한 군부였다. 구에이의 반외국인 정책에 불쾌함을 느낀 부르키나파소의 블레즈 콩파오레(Blaise Compaore) 대통령의 도움으로 그바그보는 '젊은 애국자들'이라는 민병대를 엄청나게 증강시킨 상태였다. 쿠네타 시도가 있자 그바그보는 폭력직이고 불만에 가득 찬 자신의 젊은 민병대를 군부에 맞서도록 배치했다. 통상 젊은 폭력 집단과 전문적인 군대는 상대가 되지 않지만 코트디부아르의 군대는 형식적인 데다 규모도 작았다. 군은 이미 분열돼 있었는데 몇몇 장교들은 이미 군을 상대로 쿠데타를 시도한 경험도 있었다. 구에이는 베디에가 이미 예전부터 축소시켜왔던 군을 해체하는 것으로 대응했다. 결과적으로는 아비장 중앙에서 민병대가 정부군을 이겼을 뿐만 아니라 수도에 사는 북쪽 출신 사람들을 죽여 시신을 호수에 유기했다. 그바그보는 불법적인 선거와 반란 폭동으로 권력을 잡았다.

이런 상황이라면 베디에와 와타라의 주장처럼 재선거를 치르는 것이 이성적이다. 하지만 그바그보는 두 후보를 상대하기엔 역부족이었으므로 정상적인 선거를 치를 생각이 없었다. 그는 여당과 프랑스 사회주의 정부와의 인맥을 이용해 자신의 승리를 인정받았다. 대통령으로서 그가 권력을 유지하려면 앞으로도 선거를 치르지 않는 것이 중요했다. 그러기 위해서는 선거 자체가 불가능하도록 상황이 매우 복잡할 필요가 있었다. 2001년에는 화해를 이루기 위한 첫 번째 국제 협상이 있었고, 그 뒤에도 열두 번의 노력이 있었지만 모두 실패했다.

자신이 형식상 내세운 후보에게 선거에서 패한 구에이가 한번 맛본 권력을 얻기 위해 쓸 수 있는 방법은 하나밖에 없었다. 얼마 지나지 않아 2002년 9월, 그는 다시 쿠데타를 일으켰다. 수백 명의 군인이 아비장, 부아케, 코르호고에서 공격했고, 구에이는 아비장 전투를 지휘했지만 결과는 실패로 끝났다. 구에이의 군대는 그바그보의 민병대에 상대가 되지 않았고, 구에이와 그의 가족은 함께 처형됐다. 반란에 참여했던 군인들은 부아케와 코르호고 북쪽으로 도주했다.

쿠데타 시도가 실패한 지 일주일도 채 되지 않아 권력에서 배제된 정치인들이 구에이 편에 가담했던 군인들과 합세했다. 그들은 나라의 북쪽과 중앙에 위치한 마을들을 차지했고, 자신들을 '새로운 힘(FN, Forces Nouvelles)'이라 칭했다. 세 번째 실패한 쿠데타 시도가 반란으로 바뀐 다음 결국 내전으로 발전했다.

도시 지역 외곽에선 장비를 갖춘 정규군이 젊은 민병대를 쉽게 이길 수 있었기 때문에 FN은 빠르게 아비장을 향해 전진했다. 이때 그바그보에겐 선택의 여지가 별로 없었다. 만약 그가 자리를 지키고 싸운다면 구에이와 같은 운명을 맞게 될 것이 분명했다. 만약 그가 망명한 뒤 국제 사회에 호소한다면 그 결과 국제적인 관리 아래 선거를 치러야 할 텐데 그 경우에는 질 것이 뻔했다. 그바그보가 쓸 만한 카드는 아비장 시내에 서 폭력을 사용하는 것이었는데, 젊은 도시 깡패들을 동원해 북쪽 사람 들을 죽인다고 해도 성공할 수 있을지가 관건이었다. 그렇다면 폭력에 취약한 아비장 시내에 그에게 도움을 줄 만한 어떤 집단도 없었을까? 쿠 데타 이전까지 아비장이 아프리카의 파리와 같았다는 점을 상기해보자. 이 같은 묘사는 전적으로 비유적 표현이 아니라 실제로 아프리카에서 가 장 많은 프랑스인이 밀집한 곳이 아비장이었다. 그바그보는 그들을 인질 삼아 프랑스군에 도움을 요청했다. 프랑스인을 지키기 위해 그바그보를 지원할 군 병력이 3일 만에 도착했다. 그렇게 프랑스군이 그바그보의 체 제를 방어하는 동안, 놀랍게도 그바그보는 그의 젊은 민병대를 선동하여 프랑스를 비난하며 아비장의 프랑스인을 죽이라고 선동했다.

프랑스군은 리콘 작전(Operation Licorne)을 통해 휴전선을 선포하면 서, FN이 100킬로미터 정도 후퇴하도록 압박했다. 이런 모습은 프랑스 정부가 공정하지 않다는 강한 신호가 됐다. 도시 외곽에 있던 FN은 남 쪽에서 돌진할 수 있는 상태였지만 부르키나파소에서 들어오는 지속적 이지 못한 외부 재정 지원을 고려할 때 상황이 매우 급박했다.

국제 사회는 다시 한 번 파리에서 진행된 협상에서 권력 조정 협정을 성사시키려고 노력했다. 그바그보가 지휘하는 연합 정부 아래 중요한 내각 직위들이 FN에도 배정되는 협의였다. 자세히 말하자면 협정 이후 반란군들의 안보를 위해 반란군이 국방 장관 자리를 맡게 될 것이었다. 하지만 그바그보 대통령에게 평화 협상의 인준을 물었을 때 그가 거부하는 바람에 결국 체결되지 않았다. 그 과정에서 그는 평화 협상을 무시할 것이라는 신호를 무의식적으로 드러냈다.

그바그보는 시간이 자기편이라는 것을 알았던 모양이다. 처음엔 FN보다 군사력이 약했으나 소득이 더 많았기 때문에 무기를 사들이기 시작했다. 유엔과 지역 단체인 서아프리카경제공동체(ECOWAS, Economic Community of West African States)는 코트디부아르로 수출되는 무기를 제한했지만, 무기를 사들이지 못하게 막을 수는 없었다. 벨라루스와 다른 나쁜 통치로 운영되는 국가로부터 토고를 통해 무기가 수입됐다. 그바그보는 공군까지 창설했다. 그의 군대는 파리 협정을 무시하고 북쪽으로 진입하기 시작했다. 이제는 그바그보가 자신의 안전을 위해 필요로 했던 프랑스 평화유지군이 그의 공격을 방해했다. 그래서 그는 새로운 공군에 부아케 옆에 위치한 프랑스 기지를 폭파시키라 명령했고, 아홉 명의 프랑스군이 전사했다. 프랑스는 그의 공군을 파괴하는 것으로 복수했다.

분쟁은 이웃과 약탈자들까지 끌어들였다. 라이베리아와 시에라리온에서 고용된 용병들은 코트디부아르 국민들을 공격했고, 그 때문에 많은 피를 흘렸다. 조직 폭력을 장려하는 환경이 조성되어 무장한 집단뿐만 아니라 적어도 아홉 개의 비공식적 민병대가 있었다. 분쟁에 돈을 대기 위해 모든 당이 사용한 방법은 부도덕한 회사, 나라와 지도자를 끌어들이는 것이었다. 서아프리카 중앙은행이 아비장에서 처음으로 털렸고, 그 다음엔 코르호고에서도 털렸다. 돈은 이웃 국가인 부르키나파소의 콩파오레 대통령과 라이베리아의 찰스 맥아더 테일러(Charles McArthur Taylor) 대통령으로부터 들어왔다. FN은 '경제 경찰'을 만들어 다이아몬드 생산 지역을 정찰하고 세금을 부과했다.

이런 상황에서 협상을 맺는 것은 어려울 수밖에 없었다. 프랑스군은 전투를 최대한 자제했기 때문에 분쟁 비용이 양쪽 편에서 협상해야 할 만큼 높지 않았다. 서로에 대한 믿음이 전혀 없었기 때문에 국제 사회가 협상을 맺도록 돕는 역할을 맡아야 했다. 하지만 이 시도가 성공적이지 못한 이유는 국제 사회가 도모할 수 있는 유일한 협정이 자유롭고 정당한 선거를 치르게 하는 것이었기 때문이다. 하지만 그런 선거는 베디에나 와타라에게 권력을 넘겨주든가, 둘이 망명하는 결과를 낳을 수밖에 없었다. 게다가 북쪽을 장악한 FN과 남쪽을 장악한 그바그보의 관점에서 보면 베디에와 와타라는 차이점을 극복하고 한 당에서 선거를 치르기로 결정할 것처럼 보였다. 때문에 현직 지도자들의 관점에서 평화 협상은 패배를 인정하는 것과 같았다. 국제 사회가 그들에게 주장할 수 있는 유일한 점은 그바그보의 임기가 끝났다는 것이고, 그렇다면 그바그보도 합법적인 지도자가 아닌 셈이었다. 국제 사회가 압력을 넣은 협상에서 그바그보의 정부는 해산됐고, 관료 출신의 중립적 인사가 총리로 임명됐다. 그바그보 정부의 어떤 구성원들은 이 변화도 쿠데타로 묘사했다. 이 난관은 좀처럼 극복하기 어려운 상황이었다.

그러다 갑자기 국제 사회의 참여 없이 그바그보와 반군 지도자 기욤 소로(Guillaume Soro) 사이에 내부적으로 협상이 체결됐다. 그바그보는 관료를 해임시키고 그 자리에 소로를 앉혔다. 베디에와 와타라는 배제됐다. 그바그보와 소로는 선거를 약속했지만, 이제 배제된 후보를 포함해야 된다거나 선거가 자유롭고 공정해야 된다고 요구하는 국제 사회가 없었다. 앞서 살펴본 것처럼 이런 상황에서 현직 대통령이 선거를 이길 수 있는 전략은 여러 개여서 드디어 그바그보와 소로는 평화가 곧 선거 패배라는 지옥에 이르는 과정이라고 여기지 않아도 됐다. 내부 협정은 그 둘에게 매력적으로 보였을 것이다. 원조가 재개될 것이고, 코트디부 아르의 근해 석유를 문제없이 채굴할 수 있을 터이니 더없이 훌륭한 정 치인 셈이었다. 그리고 한 달도 안 돼 소로는 헬리콥터 사고로 거의 죽 을 뻔했다.

코트디부아르는 이제 평화를 찾았다. 하지만 쿠데타, 전쟁과 선거로 인한 지난 10년 세월은 많은 피해를 가져왔다. 그리고 아프리카에 대한 프랑스의 관심은 세네갈로 옮겨갔다. 이 재난을 피할 방법이 있었을까? 이제는 해결책을 다룰 시간이다.

PART 03

현실은 변화한다:
책임성과 안보

제8장

국가 건설과 국민 국가 건설

유명한 얘기지만 부시 대통령은 '국가 건설(State building)'을 조롱하면서 임기를 시작했고 결국엔 자신도 이를 시도하면서 임기를 끝냈다. 나는 왜 국가 건설이 그토록 어려운지 설명하려고 한다. 현재 성공적으로 자리 잡은 국가들은 고통스럽고 느린 과정을 거쳐 국민들이 인정하는 민족 국가(nation)로 형성돼왔다('state', 'nation', 'country'는 통상 '국가'로 번역되지만 그 의미는 큰 차이가 있으며, 우리 학계에서도 많은 논란이 있다. 여기에서는 'state'는 '국가'로, 'nation'은 '국민 국가'로 번역했다-옮긴이). 덕분에 공공 서비스의 공급에 필수적인 집단행동에 착수할 수 있었다. 고소득 사회가 되었을 때, 우리는 이것이 얼마나 중요한지를 잊고 당연한 것으로 여기게 됐다. 법적으로 국가는 국제 사회의 인정만 받으면 형성된다. 그렇게 해서 10억 명이 사는 최빈국들도 존재하게 된 것이다. 하지만 그들은 아직 국민 국가를 형성하지는 못한 단계여서 공공 서비스가 극심하게 부족한 상태에 직면해 있다.

현대 국가들은 과거에 다양한 민족으로 이루어져 있었다. 현대 국가의 국경선은 원시적인 민족 결속력 때문에 생긴 것이 아니라 폭력적 수단을 독점하기에 가장 적당한 영토의 크기가 어느 정도인가라는 중요한 안보 문제가 고려돼 생긴 것이었다. 동일한 민족성을 민족의 영토와 연관 지은 것은 19세기에 도시에서 생활하던 중산층 낭만주의적 민족주의자들로부터 비롯된 것이었다.

국가 형성은 공동체 의식에 의한 것이 아니라 폭력의 유별난 경제적 속성 때문이었다. 우리는 이제 폭력이 국가 형성의 결과물이 아니라는 것을 알고 있다. 오히려 국가가 없는 사회는 무시무시하게 폭력적이다. 폭력이 어떤 모습을 하는지는 이용 가능한 기술에 따라 좌우된다. 수렵 생활이 이루어지던 사회는 갖고 있는 기술이 별로 없었기 때문에 내재적으로 폭력적이었다. 이들에게 승리의 전략은 해가 뜨기 전, 적들이 방어 태세를 채 갖추기 전에 기습 공격하는 것이다. 이 시대에 평화 협력을 믿는 비현실적인 집단은 생각을 바꾸기 전에 제거됐다. 이들 사회는 수렵꾼, 채집꾼과 살인자로 불려야 할 만큼 폭력이 일상화됐다. 하지만 기술의 발달과 함께 폭력은 규모의 경제와 특수화의 영향을 받는다. 이 두 가지 특성은 폭력을 돈 버는 수단으로 변화시킨다.

정부가 없고 동일한 가정으로 이루어진 원시적인 장소에 어느 정도의 차별화가 생기기 시작했다고 가정해보자. 어떤 이들은 다른 이들보다 더 생산적이고, 어떤 이들은 다른 이들보다 더 튼튼하다. 이렇게 다른 네 종류의 사람들 중에서 생산적이지 못한 튼튼한 사람이 어떻게 생활할지 상상해보자. 그들은 생산적이지만 약한 사람들을 약탈할 것이다.

생산성을 포기하고 폭력을 특화함으로써 생산적이지 못한 튼튼한 사람들은 더 폭력적으로 변한다. 폭력도 기술을 필요로 하기 때문에 그들이 유리해진다.

이처럼 특수화된 상태에서는 폭력도 크기가 의미 있는 규모의 경제나 다름없다. 다른 경제 활동은 규모가 중요해진 산업 혁명까지 기다려야 했지만 폭력은 그렇지 않았다. 1000명으로 이루어진 농장의 1인당 생산성이 한 명으로 이루어진 농장과 다를 바 없었고, 1000명으로 이루어진 구두 수선공 회사의 1인당 생산성도 혼자 일하는 구두 수선공의 생산성과 다를 바 없었다. 하지만 1000명의 군사는 개별 전사 1000명을 죽일 수 있었다. 수가 많은 전문 집단이 수가 적은 전문 집단을 이기는 경향이 있었지만 항상 모든 곳에서 그런 것은 아니었다. 만약 작은 군대가 더 나은 기술을 습득하고 훈련을 잘 받는다면 큰 군대를 이길 수도 있다. 싸움은 항상 영리한 이들의 편은 아니었지만 대개 그들이 유리했다.

그런 까닭에 규모가 큰 집단을 형성하거나 그에 합류하는 것은 지역에서 폭력을 독차지할 수 있어 폭력으로부터 안진해지는 것을 의미한다. 그것은 강력한 이점이지만 생존을 위해서는 안전뿐만 아니라 소득도 필요하다. 폭력을 전문화한 사람들은 재화를 생산할 기회를 포기한다. 그러면 이들은 어디서 소득을 얻을까? 마피아 구성원이라면 쉽게 알 수 있듯이 해답은 바로 폭력이다. 폭력을 독점했으니 지역의 어느 거 주민에게든 강제로 탈취할 힘이 있는 것이다. 그러면 주민들은 왜 다른 곳으로 이주하지 않을까? 어쩌면 도망가려는 사람들을 잡아 노예로 만들어버렸을 수도 있다. 아니면 이웃 지역도 비슷한 세력에 의해 지배되고 있기 때문에 주민들이 딱히 도망갈 곳이 없을 수도 있다. 어쩌면 당신이 지역에서 폭력을 독차지하고 있기 때문에 다른 약탈자로부터 보호받을 수 있다는 이유로 충분히 가치가 있다고 생각할 수도 있다. 당신, 바로 군(軍)은 스스로 의도하지 않았음에도 공공 서비스를 제공하면서 점차 국가가 된 것이다.

지역 안보라는 공공 서비스를 제공하는 것이 비록 의도한 것은 아니더라도 당신은 다른 더 많은 공공 서비스를 제공한다면 당신에게 이익이 된다는 사실을 점차 깨닫는다. 그중 하나는 거주민들이 서로 교환하게 돕는 것이다. 그들이 부유해질수록 당신도 그들로부터 세금을 걷어 부유해질 수 있다. 그래서 당신은 계약을 통해 서비스를 제공하는데 결국 당신은 이 계약의 시행에 익숙해지게 된다. 이는 곧 법정이라 부르는 것인데, 당신은 이를 점차 법률 체계로 발전시킨다. 당신은 교환에 도움이 되는 도로, 다리와 시장 같은 인프라를 세울 수도 있다. 어느 정도 비전이 있어야 가능한 일이지만 당신은 스스로에게 약간의 제한을 둘 수도 있다. 선택권을 조금 양보함으로써 당신은 투자를 꺼리는 부유한 국민들이 이를 포기하도록 할 수도 있다. 하지만 마침내 국가를 세우게 됐어도 많은 사람들의 이익을 무시하는 등 공공 서비스의 제공 범위가 너무 제한되어 있기 때문에 엄밀한 의미에서의 현대적 국가는 아니다.

효율적인 국가가 되는 마지막 단계가 소수자의 이익이 아닌 모든 이들에게 봉사하는 국가인데, 이 과정이 쉽지만은 않다. 이웃 국가로 둘러싸이게 되면 당신이 그들을 제압하거나 그들이 당신을 삼켜버릴지도 모른다. 또한 군비 경쟁도 가속화한다. 그러기 위해서는 더 많은 세금을 걷어야 하는데, 다만 전쟁은 민족주의를 불러일으켜 공동체 정체성을 환기시킨다. 효율적인 국가가 경제 성장을 하면서 정치적으로 힘없는 이들도 잘살게 되고 공동체 정체성과 유대감도 더욱 강화된다. 소득이 늘어날수록 독재 정치하에서는 정치 폭력이 일어날 경향이 있다는 사실을 상기해보자. 더 자세히 말하자면 폭동, 시위와 정치적 공격이 더 많이 일어날 것이다. 공동체 정체성은 집단 시위를 더 용이하게 한다. 또한 시위 등의 압력은 엘리트 집단의 공공 서비스 제공을 어렵게 한다. 이러한 개선을 영구화하기 위해 엘리트 집단은 권리를 제한하는 데 동의하고 이를 통해 사회는 조금씩 현대 민주주의로 나아간다.

국가 형성의 실제 역사에서 강력한 폭력의 경계를 적용하는 것은 간단하며, 이는 우리가 역사 속에서 시작점을 찾으려 할 때 편리하다. 유럽 국가의 형성 과정에서 자연스러운 시작은 5세기에 로마 제국이 멸망한 때다. 그것은 20세기 중반 아프리카의 식민지 해방 과정과 기본적으로 비슷한 경우라 할 수 있다. 처음 심각하게 논의가 시작된 지 10여 년 만에 갑자기 이뤄진 아프리카의 해방은 로마 지배에서 벗어난 영국과 비슷했다.

영국의 비식민지화는 아프리카에서 있었던 일련의 과정보다 더 갑작스럽게 일어났다. 영국엔 로마군 가운데 단일 부대로는 가장 큰 규모의 부대가 주둔했는데 이는 전 로마군의 15퍼센트를 차지했다. 로마 제국은 이를 유지하기 위해 영국에서 상당히 많은 세금을 걷었다. 때문에 이 군대를 이끄는 사람은 쿠데타를 일으킬 가능성이 있었다. 4세기 말 로마 제국이 정치적 소용돌이에 빠지자, 25년 동안 영국에 주둔했던 로마군 부대장이 두 번이나 황제가 되려고 시도했다. 380년에 첫 번째 시도가 실패하고, 403년 두 번째 시도에 나선 장군은 로마까지 군대를 이끌고

쳐들어가는 위험을 무릅쓰기로 결정했다. 결국 그는 실패했지만 이 과정에서 영국도 갑자기 군대를 잃고 말았다. 영국의 로마 정부가 군대의 형태였기 때문에 영국은 군대뿐만 아니라 정부도 잃었다. 403년 이후 영국의 역사는 아프리카의 식민지 시대 이후 역사의 성공 사례처럼 보이게 한다. 몇 년 후 영국은 다시 로마 제국에 합류시켜줄 것을 청원했다. 안보와 정부의 부재보다 과도한 세금이 차라리 낫다고 여긴 것이다. 하지만 로마가 이에 적절히 대응할 상황이 되지 못해 영국 사회는 스스로 알아서 해결해야 했다. 그 결과 내전이 일어났고 공공 서비스가 제공되지 않아 도시 경제가 사라졌다. 사람들은 영국을 떠나 도버 해협을 건너 프랑스에 향수를 자극하는 이름의 '브르타뉴(Bretagne, 프랑스 북서부의 반도로, 영어식 이름은 Brittany다. Britain과 이름이 비슷하다-옮긴이)'라는 새로운 정착지를 세웠다.

로마 제국 이후의 혼란이 바로 우리가 새롭게 시작할 지점이다. 몇 세기가 흘러 영국과 다른 유럽 지역에서 각 지역의 폭력 집단이 합쳐 작은 국가들을 형성했고, 이들은 자신의 영토 내에서는 질서를 유지했지만 이웃을 두려워했다. 1555년 독일어권 지역은 360개나 되는 국가가 존재하고 있었다. 이 국가들은 각 사회 내의 위협보다 다른 국가들을 점점 두려워하게 됐다. 이웃으로부터 국가를 방어하기 위해서는 대규모 상비군이 필요했다. 대규모 국방을 위해서는 돈이 필요했고, 로마 제국 시대에 거두었던 규모의 세금이나 대출이 필요했다. 그러나 세금에는 한계가 있다. 만약 사람들이 지불할 용의가 있는 규모보다 더 많은 세금을 걷으면 그들은 국가에 세금을 내는 대신 세무공무원을 매수하는 교활한 방법을 쓸 것이다. 결국 세금이 부담스러워지면 사람들은 세금을 내지 않아도 되는 행동을 취하게 될 것이다.

대출은 국가에 더 위험한 선택일 수 있다. 세금은 강제적인 반면, 대출은 사람들이 자진해서 국가에 돈을 빌려주는 것에 의존한다. 만약 사람들이 그럴 준비가 되어 있더라도 이자율이 너무 높아서 더 이상 대출할 수 없을 지경이 되면 군대는 해체되고 국가는 결국 무너질 것이다.

세금과 대출을 이용해 지속적으로 기반을 쌓는 방법을 발견한 첫 유럽 국가는 네덜란드의 작은 국가였다. 이 작은 사회는 방어하기에 불리한 지형을 갖고 있었다. 산이 있으면 유용하지만 네덜란드는 세계에서 가장 산이 없는 나라다. 게다가 이곳에는 싸움의 전통이 거의 없는 중산층 도시민이 비정상적으로 많았다. 네덜란드는 합스부르크 제국이라는 거대한 '전쟁 기계'를 마주하고 있었다. 이런 다윗과 골리앗의 싸움에서 살아남기 위해 다윗은 돈을 마련하는 능력을 키우는 방법을 택할 수밖에 없었다. 하지만 합스부르크 제국이 중남미 지역에서 금광과 은광을 갖고 있었기 때문에 그마저도 쉽지 않은 전략이었다.

이 상황에서 네덜란드가 기댈 수 있는 방안은 국민들의 정치적 책임성(political accountability)이었다. 사람들은 정부가 국민들을 책임질 경우에만 많은 세금을 낼 용의가 있었다. 물론 세금을 내는 사람은 모든 국민이 아니라 부유한 국민들이었다. 또한 국가가 책임감이 있는 체제라면 그 국가의 정부는 돈을 빌릴 수도 있었다. 정부가 재정을 제대로 관리해서 갚을 것이라는 인식을 주면 사람들은 돈을 빌려줄 준비가 되어 있었다. 합스부르크인들은 금과 은이 충분하지 않다는 것을 깨닫고, 그들도 돈을 빌리기로 결정했다. 하지만 누구도 책임감을 가지라고 압박하지 않았다. 그래서 네덜란드와의 싸움은 이자율 싸움이 됐다. 복리의 힘은 계속해서 낭비한 차용자의 재정을 갉아먹어 최후의 승리는 더 나은 신용 등급을 가진 국가에 돌아가게 되어 있었다. 합스부르크는 거대한 제국으로 남미에 금광과 은광이라는 담보물을 가졌고, 네덜란드는 조그만 지역 국가였지만 국민들이 정치적 책임성을 갖고 있었다. 복리가 힘을 발휘하려면 시간이 걸리지만 네덜란드는 이자율 6퍼센트에 대출할 수 있었던 반면, 합스부르크는 22퍼센트까지 내야 했다. 결국 전쟁이 끝나기 전에 합스부르크는 파산했고 대출 시장은 문을 닫았다. 다윗이 골리앗을 이긴 것이었다.

다른 국가들도 점차 네덜란드의 교훈을 깨닫게 됐다. 그러지 못한 곳은 먼저 깨달은 곳에 먹혀버렸다. 국가 간 전쟁은 두 가지 결과를 불러일으켰다. 하나는 민족주의 감정이었다. 19세기의 도회지 낭만주의자들을 합리화시켰던 민족주의는 국민 국가를 규정하는 뿌리 깊은 종족 개념을 상기시킨다. 국가 간의 싸움이 종족 간의 싸움으로 바뀌는 바람에 일반적인 종족 정체성의 신화는 전쟁터에서 단련돼갔다. 공동의 적과, 동일한 혈통의 조상을 갖고 있다는 정서는 국가의 거주민들을 국민 국가의 민족으로 통합했다. 그 결과는 강력했다. 외부의 적과 맞서는 과정에서 형성된 호의적 정서가 서로 유대감을 갖게 함으로써 공공 서비스의 제공이 가능하게 됐다. 아마도 역사상 처음으로 집단행동 문제가 공익을 위해 해결됐다. 하지만 악의적 힘은 다른 집단을 비방하기도 했는데, 예를 들면 제1차 세계대전 당시 영국 언론은 독일인을 훈족으로 묘사하기도 했다.

전쟁은 또한 책임감 있는 재정 집행이 확대되는 결과를 가져왔다. 정부가 부자들을 책임지지 않으면 충분한 세금을 걷거나 빚을 얻을 수 없었다. 하지만 이 단계까지도 유럽의 국가들은 현대 자유 국가와 비슷한 수준은 아니었다. 민주주의는 아직 확립되지 않았고 사회적 소비를 위해 세금을 사용할 수준도 아니었다. 19세기 중반에 국가들은 부자들에 의해 운영됐는데, 그들의 최우선 정책 순위는 국가 안보였다. 그때부터 현재까지의 과정은 권력에서 제외된 이들의 정치적 시위로 포장됐다고 표현할 수 있다. 최악의 사태를 면하기 위해 부자들은 선거권을 점점 확대했다. 이로 인해 그들은 경제에 해를 끼치지 않는 범위 안에서 온건하고도 되돌릴 수 없는 재분배 개혁을 약속하게 됐다. 국민 국가들이 점점 민주주의 체제로 변모하면서 정부의 정책 우선순위도 국민들이 선호하는 우선순위와 비슷해져갔다. 즉 단순한 국방 대신 보건과 교육 등 공공 서비스의 공급 등에도 신경 쓰게 된 것이다. 국가가 점점 평범한 국민의 이익에도 신경 쓰게 되면서 현대 자유민주주의에 도달하게 됐다.

지금까지의 분석에 따르면, 현대 국가의 진화는 폭력에 의해 이루어졌다. 작은 국가의 약탈을 일삼는 지노자는 국빈들의 마음에 들기 위해 그들에게 봉사할 것을 약속하고, 오늘날 표를 얻기 위해 노력하는 정치인으로 진화했다.

이것이 처음부터 의도한 바는 아니지만 결국 현대 국가가 공공 서비스를 제공하는 역할을 맡게 된 것이다.

폭력에 의한 규모의 경제는 국가들이 서로 연합하여 다민족 초대국가(superstate)를 형성할 수 있게 했다. 세계 역사를 돌이켜보면 거대한 군사 공동체의 출현은 한두 번 있었던 현상이 아니다. 로마, 몽골, 합스부르크, 영국, 프랑스, 포르투갈, 러시아와 오스트리아 – 헝가리 제국이 있었다. 일반적으로 초대국가의 생성 과정은 매우 빠르다. 기술을 이용할 때 국가들은 급격히 성장할 수 있었다. 초원의 지형적 특성을 고려했을 때 등자(鐙子, 말을 타고 앉아 두 발로 디디게 되어 있는 물건. 등자 덕분에 몽골 기마병은 속도와 지구전에서 탁월한 전력을 지닐 수 있었다-옮긴이)의 개발은 몽골인들이 거대한 제국을 형성할 수 있도록 도왔다. 19세기에도 초대국가의 비슷한 확장 현상이 일어났다. 공동체 정체성 형성 과정보다 확장 속도가 빠르면 초대국가들은 공동체 정체성을 확립하는 데 커다란 문제에 부딪히게 된다. 국민 국가가 되는 것이 아니라 채무 불이행 때문에 **제국**(empire)이 되는 것이다.

국민 국가의 설립은 정치 지도자들의 선택에 의존하게 마련이다. 그들의 선택은 제국이 국민 국가로 변화하는 속도에 영향을 끼친다. 로마 제국은 수백 년이 걸렸지만 결국 거주민들에게 시민권을 부여하면서 제국을 국민 국가로 바꾸었다. 지도력에서 무능력의 극치를 보여준 하일레 셀라시에는 황제가 될 수 있다는 생각에 눈이 멀어 연방 국가였던 에티오피아와 에리트레아를 에티오피아 제국과 그 식민지인 에리트레아로 바꾸었다. 그가 이 과정을 마쳤을 때는 이미 제국의 시대가 끝났을 때여서 그의 전략은 실패할 운명이었다.

제국의 시대가 갑자기 끝난 이유는 여러 가지가 있겠지만 가장 유력한 이유가 미국이 세계 최고 지위를 갖게 된 것과 제국에 대한 미국의 반감일 것이다. 그 첫 씨앗은 제1차 세계대전 이후 열린 파리평화회의에서 윌슨 미국 대통령이 뿌렸다. 그는 당시 확립된 국제 관계 원칙과는 전혀 다른 민족자결주의 원칙을 선언했다. 자결주의에 따르면, 정치적 국경이 아닌 정체성 형성이 미치는 범위에 따라 국경이 조정된다. 베르

사유조약에 의해 자결주의가 실행되어 후에 대참사가 일어난 발칸 지역을 인정하게 됐는데, 자결주의의 면모를 제대로 보여준 것은 1956년 수에즈 운하 위기로 벌어진 미국과 미국에 반대하는 영국, 프랑스 간의 정치적 대결이었다. 수에즈 운하 위기 이후 영국은 발 빠르게 제국을 해체시켜 프랑스와 포르투갈이 본받을 선례를 만들었다. 최종적으로 자결주의는 러시아 제국마저 해체시켰다. 결국 20세기 중반 이후부터 독립 국가의 수가 급증했다.

이와 같은 국가 형성 과정과 신약성서 마가복음 제1장에 나오는 국가 형성 과정은 완전히 달랐다. 대부분의 경우 새로운 국가는 안전 보장을 위한 분쟁의 해결책으로 떠오르지 않았다. 일반적으로 새로운 국가의 국경은 임의로 결정된다고 여겨지지만, 사실 식민 지배 권력은 매우 다양한 종족을 관리 가능한 국가로 만들기 위해 많은 노력을 했다. 근본적인 문제는 현대 국가 형성에 필요한 두 과정이 모두 진행되지 않았다는 것이다. 안보 확보가 가능한 지역이 형성되지 않았고, 따라서 그러한 지역 내 거주민으로 이루어진 상상의 공동체도 생성되지 않았다. 아프리카만 살펴봐도 2000개가 넘는 언어 종족 집단(ethno-linguistic group)이 있다. 만약 각 집단이 저마다 민족을 형성하면 안보가 규모의 경제 혜택을 받기엔 지역과 인구의 규모가 너무 작을 것이다. 내적으로나 외적으로나 모두 불안전할 것이다.

그런 까닭에 식민 제국이 해체되자마자 종족에 대한 충성도가 강한 여러 공동체로 이뤄진 사회가 국가가 되었지만, 대부분의 경우 국가보다는 종족에 대한 충성심이 우선이었다. 그리고 이렇게 다른 충성심은 공공 서비스의 분배를 방해했다. 공공 소유물은 다양한 종족 집단이 서로 소유하려는 정치적 싸움을 통해 분배됐다. 이 문제를 해결할 가장 확실한 방법은 앞에 소개된 국가 건설 모델을 본받아 종족 정체성을 점차 뒤로 돌리고 국가 정체성을 높이는 것이다.

아프리카인이 민족성을 수치스러운 주제로 생각하는 이유 중 하나가 그것을 현대화의 정반대 개념으로 생각하기 때문이다. 시간이 지나면 민족성도 서서히 사라진다는 견해는 어느 정도 위안이 되지만 그렇다고 이것이 사실은 아니다. 이 제안을 점검하기 위해서는 증거를 확인해야 한다. 아프로바로미터를 이용해 측정한 아프리카 아홉 개 국가의 결과에 따르면, 교육받은 사람일수록 민족성을 통해 정체성을 확립할 가능성이 더 큰 것으로 나타났다. 전통적 직업인 농부보다는 샐러리맨일 경우에 더 이런 양상을 드러내는 것으로 나타났다. 교육, 직업, 선거 경쟁과 더불어 개발은 종족 다양성을 뚜렷하지 않게 하는 것이 아니라 더욱 부각시킨다. 어쩌면 이런 추세가 나타나는 이유는 종족을 이용한 정치 싸움이 전통적인 경제가 아닌 현대 경제에서 이뤄지기 때문일 수도 있다. 농민들은 종족 정치학의 여파에서 떨어져 있을 수 있지만 공공 부문 종사자들의 운명은 종족에 대한 충성심에 따라 정해지기 때문에 교육의 정도와 취업 여부는 종족과 연관성이 클 수밖에 없다.

만약 서로 다른 종족 공동체가 안보를 확립할 수 있을 정도의 크기인 몇 개 국가로 합쳐졌다면 국가가 제 기능을 하는 데 필요한 정서적 정체성을 거주민에게 부여해야 하는, 참으로 끔찍한 임무에 봉착했을 것이다. 결국 아프리카에 존재하는 2000개의 종족 집단은 54개의 국가를 형성했다. 과연 이러한 국가 규모가 통제 불가능할 정도로 다양한 종족 집단이 합친 결과치고는 수가 적은 것일까, 아니면 안보에 관한 규모의 경제를 갖추기에는 수가 너무 많은 걸까?

　최빈국들의 비식민지화는 로마 제국 이후 작은 국가들이 모자이크 조각들을 깁듯이 이뤄진 오늘날의 유럽 모습과 크게 다르지 않았다. 하지만 그 후의 이야기는 다르다. 최빈국들의 국경은 대부분 고정된 상태다. 그들은 이웃 국가로부터 합병을 두려워할 만큼 강력한 도전을 받지 않았다. 근 50년 동안 그런 사례를 생각해보면 1989년 동독과 북예멘이 서독과 남예멘에 합병된 경우밖에 없다. 이와는 반대로 민족자결주의 권리가 인정되면서 작은 국가가 또다시 갈라지는 게 일반적 추세다. 군비 경쟁에도 불구하고 최빈국들의 정부는 19세기 유럽 국가와 마찬가지로 국제 전쟁을 치르지 않았다. 또 원조 덕분에 세금을 부과할 필요성이 줄었다. 일반적으로 최빈국의 정부는 지출의 3분의 1을 원조로 충당한다. 적당한 군비 지출과 많은 원조가 조세 부담을 줄여 세금은 GDP의 12퍼센트밖에 차지하지 않는다. 이 정도 수준의 과세는 국민들이 정부에 책임감을 요구하도록 자극하기엔 너무 낮은 것이다.

　타락한 지도자가 과세를 어떻게 생각할지에 대해서 더 엄밀하세 생각해봤다. 만약 당신이 모부투 대통령이라면 사회에 얼마나 많은 세금을 요구했을까? 그러다가 나는 낮은 과세가 전략일 수도 있겠다는 놀라운 사실을 깨닫게 됐다. 모부투는 분명 돈을 원했고, 실제로도 주기적으로 돈이 부족한 상태였다. 모부투에게는 많은 재산이 없었지만 자이르 정부로부터 얻은 이익으로 측근들의 충성심을 확보하는 데 사용했다. 그의 주 수입원은 천연자원을 채굴하는 기업이었다. 회사가 망할 때까지 뜯어낸 다음 과세를 높인 것이 아니라 무가베 대통령처럼 화폐 발행을 늘렸다.

높은 인플레이션은 이율 높은 과세 형태 중 하나지만 사람들이 세금으로 인식하지 않는다는 것이 장점이다. 그러나 사실 이것은 현금 보유자에겐 세금이나 마찬가지다. 자이르에서도 그랬고 짐바브웨에서도 현재 그런 것처럼 매달 물가가 두 배로 뛰면 이는 정부가 사람들이 갖고 있는 현금에 매달 50퍼센트의 세금을 부과하는 것과 같다. 정부가 갖게 될 이익을 계산해보자. 매달 임금 노동자가 한 달 동안 고루 소비한다고 치자. 평균적으로 그는 2주일 동안 받는 소득을 현금으로 갖고 있을 것이다. 50퍼센트의 인플레이션은 1주일 치 소득을 앗아가는 셈이다. 매달 같은 현상이 일어나므로 1년 동안 소득의 25퍼센트를 세금으로 걷는 것이다. 사람들이 세금으로 여기지 않는 것치고는 그리 나쁘지 않다! 하지만 초인플레이션이 흔치 않은 이유는, 이익이 지속되지 않기 때문이다. 사람들이 높은 인플레이션에 익숙해지면 자신들이 사용하는 것보다 상대적으로 적은 돈을 소유하는 방법을 찾는다. 예를 들어, 월급을 받자마자 최대한 빨리 사용하는 것이다. 때문에 초인플레이션은 결국 문제만 일으키고 눈물로 끝나는 것이다. 모부투와 무가베 모두 이를 최후의 수단으로 남겨두었다. 덧붙이자면 현재 짐바브웨에선 물가가 매달이 아닌 매주마다 두 배로 뛰고 있다.

부패한 지도자는 노골적인 과세가 반대 세력을 자극할 수 있기 때문에 매우 조심한다. 그는 국민들이 자신에게 책임감을 요구할 만큼 세금을 많이 부과하려고 하지 않는다. 만약 모든 이들에게 세금을 유익하게 사용해야 한다면 많이 걷어봤자 소용이 없다. 당신의 지지자는 다른 사람과 차별 대우를 받지 않으면 충성할 필요를 못 느낀다. 때문에 당신은 높은 책임감과 높은 과세의 균형을 맞추어야 한다. 경제학들은 누군가가 무언가를 극대화하려는 의사 결정 문제(Decision problem)를 해결하기를 좋아한다. 기업은 이익을 극대화하려 하고 개인은 행복을 최대화하려고 노력한다. 너무 간단해 보일 수 있지만 사람이 무언가를 최대화하려고 할 때 내리는 결정을 찾는다는 것이 경제학의 강점이다. 경제학자는 결정적으로 세계가 변화를 겪을 때 어떻게 선택이 바뀌는지 찾을 수 있다. 일반적으로 이러한 예측은 현실에서 크게 벗어나지 않는데, 그 덕분에 경제학자가 먹고살 수 있는 것이다.

부패 정치인의 선택도 간단한 결정 문제로 여길 수 있다는 것을 난 깨달았다. 즉 당신이 최대한 자유롭게 가로챌 수 있는 세율을 정하는 것도 그중 하나다. 너무 낮은 세율로는 세입을 많이 얻을 수 없기 때문에 소용이 없고, 세율이 너무 높으면 세입은 늘겠지만 세세하게 감시당하기 때문에 안 된다. 부패 정치인의 관점에서 이상적인 세율은 꽤 낮을 것이다. 우리는 이러한 이론적 틀을 이용해 부패 정치인이 지배하는 권력 체제의 경우, 유익한 공공 지출이 얼마나 되는지를 추측할 수 있었다. 그의 관점에서 일반인이 원하는 곳에 지출하는 것은 성지석 후원사에게 쓸 돈을 낭비하게 되는 것이므로 공공 지출이 아예 없기를 원할 것이다. 하지만 후원자에게 안겨줄 돈을 마련하기 위해 세율을 정했을 때 지도자는 그에 따른 반대 세력의 감시를 이겨내야 한다. 만약 감시 수준이 정부 수입의 3분의 1을 가로채도 될 정도라 해도 남은 3분의 2는 정당하게 사용되어야 한다. 지도자가 감시를 덜 받기 위해서 임의로 세율을 낮췄기 때문에 총 세입은 필요량보다 불충분하다. 그래서 국민은 세입의 3분의 2 정도만 혜택받고, 세입 수준이 충분하지 못해 여러모로 피해를 입는 것이다. 게다가 국민들이 어느 정도 공공 서비스를 받을 수 있는 것도 지도자가 착해서 그런 것만은 아니다.

책임감과 국가에 대한 인식이 어떻게 진화하는지에 대한 개요는 최빈국이 겪는 정치적 문제가 어쩔 도리가 없다는 것을 보여준다. 지도자는 국가의 효율성에 관심이 없고, 공동체 정체성도 확립되지 않아 공공 서비스의 공급이 제대로 이뤄지지 않기 때문에 국가가 비효율적이 된다. 유럽에서 형성된 효율적인 국가를 예로 들었을 때 해답은 강한 정규군 경쟁이다. 국가가 서로 간에 안보 측면에서 위협을 받으면 세금을 높일 필요를 느낄 것이고, 그에 요구되는 책임감도 증가할 것이다. 뿐만 아니라 강한 국가 정체성도 태동할 것이다.

이는 수용할 만한 방안이 아니라고 나는 논쟁적으로 주장할 터인데, 그전에 이에 유리한 증거를 제시하고자 한다. 최빈국의 지도자 가운데 우간다의 무세베니 대통령은 비정상적으로 유능했다. 1986년 그가 집권했을 당시, 우간다는 독립 후 약 25년 동안 평화적 번영을 누리다가 분쟁을 겪고 피폐해진 상태였다. 로마 제국이 철수한 후에 영국이 겪은 것과 비슷한 상황에 우간다가 봉착한 것이다. 5세기의 런던처럼 수도 캄팔라는 잡목이 우거진 오지로 되돌아가고 있었다. 하지만 무세베니 대통령은 놀랄 만한 변화를 이뤄냈다. 내륙국인 데다 자원이 부족함에도 불구하고 우간다는 아프리카에서 가장 빨리 경제가 성장하는 곳에 속한다. 그는 아프리카 대륙의 다른 곳에서는 일반적인 후원자들에 대한 관직 임용과 포퓰리즘보다 경제 회복에 대한 관심을 최우선으로 여겼다. 지도자로서 그가 갖는 대망은 무엇이었을까?

개인적으로 무세베니 대통령을 만났는데, 이후 그를 깊이 존경하게 됐다. 그는 정치인일 뿐만 아니라 동아프리카와 중앙아프리카의 정치적 지형을 바꾸고자 하는 대망을 가진 군사 지도자임을 알게 됐다. 이를 위해 그는 강력한 군을 원했다. 그가 가장 혐오하는 사람은 전임자 이디 아민(Idi Amin) 대통령이었다. 아민은 우간다 경제를 황폐화시켰을 뿐만 아니라 탄자니아 침공으로 축출되는 불명예를 안았다. 내가 생각하기에, 무세베니 대통령이 이로부터 얻은 교훈은 튼튼한 경제 없이는 강력한 군도 없다는 것이다. 이를 바탕으로 경제 개혁을 했을 것이라고 나는 생각한다.

그는 경제를 재건했을 뿐만 아니라 아프리카에서 유일하게 성공한 AIDS 퇴치 프로그램을 시행했다. 제로 그레이징(Zero Grazing)이라는 이 프로그램이 성공한 이유는 우간다인의 성적 습관을 바꾸도록 설득했기 때문이다. 헬렌 엡스타인(Helen Epstein)은 자신의 책 《보이지 않는 치료(The Invisible Cure)》에서 이에 대해 설명했다. 단 그녀가 밝히지 않은 것은 무세베니가 행동하게 만든 중요한 이유다. 군을 최우선으로 여긴 무세베니는 피델 카스트로와 상의해 군인들이 쿠바에서 훈련받게 했다. 쿠바로 간 군인들은 건강 검신을 받았다. 쿠바는 상당수의 우간다 군인들이 HIV에 양성 반응을 보였으며 AIDS로 사망할 것이라고 알려왔다. 경제 개혁처럼 우간다의 AIDS 프로그램도 무세베니 대통령의 군사적 야망의 도움을 받은 부분이 없지 않았다고 나는 생각한다.

우간다는 비록 책임성 있는 정치 체제를 확립하지는 못했지만 국가 효율성이 증가한 것만은 확실하다. 1994년 이후의 르완다도 비슷하다. 무세베니 대통령처럼 성공한 반군 지도자 폴 카가메(Paul Kagame) 정부는 아프리카에서 효율적인 국가 건설의 예로 들 수 있다. 무세베니와 카가메는 모부투가 매관매직으로 망가뜨린 자이르를 공동으로 침입했다. 그러고 나서 그들은 철수했지만 양쪽 모두 군대에 애착을 가지는 바람에 결국 군비 경쟁으로 이어졌다. 당시 영국의 원조 프로그램을 담당하던 국무 장관 클레어 쇼트(Clare Short)가 무세베니 대통령으로부터 카가메가 우간다를 침략하려 하기 때문에 우간다의 군비 증액은 정당하다는 편지를 받고 분노했던 것을 기억한다. 여기까지는 군사적 야망과 경쟁의식이 국가를 강하게 만든 두 가지 사례다.

하지만 난 최빈국들이 유럽과 같은 과정을 겪어야 한다는 생각에는 선뜻 동의하기 어렵다. 만약 그 해결책이 유용하다고 해도 엄청난 비용이 들어갈 것이다. 유럽은 전쟁 통에 분열됐는데 최빈국들 역시 같은 과정을 겪는 것은 원치 않는다. 유럽이 싸우던 때보다 현대의 전쟁은 훨씬 처참해졌다. 때문에 효율적이고 책임성 있는 국가를 세우는 더 나은 방법을 찾을 수밖에 없다. 하지만 한 가지 방법이 대안보다 훨씬 매력적이라고 해서 나는 이를 마냥 믿고 싶지는 않다. 착각은 경제 개발 문제를 오랫동안 현혹시켰다. 우리는 있는 그대로의 세계를 봐야지, 우리가 원하는 대로 봐서는 안 된다. 역사적인 방법이 엄청난 비용을 필요로 했다는 점은 우리가 더 좋은 대안을 바래야 하는 이유가 될 순 있겠지만 꼭 그렇게 생각해야만 하는 이유가 될 수는 없다.

나는 곧 왜 더 나은 방법이 있다고 믿는지 그 근거를 설명할 것이다. 하지만 우선 역사적 방법이 왜 더 이상 선택 사항이 아닌지부터 설명하겠다. 만약 이에 대한 내 설명은 옳지만 좋은 대안이 있다는 내 생각이 틀리다면 최빈국을 위한 책임성 있고 효율적인 국가 설립은 가능하지 않다는 뜻일 것이다. 일부 사려 깊은 이들은 이렇게 주장한다. 영향력 있는 외교 잡지 〈포린어페어스(*Foreign Affairs*)〉에서 마이클 클레멘스(Michael

Clemens)는 우리가 사는 동안 최빈국이 경제 개발에 성공할 가능성은 없다고 결론지었다.

그렇다면 왜 역사적 방법은 쓸 수 없을까? 우선, 국제 전쟁과 군사력 경쟁에 드는 고비용이 정치적으로 비현실적이기 때문이다. 최빈국들이나 국제 사회 모두 그렇게 하도록 내버려두지 않을 것이다. 하지만 이러한 우려를 제외하고도 이 방법은 성공하지 못할 것이다. 만약 최빈국들이 서로를 상대로 오랜 기간 전쟁을 치른다 해도 효율적이고 책임성 있는 국가가 되지는 않을 것이다. 왜냐하면 대부분의 최빈국이 천연자원을 통해 상당한 수입을 얻고 있기 때문이다. 그들은 과세 제도를 이용하지 않아도 천연자원에서 얻는 수입으로 오랫동안 군비 지출을 할 수 있을 것이다. 최빈국들 중 가장 높은 군사비를 지출한 곳은 앙골라로, GDP의 20퍼센트를 군에 소비했다. 하지만 앙골라의 경우 국내 과세는 전혀 없고 최빈국들 가운데 가장 책임성 없는 정부 중 하나다.

현실적인 옵션은 무엇인가? 가장 좋은 방법은 탄자니아의 니에레레 대통령처럼 국가 정체성을 통한 정치적 지도력을 활용하는 방안이다. 놀랍게도 니에레레는 이웃 국가를 적대화하는 방법을 사용하지 않고도 이렇게 성공했다. 실제로 그는 국가 정체성뿐만 아니라 범아프리카주의도 강조했다. 다문화주의에 대한 과도한 죄책감 속에서 우리는 소수자의 권리가 통상적인 국적 의식을 중요하지 않게 여기는 시스템에 달려 있다는 점을 잊을 수도 있다.

어떤 사회에서는 종족 양극화라는 정치적 과정 때문에 여러 국가로 분리되는 것이 유일한 방법이 될 수 있다. 하지만 그로 인해 작은 국가가 급증할 수 있다. 부존자원이 적은 데다 조그만 내륙 국가로서 전쟁을 겪은 코소보를 고려해보자. 코소보는 20만 인구의 아브하지아, 7만 인구에 내륙에 위치한 유주나야오세티야, 55만 인구에 역시 내륙에 위치한 트란스드니에스트리아 등 세 개의 지역으로 이루어져 있다. 세계적으로 현재 국가로서의 지위를 주장하는 지역은 70곳 정도다. 대부분은 영국의 요크셔 주보다 작은 곳이다.

만약 국가 설립이 가능하지 않다면 캐나다와 벨기에가 대안이 될 수도 있다. 그들은 강한 국가지만 하위 집단의 정체성에 비해 국가 정체성은 약해서 가끔 국가가 나뉠 뻔하는 곳이다. 그럼에도 불구하고 두 나라 모두 훌륭하게 국가로서의 기능을 수행 중이다. 캐나다는 인간개발지수(Human Development Index) 상위권을 차지하고 있고, 벨기에는 유럽의 부유한 국가에 속한다. 강력한 지역 정체성은 확고한 책임성을 갖는 하나의 국가 안에서나 관리가 가능하다. 집단 간 경쟁에도 불구하고 견제와 균형을 통해 연방 국가는 공정하게 기능할 수 있다. 소속감을 공유하는 대신 국가는 집단들끼리 서로 견제하고, 감시하고, 불이익을 당하는 것을 막기 위한 책임성 있는 기관을 운영함으로써 기능할 수 있다. 이런 사회는 편안하지는 않겠지만 성공할 만하다.

하지만 문제가 있다. 캐나다와 벨기에는 책임성을 지키는 강건한 시스템이 갖춰져 있기 때문에 유지되는 것이다. 그들은 분열된 사회가 공공 서비스를 제공하는 데 겪는 문제를 어떻게 해결한 것일까? 지역, 문화적 친근감, 이웃 국가에 대비한 크기를 볼 때 가장 적합한 설명은 그들이 인접 국가의 책임성의 규범을 잘 채택했다는 것이다. 사실상 그들은 강력한 국가관을 구축한 이웃국가의 지위에 무임승차(free-ride)한 것이다. 하지만 최빈국은 그런 곳이 아니다. 이웃 국가와 내부 분열을 고려했을 때 캐나다와 벨기에처럼 작용할 수 있는 책임성을 지키는 강건한 시스템이 생성될 수 없었다. 책임성이나 국가 설립 이전에 선거를 소개하는 방법은 기본적으로 잘못된 것이다. 오늘날의 성숙한 민주주의 사회에서는 차례가 달랐다. 경쟁 선거를 치르기 전에 책임감이 먼저 갖춰졌다.

책임성 없는 선거 경쟁은 실제로 차후의 책임성 공급을 지연시킨다. 사회는 더욱 양극화되고 현직 지도자들은 책임성 없이도 권력을 유지하는 방법을 사용한다. 최빈국이 국민 국가가 될 수 없다면 책임성을 제공하는 신의 가호가 필요하다. 하지만 어디서 그런 도움을 찾을 수 있을까?

제9장

얻어먹기보다는 죽는 게 낫다?

이제 그 신(神)을 다룰 차례다. 그 핵심 아이디어는 최소한의 국제적 개입이 최빈국 내부에 가해지는 정치적 폭력의 강력한 힘을 해로움 대신 이로움으로 작용하도록 촉발시킬 수도 있다는 것이다. 하지만 우리가 실제 인식할 수 있다시피 강력한 국제적 행동의 범위는 매우 제한적이다.

국제적 개입이 아무리 작더라도 정당성을 갖추어야 하기 때문에 주요 공공재가 국제적으로 어떻게 제공되는지부터 설명해보겠다. 우선 가장 중요한 책임성과 안전에 집중할 것이다. 물론 이 둘이 국제적으로 공급되어야 할 유일한 공공재는 아니다. 책임성과 안전 없이는 한 나라가 발전할 수 없으므로 이는 대단히 중요하다. 최빈국들은 개별적으로 책임성이나 안전을 국민들에게 제대로 공급하지 못하고 있다. 사회 내에서 이를 공급하는 길을 닦는 것은 더더욱 힘들다. 이를 위해서 노력하는 영웅들은 마땅히 우리의 지원을 받아야 하고, 국제적 공급에 대해 우리는 좀 더 기꺼이 나서야 한다. 나는 최소한의 국제적 개입으로도 덫을 풀수 있다고 생각한다. 덫이 풀리면 국내 공급이 국제 공급을 대신할 수있고 마땅히 그래야만 한다. 책임성과 안전의 공급 과정에서 국제적 도움은 오직 한 단계만을 필요로 한다.

최빈국을 위한 공공재의 공급이 각 국가의 정부에서가 아니라 국제적으로 이루어져야 하는 두 개의 명백한 이유가 있다. 우선 당신이 앞에서 읽은 것처럼 이들 사회는 필요한 집단행동을 하기에는 너무 분열되어 있어서 내부 공급이 가능하지 않다. 이제 또 다른 이유를 소개하고자 한다. 일반적인 최빈국의 경우 너무도 크기가 작아서 공공재의 토대를 이루는 대부분의 외부적 요소가 이웃에게 넘칠 수준으로까지 내부화할 수없다. 실제로 공공 서비스의 제공과 관련해서 국가의 적절한 규모는 인구보다는 경제로 판단해야 하기 때문에 일반적인 최빈국은 실제로 보이는 것보다 훨씬 작은 규모다. 유럽에서 제일 작은 편에 속하는 룩셈부르크의 국가 소득은 최빈국 평균의 약 네 배다. 다른 사회에선 국가적으로 공급되는 공공재가 최빈국에서는 지역적으로 분배된다. 인도에서 국가적으로 제공되어야 하는 것이 서아프리카나 중앙아시아를 이루고 있는 많은 국가들에는 지역적으로 따로 공급될 필요가 있다.

규모의 경제 측면에서 작은 규모 때문에 가장 중요한데도 제공되지 않는 게 치안이다. 지금의 고소득 국가들은 폭력적 경쟁 과정에서 치안을 제공하기에 충분할 만큼 커서 다윈의 진화 과정처럼 살아남은 곳들이다. 이러한 국가 대부분은 경제 성장을 통해 국민 국가 수준에서 다양한 범위의 공공 서비스를 제공할 만큼 크다. 그와 반대로 최빈국들은 국가가되기엔 대부분 너무 작다. 너무 작은 것의 문제는 너무 커서 겪는 문제보다 더 심한 골칫거리다. 만약 한 대륙이 주요 외부 효과를 내부화하기에 너무 작은 국가들로 나뉜다면 활발한 공공 서비스의 제공은 어려워질 것이다. 조각처럼 좁은 영토로 이루어진 지역에서 기본적인 발전 설비나 도로 및 철도의 공급과 같은 공공재는 국가적 사업이기보다는 그 지역에 국한된다. 식민지 제국 시대에는 지역적 규모가 넓었기 때문에 독립 이후의 정부보다 인프라 건설을 결정하기가 쉬웠는데, 아프리카는 아직도 그때로부터 물려받은 낡은 유산에 의존하고 있다.

구체적으로 들어가면 중앙아프리카는 수력 발전에 적합한 지형을 갖고 있다. 많은 양의 비가 고지에 위치한 땅에 내려 콩고 강으로 흘러들어간다. 해수면으로 하강하는 물은 아프리카에 상당한 전력 생산을 가능하게 해서 수십 년 동안 개발 프로젝트로 인식되었지만 실제로는 거의 진행되지 않았다. 콩고민주공화국은 수력 발전이 가능한 양만큼 전력을 필요로 하지 않았고, 다른 국가 대통령은 콩고 대통령에게 전력 공급을 부탁하거나 그외 이웃 나라 대통령들에게 송전선의 횡단을 부탁할 의사가 없었다. 과다한 주권을 소유한 이러한 대통령들 때문에 이 지역은 전력 부족 사태에 처해졌다. 또 아프리카는 땅덩어리가 커서 철도를 깔기에 적합하다. 실제로 식민 지배 국가에 의해 많이 부설되기도 했다. 하지만 이제 그 위를 달리기엔 기차가 상당히 부족하다. 새로운 차량을 구입하기 위해 재원을 마련하기는 쉽다. 다른 곳에선 차량 자체를 담보 잡아 외상으로 기차를 살 수 있다. 하지만 기차는 국경을 넘어설 수 있기 때문에 담보로 인정되지 않는다. 법 집행에 관한 국가 간의 협력이 부족해, 차량이 국경을 넘으면 사실상 화성으로 간 것과 마찬가지다.

따라서 공공재에 한해서는 작다는 것이 별로 상황에 좋지 않다. 작은 규모는 국가가 공급할 수 있는 혜택을 인위적으로 제한한다. 대가가 적으면 노력할 인센티브도 줄어들기 때문에 공급 부족을 악화시킨다.

최빈국이 서로 협력해 각 국가별 수준에서 공급될 수 없는 공공재를 제공할 수 있다. 실제로도 지역적 공공재여서 효율적으로 공급될 수 없는 것을 위해 어느 정도 협력할 인센티브가 있다. 지역적 협력은 국가 주권에 거의 위협적이지 않은 도전이므로 가능하다면 책임성과 치안은 어느 정도 수준까지 공급되어야 한다. 그러나 과연 이런 일이 가능할까?

최빈국은 각 국가 수준에서 주요 공공재를 제공할 능력이 다른 곳보다 턱없이 부족하기 때문에 다른 사회보다 더 협력에 의존할 것으로 기대된다. 그럴 경우 크고 동일한 고소득 국가들보다 얻을 것이 훨씬 많다. 이러한 패턴은 세계적으로 쉽게 찾아볼 수 있다. 고소득 국가 가운데 주권을 협력하는 데 가장 관심 없는 나라는 미국과 일본이다. 유럽 공동체에서 이에 가장 열광적인 국가는 작고 다양한 사회로 이루어진 벨기에와 룩셈부르크다. 소련 붕괴 이후 생긴 여러 작은 국가들은 유럽연합에 합류했지만 러시아는 냉담하다.

열정의 차이가 있지만 근 50년 동안 선진국은 어떻게 협력해야 하는지를 알기 시작했다. 주권이 모이는 곳은 점차 분명한 이익을 얻고 있다. 가장 극적인 주권 공유는 미국 내 연방 세력을 모으는 것이었다. 최빈국의 평균 경제 규모보다 훨씬 큰 경제를 갖고 있는 각각의 50개 주는 서로 협력하는 법을 배웠다. 그다음은 유럽연합으로, 27개의 국가가 주권을 공유한다. 다음엔 OECD로, 통치의 상호 강화라는 오랜 전통을 30개의 고소득 국가가 지켜나가고 있다.

중간소득 국가만 해도 고소득 국가와 같은 주권 공유를 찾을 수 없다. 인도양을 접하고 있는 국가가 지진 경고 시스템을 만드는 데 협력하지 않아 아시아에서 일어났던 쓰나미는 그야말로 치명적이었다. 최빈국에서의 협력 부족은 더욱 현저하게 나타난다. 지역적으로 뭉칠 수 있는 국가끼리도 서로 협력하지 못한다.

대조적인 추세를 보려면 유럽에서 가장 큰 국가인 독일과 아프리카에서 작은 국가에 속하는 부룬디를 비교해보자. 두 국가 모두 어려운 과거 역사가 있었고 이웃 국가에 해를 끼쳤지만 두 나라의 주권이 현재 어떻게 다른지 생각해보자. 한 국가는 고유 화폐가 없고, 이자율을 통제하지 못하고, 무역 정책을 관리하지 못하며, 재정 적자를 제한하는 규칙을 따라야 하며, 이웃 나라 법정에서 자기 나라의 판결이 기각될 수 있으며, 외국 회사가 자국 회사를 인수하는 것을 막을 수 없다. 반면에 다른 국가는 이 모든 것에 대해 완전한 주권을 갖고 있다. 독일은 제한된 주권을 갖고 있지만 그곳의 경제는 부룬디의 경제보다 3200배나 크다. 우리가 외부 효과의 내부화라는 개념을 적용한다면 부룬디는 독일보다 훨씬 더 열성적으로 작은 나라와 주권을 공유해야 한다. 일반적으로 작은 나라는 큰 나라보다 더 많은 주권을 공유할 필요가 있다. 미국인을 제외한 모두가 미국이 주권 공유를 거부한다고 거북해하지만 세계에서 경제 규모가 가장 큰 미국은 그럴 필요를 느끼지 못하는 것이다. 이미 국경 내에서의 주권 공유를 통해 엄청난 외부 효과를 내부화했다. 역설적인 것은 주권 공유를 통해 가장 얻을 것이 많은 최빈국들이 제일 적게 공유한다는 점이다.

최빈국 사회에서 각 나라가 다른 나라로부터 얻는 외부 효과를 다시 고려해보자. 때로 이런 효과는 상호적이어서 만약 두 나라가 모두 협력한다면 둘 다 이익을 얻을 것이다. 이 이익은 지역적 협력을 통해 얻기 쉬운 공공 서비스일 것이다. 만약 모두가 혜택받는다면 협력이 가능할 텐데, 기록은 그렇지 않음을 보여준다. 외부 효과는 일반적으로 상호적이지 않다. 보통 협력이 없으면 한 나라는 불리한 외부 효과 때문에 고생하고, 다른 나라가 조금 이익을 본다. 만약 내가 밤새 작곡을 하면 내게는 조금 도움이 되겠지만 가족은 잠을 못 이룰 것이다. 가족의 경우에는 그 외부 효과를 내부화하는 것이 쉽다. 내가 조용히 곡을 쓰면 되는 것이다. 하지만 케냐가 우간다로 가는 도로를 수리하고 개방하기로 약속하면 내륙 국가인 우간다엔 엄청난 도움이 될 테지만 케냐는 돈을 써야 하고 정치적 억제력을 약간 희생해야 한다. 이런 공공 서비스는 협력을 통해 공급되지 않을 수도 있다. 원칙적으로 이런 상황에선 경제학이 해결책을 찾을 수 있다. 즉 우간다 정부가 케냐 정부에 충분한 재정적 보상을 하면 두 국가 모두 이득이 될 것이다. 하지만 이 같은 일은 일어나지 않았고 앞으로도 일어나지 않을 것이다. 실제로 케냐 독립 이후 우간다와 해안을 잇는 도로는 계속 불안정했다. 아니면 기니에서 새로 발견된 철광석을 생각해보자. 다행히도 식민지 시절 부설된 철로는 철광석이 발견된 곳에서 라이베리아의 항구 도시인 뷰캐넌까지 이어져 있었다. 그러나 뷰캐넌은 라이베리아에 있기 때문에 기니는 새로운 철로를 건설하고, 다른 항구를 만들어야 했다. 이 새로운 길은 훨씬 멀겠지만 기니의 영토 안에 건설될 것이다. 하지만 이 결정은 새로운 철광석을 개발하는 데 드는 비용 60억 달러의 절반을 차지한다. 그리고 이 비용은 라이베리아 국가 소득과 같은 액수다. 이처럼 상호 도움이 되지 않는 외부 효과를 위해서는 지역적 협력이 가능하지 않으므로 남은 선택은 더 높은 단계의 국제적 협력을 통해 이를 내부화하는 수밖에 없다.

이것은 지역적 협력이 봉착한 유일한 문제가 아니다. 책임성이라는 공공재의 공급 문제를 구체적으로 살펴보자. 현재 아프리카 국가는 아프리카상호감시체계(APRM, African Peer Review Mechanism)를 통해 상호 검사를 하기 위해 협력 중이다. 이것은 어떤 국가가 자진해서 다른 국가의 평가를 받겠다고 하는 새로운 제도다. 나는 이 제도를 강력히 지지하지만 현재까지 아프리카의 정부들은 그런 평가를 받을 의향이 없는 것으로 보인다. 물론 이 방법은 엄청난 어려움이 있을 것이다. 만약 그들 사회 내 어떤 곳도 저마다 책임성이 없다면 지역에 책임성을 제공하려는 이 클럽은 합법성과 인센티브라는 두 가지 곤란한 문제에 부닥칠 것이다. 합법성 문제의 경우, 맨 처음 비난받는 정부가 다른 정부에 "남 말 하네"라고 되받아칠 수 있다.

인센티브 문제는 국가 간 협력이 곧 정부 간 협력이라는 사실에서 기인한다. 하지만 협력에 대한 책임성이 없는 정부가 왜 스스로 협력에 제한을 두려고 할까? 이렇게 제한해도 이익을 얻을 수 있다는 선견지명을 충분히 갖고 있는 정부라 하더라도 다른 고집 센 참가자들 때문에 협력이 원활히 이뤄지지 않을 수 있다. 최근에 짐바브웨에서 정부의 책임성 있는 공공재의 공급이 붕괴한 사례를 보자. 만약 이웃에 의해 책임성이 강화될 필요가 있는 곳을 꼽으라면 짐바브웨가 적당하다. 2007년 인접 국인 잠비아의 무아나와사 대통령은 남부 아프리카 대통령 모임에서 짐바브웨의 붕괴에 대한 우려를 표했다. 700만 명에 달하는 짐바브웨인이 잠비아에 피난 와 있었으니 이해할 만한 걱정이었다. 하지만 무아나와사 대통령은 다른 대통령으로부터 별로 지지를 받지 못했다. 쑥스러워그랬는지 그날 모임을 위해 경제적 성과를 비교하는 보고서가 준비되지않았다. 무가베 대통령은 그런 걱정 자체에 화가 난다는 듯 회의장을 박차고 나가버렸다. 마치 그가 나라를 망치고 싶은데 왜 그렇게 하면 안되느냐고 비판하듯이. 실제 아프리카 대통령들은 대체로 무가베 대통령편을 들었다. 그에 대한 세간의 비판과는 동떨어지게 그들은 짐바브웨를 유엔인권위원회(UNHRC) 의장국으로 뽑았다. 심지어 무가베 대통령이 상당한 양의 무기를 실은 선박을 수입하려 할 때 남아프리카 부두 노동자들의 파업으로 수입이 막혔다. 무가베는 반대 세력을 제압하거나인접국에 피해를 주기 위해 무기를 원했을 텐데, 인접국은 가만히 있고노동자가 이를 저지한 것이다.

마지막 문제는 각기 다른 종족 집단을 잘 버무려서 국민 국가를 건설하는 데 지도력이 필요한 것처럼 여러 국가가 집단행동을 하도록 충격요법을 쓰는 데도 지도력이 필요하다는 것이다. 아프리카에 유럽연합과같은 모임은 생기지 않았다. 주권의 공유가 장기적으로는 각 나라에 이익이 된다는 비전을 가진 헌신적인 지도자가 필요했다. 그것은 최빈국내에 형성된 정치 그룹의 국가 지도자가 협력 체제를 건설하기 위해 반드시 지녀야 할 책임 중 하나다. 하지만 그들은 지역적으로 장래도 없고카리스마도 부족한 지도력을 보여줬다. 식민주의로부터 독립한 아프리카에서 그런 지도력을 보여준 것은 독립 직후 가나의 은크루마 대통령과 탄자니아의 니에레레 대통령이 범아프리카주의라는 어젠다를 적극적으로 추진했을 때가 마지막이었다. 그들이 추진한 실제 내용은 서양 세계에 반대하는 연합체를 만드는 것이었다. 하지만 범아프리카주의는 내용 때문이 아니라 여러 국가를 하나의 목적 아래 연합하는 것이 어려워 실패했다.

주권 국가가 너무 작은 데다 그들 사이의 지역적 협력도 어렵다면 조금은 극단적이지만 좀 더 큰 국가로 연방을 형성하는 방법도 있다. 이것은 미국이 선택한 길이었는데, 식민지 시대 말기에 아프리카에서도 시도됐다. 그런데 국가를 합치는 과정에서 직접적인 방해물은 공무원의 정리 해고가 발생하고, 이들이 합병을 반대할 것이라는 점이다. 만약 두 국가가 합치면 한 명의 대통령, 한 무리의 장관과 하나의 군대만 필요할 것이다. 아마 이 때문에 국가의 합병 사례가 드물지 않나 싶다.

고위직들이 누릴 수 있는 특전들이 국가 간의 합병을 꺼리게 하지만 그 보다 더 심각한 문제가 있다. 즉 합병이 소규모 국가라는 결정적 약점 및 안보 측면에서 규모의 경제로 도약하지 못하게 하는 능력을 완화하거나 강화하는지의 여부다. 불안전과 관련해 규모의 증가는 두 가지 반대되는 효과가 있음을 상기해보자. 규모가 커지면서 따르는 이익도 있지만 국민의 화합이 감소함에 따라 위험이 증가하는 부작용도 있다. 하지만 국가 합병이 국민의 화합을 저해할까? 식민지 시절에 국경선이 무작위로 그려져 지역 사회 한가운데를 일직선으로 관통했던 점을 감안할 때 어떤 합병은 종족 다양성을 증가시키지 않을 수도 있다. 종족 다양성이 증가하더라도 규모 덕분에 얻을 수 있는 안보의 효과는 종족 다양성의 증가로 인한 위험성보다 클 수 있다.

이 문제는 연구가 가능하다. 스웨덴 출신의 옥스퍼드 대학원생 크리스티안 비그스트룀(Christian Wigström)이 관심을 가져 우리가 조사하기로 결정했다. 우리는 탈식민지화 과정을 재현해 아프리카가 수적으로 더 적은 나라로 합친 것의 효과를 상상해봤다. 국경선을 다시 긋는 것이 아니라 지도에서 지우고 국가를 쌍으로 합병한 다음 정치적으로 결합해 이룩한 '사하라 사막 이남 아프리카(sub-Saharan Africa)'라는 꿈이 이뤄질 때까지 합병 과정을 계속해나갔다. 이 과정에 대해 다양한 반응을 상상할 수 있다. 당신은 사회 과학이 가끔 이성을 상실할 때처럼 이에 대해 다양한 관점을 가질 수 있다. 즉 국가를 상대로 신처럼 거만하게 굴거나 상상컨대 아프리카에서 식민지 시절 만들어진 모자이크 형태를 깨뜨리고 더 큰 통합을 이루도록 정치적 추동력에 대한 정보를 제공하는 것 등 말이다.

모델 구축 방법의 가장 신나는 결과 중 하나가 연구원이 대안 상황을 모의실험할 수 있다는 점이다. 우리는 합병 과정을 재현하면서 여러 원칙을 세워야 했다. 예를 들어 케냐가 우간다와 먼저 합병할까, 아니면 탄자니아와 할까? 우리는 합병된 국가가 맞닥뜨릴 위험을 최소화하는 것을 가이드라인으로 정하고 종족 구성이 비슷한 국가를 찾았다. 사실, 이것은 종족 면에서 비슷한 국가들끼리의 가상 결혼과 같다. 이 과정을 통해 우리는 과거 제국주의 국가들이 만든 국경이 자주 종족 집단을 갈라놓았기 때문에 종족 다양성을 증가시키지 않고 국민 국가를 크게 만드는 것이 때로 가능하다는 사실을 알아냈다. 우리의 분석에 의하면, 이런 국가는 종족 다양성이 추가되지 않지만 규모의 경제를 얻기 때문에 더 안전해질 것이다. 또한 우리는 국경선의 경우 종족 다양성보다는 적어도 규모를 포기할 수도 있다는 점을 발견했다. 비정상적으로 다양한 종족으로 구성된 곳에서는 국가가 유별나게 작았다. 작지만 종족 구성이 다양한 이런 국가는 국내의 치안 문제에서 심각한 문제를 겪고 있다. 점차 가정을 통해 합병 국가가 생기자 앙케와 도미니크가 만들었던 가상 모델을 가지고 우리는 폭력의 위험도를 예측했다. 그 결과, 우리는 탈식민지화 과정이 치안의 측면에서 볼 때 얼마나 잘못된 결정이었는지를 다룰 수 있었다.

우리의 이 특이한 연구는 아직 진행 중이지만 지금까지의 결과를 보면 종족 다양성을 크게 증가시키지 않으면서 아프리카의 여러 종족 집단을 일곱 개의 큰 국가로 묶을 수 있을 듯싶다. 일곱 개의 국가로 구성된 아프리카는 우리 분석에 의하면 현재의 구조보다 매우 안전할 것이다. 하지만 일곱 개의 국가를 하나로 합쳐 아프리카합중국(United States of Africa)을 만들려면 종족 다양성 증가에 따른 고비용 때문에 다시 위험에 처할 수 있다. 아마도 대(大)아프리카 연합은 소구역적 집단화를 강화함으로써 가장 성공적으로 달성될 것이다.

최빈국 사회에서 주권 국가 간의 협력 문제와 국가 합병이라는 극단적인 전략에 심각하게 방해되는 요소를 고려했을 때 마지막 선택은 지역이 아닌 더 높은 단계의 국제 협력을 통해 공공재를 제공하는 것이다. 규칙 없는 선거 경쟁으로 피해받고 있는 현 사회는 책임성이 절박하게 필요한데, 이는 국외에서 얻어야 할 것들이다. 구체적으로 말하면 합법성과 인센티브 문제 때문에 국제 사회 가운데 이미 효과적으로 책임성을 수행 중인 정부로부터 공급받아야 할 것이다. 이에 따라 우리는 짐바브웨가 유엔인권위원회 의장국으로 선출된 결과에서 드러났듯이 한층 더 강화된 민족적 주권이라는 사고방식의 벽에 맞닥뜨리게 됐다.

전통적으로 최빈국들의 정부는 힘이 없는 것으로 인식되고 있다. 그들은 스스로에 대해 자신들을 반대하는 국제 시스템의 피해자로 여긴다. 식민지로 있다가 어렵게 자유를 얻었기 때문에 아직도 더 강한 나라로부터 괴롭힘을 당한다고, 이런 강자와 약자 이미지가 역기능을 불러일으켰다고 생각한다. 하지만 실제로는 최빈국 정부가 주권을 아주 적게 갖고 있는 것이 아니라 너무 많이 갖고 있다. 내가 가장 설득하고 싶은 사람들이 싫증 나서 이 책을 집어 던지기 전에 내가 식민주의를 대변하거나 재현하려는 게 아니라는 점을 먼저 분명히 밝혀둔다. 내가 가장 거론하고 싶은 것은 최빈국 사회 자체를 위한 문제다.

최빈국들은 대부분 미국과 반대편에 서 있다. 급증한 이민자들에 의해 생긴 미국은 어느 순간에 만들어진 사회지만 이젠 제법 오래된 민족 국가다. 미국인은 정체성뿐만 아니라 정부 권력에 대한 의심도 공유하기 때문에 견제와 균형이라는 공공재를 설립하고 유지하는 데 잘 협력했다. 정부는 매우 투명하다. 또한 미국은 확상주의 정책을 편 결과, 이세 서내한 나라가 돼 치안에 대해 규모의 경제를 지니게 됐다. 최빈국들의 경우, 사회는 오랜 역사를 지녔지만 국가는 갑자기 세워졌다. 하지만 국가 자체가 너무 작아서 치안에 대한 충분한 규모의 경제를 갖추지 못해 사회적으로 평화를 유지하는 데 어려움을 겪고 있다. 또 너무 순식간에 세워졌기 때문에 종족이나 종교처럼 과거 사회의 공통분모와 비견될 정도의 강력한 국가 정체성을 갖추지 못했다. 그 결과 치안을 확보하기엔 규모가 너무 작고, 공공재를 제공하는 데 도움이 되는 사회적 결속력을 갖기엔 너무 크다. 때문에 공공재는 충분히 공급되지 못하고 있다.

우리가 살펴본 것처럼 이들 국가에서 찾아보기 어려운 공공재 가운데 하나가 정부의 책임성이다. 미국과는 반대로 최빈국 정부는 내부적인 견제와 균형 시스템이 없다. 만약 최빈국 사회가 자체적으로 이런 공공 서비스를 제공하지 못한다면 차라리 국제적으로 공급하는 것이 낫다. 아프리카에 꼭 필요한데도 제공되지 않는 공공 서비스인 말라리아 백신을 외부에서 제공하자는 주장과 같은 논리다. 최빈국의 어떤 사회도 이러한 공공 서비스를 제공하지 못하고 있으니 그 빈자리를 국제적인 공공 행동으로 메우려는 것은 당연하다. 어느 특정 지역에 도움이 되는 공공재는 때로 지역 외부에서 가장 공급이 잘될 수 있다. 견제와 균형을 공급하는 것과 말라리아 백신을 공급하는 데 있어 차이가 나는 것은 국가 주권의 문제다. 말라리아 백신은 세계 공공 재정으로 개발되기 때문에 국가 주권을 자극하지 않지만 국제적 공공 행동으로 개발된 견제와 균형은 주권을 자극할 가능성이 크다.

식민지 경험으로 생겨난 가장 오랜 유산은 최빈국 사회 내부와 민족적 주권이라는 개념을 우려하는 사람들이 주권에 대해 지나치게 존경심을 갖는 것이다. 다시 되풀이하고 싶지 않은 과거에 대한 감정은 어떤 사안을 진지하게 생각하지 못하게 한다. 현실적으로 일반적인 최빈국 사회는 국민 주권(national sovereignty)을 거의 갖고 있지 않다. 국가의 형태를 갖추고는 있으나 아직 국민 국가가 아니기 때문에 선거 행위나 당선자에게 충분한 제한을 두는 결속력이 부족하다. 결과적으로 '대통령의 주권'이 있다고 볼 수 있다. 대통령이 민족 주권을 부러워하는 것은 곧 자신의 권력을 질투하는 것과 마찬가지인 셈이다. 책임성, 치안 및 일반 공공 서비스가 원활하게 제공되느냐의 여부는 민족 주권을 제대로 인식하는 것에 달려 있다. 이를 국제적으로 제공하는 것은 창피해할 일이 아니며 아예 안 하는 것보다 훨씬 낫다.

법에 따라 국제적으로 책임성을 제공하려면 공평함이라는 기본적인 반론에 직면한다. 다른 사회가 국제적인 규칙을 따르지 않는데 왜 자기만 따르려 하겠는가? 예를 들어, 미국이 국제적인 규칙을 따르지 않을 경우 동티모르가 왜 따르겠는가? 하지만 이런 생각이 어느 정도 이해는 가지만 이는 본질적으로 틀렸다. 그 때문에 진지한 사고가 가능하지 않다. 그러니 정면 돌파해보자.

나는 미국이 국제적인 규칙을 좀 더 지원하는 모습을 보고 싶다. 미국도 제공하지 못하지만 그래도 이익이 될 만한 범지구적 공공재가 있다. 그러나 미국 국민은 국제 규칙을 따를 필요가 거의 없다. 국민 국가로서 정부 권력에 이미 제한을 두고 있는 데다 큰 국가로서 이미 치안과 다른 여러 가지 공공재를 충분히 공급하고 있다. 반대로 동티모르 국민이 국제 규칙을 따라야 하는 이유는 국가 수준에서 이런 요구를 충족시킬 만한 구조가 아닌 땅에 살고 있기 때문이다. 현재 몇천 명의 국민이 서로를 두려워하며 난민 캠프로 도망가고 있다. 동티모르 국민은 미국 국민처럼 범지구적 공공재의 혜택을 받겠지만 국제 규칙 덕분에 얻는 것이 더 많을 것이다. 국가 주권은 대통령이 세계 무대에서 사나이다움을 자랑하기 위해 존재하는 것이 아니라 정부 디자인의 일부분으로 국민의 요구가 기준이 되어야 한다. 엘리트 집단은 국민의 요구에 응하는 것보다 국민 주권에 대해 지나친 열정을 갖고 있는데, 나는 이를 "얻어먹기보다는 죽는 게 낫다"라고 표현하고 싶다. 그 말을 처음 들었을 땐 숭고할지 몰라도 엘리트가 배고픔을 겪는 게 아닌 것을 감안하면 생각이 바뀐다. 내가 원고를 마지막으로 손보고 있는 오늘, 이 문장이 완성됐다. 무가베 대통령은 배고픈 국민에 대한 식량 원조를 금지했다. 그릇된 유권자들은 그를 지지하는 동안 계속 굶주릴 것이다.

동티모르는 강력한 국제적 규칙을 일시적으로 필요로 할 것이다. 이런 규칙을 통해 국민에게 지금은 제공되지 않는 책임성과 치안이 제공되면 사회와 경제가 발전할 것이다. 그렇게 되면 국제적 추세는 동티모르에 유익한 방향으로 바뀔 것이다. 종족이 다양한 사회에서 강화된 규칙에 의해 선거를 쉽게 이기는 방법이 어려워지면 민주주의는 더 빠르게 성장할 것이다. 경제 성장으로 사회가 1인당 2700달러의 소득을 올리게 될 때 민주주의도 안전해진다는 사실을 상기해보자. 시간이 흐르면 본래 국제적으로 강제로 실행되던 견제와 균형이 내부적으로도 지속될 수 있다. 처음의 쿠데타가 다음 쿠데타를 합법화하는 것처럼 규칙을 충실히 지키는 역사가 준수하는 습관을 낳는다.

국민 국가와 아프리카의 군주 모두에게 반식민지화라는 목표는 확실히 타당한 것이었다. 공공재는 국제적인 차원보다 국가적인 차원에서 가능한 많이 제공하는 것이 바람직하다. 이는 '보완성의 원칙(Principle of Subsidiarity)'으로도 알려져 있는데, 주권이 기능을 하는 데 가장 적절한 수준에 맞춰지는 것이 적절하다. 인구가 적은 국가는 결국 소득이 올라갔을 때 실행이 가능하다. 경제가 커지면 인접국과 통합하는 법을 배워 작은 규모로 인해 치러야 할 큰 비용을 감당하지 않아도 된다. 룩셈부르크는 유럽에서 가장 부유한 국가로, 최빈국들 가운데 가장 작은 나라에도 모델이 될 수 있다. 하지만 식민 제국으로부터 작지만 종족 구성이 다양한 국가의 대통령에게 갑자기 주권을 건네준 것은 목표가 옳았음에도 불구하고 길을 잘못 든 것이다. 그 과정에서 수많은 작은 국가들에서 책임성과 치안이라는 중요한 공공 서비스가 제대로 공급되지 않는 결과를 초래했다. 목표를 이루기 위해선 이들 사회에 국제적인 차원에서 이 두 가지의 공공재를 제공해야 한다.

이제 나는 책임성의 요구라는 문제에 집중할 것이다. 국제적인 제공의 장벽을 뚫는 것이 필요하지만 현실적으로 가능할까? 국제 사회는 사실 제 기능을 발휘하지 못하고 있다. 이 책의 승부수는 정부를 규율할 힘을 가진 세력을 이용하는 것이다. 정부가 책임져야 할 두 가지 중요한 관점이 있다. 바로, 권력을 획득할 수 있는 방법에 대한 규칙과 획득한 권력을 이용해 공공 자금을 사용하는 방법에 대한 규칙이다. 그렇다면 현실적으로 국제 사회가 어떻게 효과적인 규칙을 이들 사회에 소개할 수 있을까?

제안 1. 민주주의를 위해 폭력을 이용하는 것

합법적으로 권력을 얻는 방법은 공정하고 자유로운 선거를 통해서다. 2007년 케냐 선거가 보여줬듯이 최빈국 사회는 선거에서의 부정행위를 자제하게 만드는 중요한 공공 서비스를 제공하지 못한다. 아프리카에서 가장 발달한 나라로 여겨져왔던 케냐조차 이를 못했다면 그럴 수 있는 나라가 별로 없다는 것을 의미한다. 때문에 공정 선거와 같은 경우는 국제적 공공 서비스 차원에서 제공되어야 한다. 문제는 이를 어떻게 할 것인가다.

국제 사회는 별로 내켜 하지 않는 정부를 상대로 민주주의적 표준 제도를 시행하게 할 수 없다. 이는 칼로 물 베기와 마찬가지로 바뀌지 않을 것이다. 현재 이 문제 때문에 원조국 정부가 딜레마에 빠져 있다. 하지만 케냐 정부가 다음 선거에서 처신을 제대로 못할지언정 최소한 선거는 치렀다. 다른 최빈국 정부보다는 훨씬 낫다. 원조국들은 다른 나라에 지원을 하면서 케냐에만 지원을 하지 않을 수 없다고 느낀다. 다른 나라보다 케냐에만 높은 기준을 매길 수 없다고 느끼는 것이다. 하지만 지금 이 시점에서 필요한 것은 '이중 기준(Double standards)'으로, 이렇게 하면 된다.

첫 번째 유형

어느 근심 많은 이상주의자가 제안할 만한 것으로서, 선거 과정에 대한 자발적이고도 매우 강력한 보상 제도가 포함된 국제 기준을 만드는 것이다. 정부는 기준을 따를지 정한 다음 그에 따른 대가를 받는다. 정부가 동의하면 기준에 따라 감시받고, 보상받고, 또는 처벌받을 수 있다.

이 제안에 대해 나는 독자가 "좋은 생각이네. 그럼 다음 문제로 넘어가지. 아, 근데 보상은 어떻게 하지"라고 말하지 않을까 상상해본다.

두 번째 유형

효과적인 제안의 핵심은 보상을 기획하는 것이다. 제안이 효율적이려면 보상이 커야 하겠지만 우선 믿을 수 있어야 한다. 내가 이 생각을 현명한 관계자에게 설명했을 때, 그는 "원조를 보상으로 제안하면 안 된다. 원조국들이 오랫동안 조건을 지키지 않았기 때문에 더 이상 믿지 않는다"고 말했다. 그의 말대로 보상은 원조가 아니라 안보가 돼야 할 것이다. 국제 사회는 쿠데타의 미사일을 나쁜 통치를 제한하는 효과적인 국내 요소로 바꾸는 안내 시스템을 제공할 것이다.

국제 사회의 주요 구성원은 선거에 대한 국제적 기준을 지키기로 약속한 정부가 쿠데타에 의해 쫓겨나면 군사적으로 개입해서라도 정부가 원상회복될 수 있도록 돕겠다고 약속할 것이다. 이 보상은 그 자체로 무시할 만한 것이 아니다. 대통령이 선거로 직면하는 위험보다 쿠데타에 의한 위험이 더 크다는 점을 상기하자. 게다가 민주주의 자체만으로는 이 위협에 대한 방어력을 강화할 수 없다. 아프리카에선 80건 정도의 성공적인 쿠데타가 있었지만 야당이 선거에서 승리한 적은 몇 번 없었다. 하지만 보상의 핵심 쟁점은 동등하게 강력한 제재를 해야 한다는 점이다. 이런 '당근과 채찍' 정책은 충분히 의미 있겠지만 과연 그렇게 믿을 만 할까?

이 시점에서 현대 경제학은 쿠데타로부터 보호하기 위한 기준이 과연 효과적인지 알아내는 데 큰 도움이 된다. 이때 사용하는 것이 게임 트리(game tree, 게임 이론에서 나오는 개념으로 과거의 의사 결정이 현재의 의사 결정에 어떤 영향을 미치는지 분석하는 데 쓰인다−옮긴이)다. 게임 트리에 대해서 복잡하게 생각할 건 없다. 계속 "내가 이렇게 한다면, 당신은 어떻게 반응할까?"를 묻는 것이다. 경제학에 의해 시행된 이 통찰은 "다음에 무슨 일이 일어날까" 하고 묻는 게임이지만 게임 트리는 마지막 결정부터 시작해 반대로 생각하여 문제를 풀어나간다.

민주주의 선거에 대한 자발적인 기준을 살펴보는 게임을 대략 설명하겠다. 결정 나무는 여러 개의 나뭇가지를 갖고 있지만 기준이 유용하려면 특정한 한 나뭇가지가 중요한데 난 그것에 집중할 것이다.

〈1단계〉 국제 사회는 선거 과정에 대한 자발적인 기준을 선포한다. 완전히 자발적이지만 민주주의의 신뢰도를 개선할 필요를 느끼는 정부는 그 기준을 지키겠다고 결정할 수 있다. 만약 정부가 이를 수용하기로 결정하면 국제 사회는 보상을 약속할 것이다. 그것은 정부에 대한 쿠데타가 일어났을 때 필요할 경우 군대를 이용해서라도 해결해준다는 약속이다.

〈2단계〉 최빈국 사회의 정부는 이제 기준을 따를지를 결정한다. 따르지 않는다면, 이야기는 여기서 끝이다.

〈3단계〉 정부가 기준을 따르기로 결정하면 여러 가능성이 있다. 중요한 것은 선거에서의 실패를 인지했을 때 어떻게 행동하느냐는 것이다. 이 시점에서 정부는 국제 기준을 따를지 아니면 따르지 않고 부정 선거를 할지 정해야 한다.

〈4단계〉 정부가 부정 선거를 한다면 이젠 국제 사회가 결정할 차례다. 우선 어떻게 반응해야 할지부터 정해야 한다. 정부가 민주적 선거를 치르는 데 필요한 기준을 지키지 않았음을 선언하고 쿠데타 위협으로부터 보호한다는 약속을 철회할 수 있다.

〈5단계〉 국제 사회가 쿠데타 저지에 대한 약속을 철회하면, 이젠 군이 결정할 차례다. 군은 쿠데타를 일으킬지 결정해야 한다.

〈6단계〉 군이 쿠데타를 일으킨다면 국제 사회가 결정할 차례다. 모른 척할 수도 있고, 비판할 수도 있으며, 정해진 기간 내에 쿠데타 지도자가 국제적으로 인정받는 선거를 치르겠다는 조건하에 환영할 수도 있다.

〈7단계〉 이제 다시 쿠데타 지도자의 차례다. 만약 국제 사회가 조건을 제시하고 쿠데타를 인정하면, 그는 이 조건에 동의해 자유롭고 공정한 선거를 치를지 아니면 모리타니의 발 대령이나 코트디부아르의 구에이 장군처럼 새로운 권력에 집착할지를 결정해야 한다.

이렇게 게임을 반대로 풀어봤다. 7단계부터 거꾸로 살펴보자. 쿠데타 지도자는 국제 사회가 제시하는 조건을 따를까? 그럴 경우 그는 영웅이 되어 그에 걸맞게 대접받고, 그렇지 않으면 위험하게 살 것이다. 쿠데타 지도자는 부정 선거를 통해 권력을 다시 가질 수도 있으므로 군인들이 그의 행동을 뒤따를 만한 동기를 유발할 수도 있다. 쿠데타 지도자가 꼭 구에이 장군처럼 이기적이지만은 않다. 모리타니의 쿠데타를 이끈 발 대령은 자유롭고 공정한 선거를 치른 뒤에 물러났다. 하지만 쿠데타 기간 동안 이렇게 설득한 다음 새로운 지도자가 권력을 너무 탐내서 공정 선거를 거부했다고 가정해보자. 그러면 무슨 일이 생길까? 답은 하나의 쿠데타는 또 다른 쿠데타를 일으키는 경향이 있기 때문에 그 역시 다른 쿠데타에 직면할 위험이 높다는 것이다. 두 번째 쿠데타의 지도자는 이미 만들어놓은 타당한 논리가 있고, 첫 번째 쿠데타의 지도자는 보호해줄 사람이 없어지는 것이다. 구에이가 약속을 어긴 것이 확실해졌을 때 그 자신도 역쿠데타를 겪었다. 그러므로 결론은 또 다른 쿠데타의 위험이 일시적인 개입에 따르도록 강요한다는 것이다. 물론 사람들은 때론 실수를 하고 큰 내기를 걸기도 한다. 하지만 7단계에서 일어날 만한 가능성이 가장 큰 결과는 쿠데타 지도자가 국제 사회의 조건을 따르는 것이다.

이제 6단계를 살펴보자. 7단계를 정리했으니 6단계는 꽤 분명하다. 원조국이 공정한 선거를 위한 과정에 조건부로 승인할 때 왜 쿠데타를 모르는 체하거나 비난할까?

5단계를 살펴볼 차례가 됐다. 이 단계는 군이 쿠데타를 일으킬지의 여부를 결정하는 것이다. 이 상황은 국제 사회가 특정 정부의 부정 선거 행위를 인정하고, 쿠데타를 저지하겠다는 약속을 공식적으로 철회한 상황이다. 우리는 정부가 이 상황에서 쿠데타를 일으킬지 확신할 수 없다. 어쩌면 대통령은 논의하는 것조차 너무 위험한 형태의 억압 체제를 만들었을 가능성이 있다. 어쩌면 군은 대통령의 친·인척으로 이루어졌고 대통령을 전폭적으로 지지할 수 있다. 하지만 싫증을 느낀 군의 참모부가 이제 자신들의 순간이 왔다고 결정할 수도 있다. 무엇보다 그들이 이번에 결정하지 않으면 다른 하급 장교들이 쿠데타를 일으키지나 않을까 걱정해야 한다. 결국 현 지도부는 불명예 조기 퇴진을 하게 된다. 즉 상대방의 쿠데타 위협은 또 다른 쿠데타의 가능성을 보다 높이는 것이다. 이 단계와 비슷한 상황이 2000년 세네갈 선거 후 체제 변화를 강요한 쿠데타 위협이다. 이 위협은 프랑스어권 아프리카에 대한 프랑스의 안전 보장 약속이 철회됐음을 드러내 보여준 코트디부아르에서의 쿠데타에 의해 더 대담해졌다는 것을 기억하자.

4단계는 중요한 단계다. 국제 사회가 약속을 지키지 않는다는 평판과 달리 약속을 이행하겠다는 의무를 지킬까? 5단계부터 7단계가 답을 말해줬다. 국제 사회는 선거가 비합법적이라는 사실을 선언하고 쿠데타로부터의 보호 약속을 철회함으로써 원하는 것을 얻을 수 있다. 사실 이 전략은 앞의 단계보다 더 강력하다. 국제 사회가 약속 이행을 철회하지 않는다고 가정해보자. 만약 정부가 비합법적이라고 주장하면서 군부가 쿠데타를 일으키면 어떻게 될까? 국제 사회는 쿠데타를 진압해주겠다는 약속을 이행하지 않거나, 괜찮은 통치를 위해 싸우는 이들을 탄압하는 정부를 방어해주기 위해 군사적으로 개입하는, 위험하고도 난감한 상황에 처하게 된다. 이때 국제 사회는 주저 없이 쿠데타를 진압해주겠다는 약속을 철회해야 한다.

이제 기대해도 좋을 만한 3단계를 다룰 차례다. 정부는 선거를 공정하게 치를 경우 패할지도 모른다는 점을 인식하게 되고, 그러면 부정 선거를 치를지 고민한다. 우리는 정부가 국제 기준을 따르지 않을 경우 어떻게 되는지 알고 있다. 나이지리아와 케냐가 좋은 예다. 만약 약속을 따르면 상황이 달라질까? 우리는 이제 그 답을 알 수 있다. 정부는 상황이 어떻게 전개될지 생각해본다. 만약 이를 의심한다면 국제 사회 대표단이 어떻게 반응할 것인지 상세히 설명한다는 것을 기억하자. 더 중요한 것은 최빈국의 대통령은 다윈의 진화론에서 볼 수 있는 것처럼 적자생존에서 살아남은 영악한 사람이라는 사실이다. 그는 당신의 어머니가 차를 같이 마시자고 초대할 사람은 아니지만 포커 게임에서 언제나 당신을 이길 수 있는 사람이다. 생각해본 끝에 그는 부정 선거가 더 이상 좋은 생각이 아니라는 것을 깨닫는다. 이것이 바로 세네갈의 압두 디우프(Abdou Diouf) 대통령이 맞닥뜨린 고민거리였다. 명예를 지키면서 물러나거나, 쿠데타에 의해 축출될 큰 위험을 감수하는 것 둘 중 하나였다. 그는 결국 명예롭게 은퇴했다.

이젠 끝장을 낼 수 있는 2단계를 보자. 앞으로 일어날 상황을 고려했을 때 이 단계에 참여하려는 정부가 있을까? 우리는 앞에서 불리한 측면을 살펴봤다. 정부가 부정 선거를 할 수 있는 기회를 잃을 경우, 결국 큰 대가를 치르게 된다. 따라서 정부는 이런 손해를 상쇄하고도 남는 이익이 있다고 판단되면 참여할 것이다. 우리는 쿠데타로부터 보호받을 것이라는 약속을 얻지만 과연 이를 믿을 수 있을까?

이를 알아내기 위해서 우리는 국제 사회가 의무를 인정하고 지킬지에 대한 관련 게임을 조사해야 한다. 다행히 이 게임은 별로 복잡하지 않은데, 기술적으로는 '하위 게임(sub-game)' 이라고 부른다.

〈1단계〉 국제 사회는 (최빈국) 정부가 민주주의 규칙을 준수하기로 하는 대신 쿠데타를 진압해준다는 의무를 지킬지 결정한다.

〈2단계〉 약속한 나라에 쿠데타가 발생했다. 군사적으로 국제 사회는 개입해서 의무를 따를 것인가?

앞서도 얘기했지만 거꾸로 풀어나가야 하기 때문에 2단계가 먼저다. 국제 사회가 왜 약속을 지킬까? 이 사회는 항상 약속을 지켜온 것도 아니다. 답은 통상 비용과 이익에 의해 결정된다. 의무를 따르려면 상당한 비용이 필요하다. '우리의 아들' 그리고 내 아들이 국민이 자주 들어보지도 못한 오지로 들어가 쿠데타를 진압해야 될 상황이다. 대니얼의 아빠로서 나는 그런 상상을 하고 싶지 않다. 하지만 엄청난 이익도 있다. 우리는 민주주의가 문제를 심화시키지 않고 제대로 기능하는 환경을 찾았다. 쿠데타를 진압해야 할 시기가 됐을 때 최빈국 정부 열두 개가 이미 민주주의의 기준을 따르기로 신청했다고 가정해보자.

이제 약속을 이행할지 말지를 정해야 하는 정치인의 입장에서 생각해보자. 내가 정말 이 특정한 나라를 망칠 뿐만 아니라 이미 열두 개의 나라가 사용하고 있는 안전 보장 약속 전략을 그르치는 정치인이 될 것인가? 만약 그런다면 나는 비난받을 뿐만 아니라 매일 아침 내가 한 일 때문에 괴로워할 것이다. 유권자 앞에서 아닌 척하더라도 나는 스스로 진실되지 못함을 알고 있다. 난 군대에 이 쿠데타를 멈추게 할 수 있는지 묻기로 결정한다. 그러면 군대는 뭐라고 답할까? 그들이 쿠데타 진압을 위해 지금까지 추가 비용을 들여 훈련하고 장비를 갖춰왔음을 생각해보자. 그들은 이미 프랑스와 영국의 군대가 거의 손상 없이 작은 국가에서 신속하게 쿠데타를 제압한 역사적 기록을 확인했다. 이것은 또 다른 이라크 전쟁이 아니다. 참모총장은 정치인에게 "식은 죽 먹기입니다"라고 대답한다. 이제 정치인의 차례로서 그는 의무를 지키겠다고 결정한다. 사실 게임은 내가 지금까지 말한 것보다 더 만족스럽다. 쿠데타가 진압될 것이라는 사실을 안다면 오직 술 취한 쿠데타 지도자만 시도할 것이므로 쿠데타는 줄어들고 경쟁력이 없어진다.

2단계 말고 1단계는 어떨까? 쿠데타가 일어났을 때 진압할 가치가 있다면 그렇게 약속하는 것도 가치가 있다. 국제 사회는 당장 큰 이익을 얻는 대신 그 비용은 미래에 치르게 된다. 그래서 우리는 쿠데타 보호 약속을 믿을 수 있다면, 민주주의 이행 협정에 서명하는 이익도 상당하다는 해답을 찾았다. 국제 사회의 쿠데타에 대한 보호 약속이 적절하다고 여길 만한 또 다른 이유가 있다. 쿠데타 위험을 일으키는 요소를 생각해보자. 원조는 쿠데타 위험을 분명히 증가시키기 때문에 원조국 정부는 무심코 수혜국 정부를 위협에 노출시킨다. 오직 원조국만 해결할 수 있는 위협이다.

이런 상황에서 최빈국 지도자 중 과연 어떤 정치인이 국제적 민주주의의 기준을 따르겠다고 신청할지 알아볼 차례다. 그 정부는 자국군으로부터 보호받는 매력적인 이익뿐만 아니라 또 다른 이익도 얻게 된다. 원조국으로부터 합법성을 인정받아 경제 지원도 받을 수 있다.

또한 자국 국민으로부터도 합법성을 인정받아 목표를 이룰 더 많은 힘을 얻을 수 있다. 그리고 반대 세력을 견제할 수도 있다. 그는 선거에서 당선된다면 국제 기준을 따르겠다고 활발하게 홍보함으로써 선거에서 우위를 점할 수도 있다. 야당도 기준을 따르지 않는 정부가 불공평하다고 주장할 수 있고 원조국의 지지가 정부의 부정행위를 줄일 수 있기 때문에 국제적 기준을 따르겠다는 약속을 할 것이다.

실제로 2002년 케냐의 키바키 대통령이 권력을 잡았을 때 국제적 기준이 있었다면 이의 이행을 약속했을 것이라고 난 생각한다. 그의 선거 운동은 케냐 정치를 바꾸겠다는 약속에 기반한 것이었으므로 국제 기준은 그에게 도움이 됐을 것이다. 비슷하게 2007년 선거 운동을 했던 케냐의 야당 지도자 라일라 오딩가도 국제 기준을 반겼을 것이다. 미심쩍은 선거 결과가 발표된 후, 그는 이행 약속에 따른 국제적 개입을 촉구했다. 만약 야당이 이런 약속을 통해 정치적 영향력을 갖는다면 정부가 약속을 이행함으로써 이를 무력화시키는 게 최선의 결정이다.

국제 기준이 있다면 최빈국 지도자는 선인과 악인으로 구별될 것이다. 그리고 그 기준에 따라 악인에게는 압력이 더욱 가해질 것이다. 하지만 이런 이득을 고려했을 때 군사적 능력이 있는 국가나 국가 집단이 쿠데타를 진압해준다는 안전 보장을 해줄까? 충분한 군사력을 빠르게 배치할 수 있는 병참 능력을 가진 국가는 미국, 프랑스와 영국이다. 하지만 이들이 자진해서 약속을 이행하려 할까? 이미 그들은 여러 곳에 군대를 파견했다. 미국은 아프리카에 주재하는 신속대응군을 만드는 중이어서 그럴 능력이 있을 것이다. 부대 사령관은 장성이겠지만 제2인자는 개발 전문가일 것이다. 프랑스는 이미 서아프리카와 중앙아프리카에 군사 기지를 갖고 있으며, 영국은 시에라리온에 안전 보장을 해주고 있다. 내가 책을 집필하는 동안 미국은 미군 기지를 제공해줄 아프리카 정부를 찾고 있었다. 남아프리카공화국과 나이지리아는 거절했다.

이라크 전쟁 이후 많은 국가들이 미국의 선제 군사력 사용에 대해 자연적으로 염려하게 되면서 미국의 요구에 신중히 대처하고 있다. 남아프리카공화국과 나이지리아는 지역 내 미국의 능력이 이들 지역에서 자신들이 누리고 있는 강대국으로서의 지위를 약화시킬까 봐 걱정될 것이다. 하지만 잔인한 사실은 남아프리카공화국이나 나이지리아 모두 필요한 군사적 능력을 갖고 있지 않거나 보유할 용의가 없다는 것이다. 그런 능력을 개발하더라도 인접국들은 세계적 강대국보다 힘이 더 강해진 이들 나라 때문에 더욱 불안해할 것이다. 미국은 최근의 군사 행동이 우려스럽고, 프랑스와 영국은 식민지 시대의 경력이 걱정스럽게 한다. 세계는 결코 이상적이지 않다. 어떤 군사력도 아프리카의 눈에는 흠결이 있어 보인다. 하지만 이런 걱정을 해소하기 위해선 명백한 규칙 아래 군사력을 제한하는 것이 낫다. 남아프리카공화국과 나이지리아 정부로선 불분명한 위임 통치권을 가진 외국 군대를 맞이하고 싶어 하지 않겠지만 민주주의 선거 기준을 따르겠다고 약속한 국가를 쿠데타로부터 보호해주기 위한 군대는 반겨야 한다. '아프리카 출입 금지'를 외치며 버티는 것은 책임성 없는 정부가 대륙을 차지하게 만들기 때문에 무책임한 행동이다.

마지막으로, 난 쿠데타 위험을 감소시키는 전략을 읽은 후에도 편히 잠들지 못하는 대통령에게 할 말이 있다. "신사 여러분, 난 당신에게 계속 읽으면 당신의 군으로부터 안전하게 보호받을 수 있는 방법에 대해 말해주겠다고 약속했습니다. 바로 이것입니다. 이제 더 이상 자형이나 친·인척에 기대지 않아도 됩니다. 당신이 할 일은 민주주의 협약에 대한 국제 모임에 참석해 로비를 하는 것입니다." 이 점에 유의한 뒤 잠을 푹 자면 된다.

제안 2: 정직하게 공공 지출 시행하기

첫 번째 제안은 정부가 권력을 장악할 수 있는 몇 가지 규칙을 제시했다. 두 번째 제안은 국제 사회가 그 권력을 제공할 수 있는 규칙을 보여준다. 권력 남용의 중심엔 돈이 있다.

원조나 세금으로 생긴 국고 세입은 정치적 후원을 위한 곳간이 아니라 적절하고 번영한 사회를 만드는 데 필요한 공공재를 위한 자금이다. 하지만 온갖 정치 스캔들이 보여주는 것처럼 국고 세입은 감시와 처벌이 확실한 시스템에 의해 정치인과 고위 공무원의 유혹으로부터 보호를 받아야만 제대로 쓰일 수 있다. 부정행위가 드문 선진국 사회에서 우리는 발각되는 것에 대한 두려움 때문에 정직함이 습관화됐다는 사실을 잊고 산다.

대부분의 최빈국 사회에서 공공 감시 시스템은 상부 조직으로부터 파괴됐다. 그에 따른 부패는 공공 자원을 낭비했을 뿐만 아니라 정치적 사기꾼에게 권력을 부여했다. 횡령을 해서 정치적으로 후원하는 일이 권력을 유지하는 기본 방법이 됐다. 정치적으로 강력한 사람이 질 것이 뻔한 상황에서 국제 행동을 통해 그가 제자리를 되찾지 못하도록 제한하는 방법은 무엇이 있을까?

그에 대한 답은 대부분의 최빈국에 꽤 단도직입적이다. 돈의 대부분은 원조에 의한 것이다. 원조국은 돈이 제대로 쓰이는지 확인할 힘과 의무가 있다. 수년 동안 원조국은 정해진 프로젝트에 재정이 쓰이고 있다는 착각 속에 살았다. 원조를 받는 정부가 원조 프로그램의 세부 사항을 정하도록 장려되면서 실제 상황은 점점 더 황당한 쪽으로 변해갔다. 만약 수혜국 정부가 원하는 프로젝트를 원조국이 재정적으로 후원한다면, 대부분의 프로젝트는 세금으로도 운영될 수 있을 것이다. 이 과정이 잘못된 것은 아니지만 원조가 사실상 후원하는 것은 정부가 하지 말아야 할 것들이다. 스웨덴 정부가 학교를 후원할 용의가 있다는 것을 알고 있던 에티오피아 정부는 자신들도 교육을 개선시키기 원하던 차여서 스웨덴에 후원을 요청한다. 에티오피아 정부가 학교에 써야 할 돈이 해외 원조로 해결됐기 때문에 그 돈을 다른 데 쓸 수 있게 된 것이다.

이 문제를 깨달았을 때 대부분의 원조국은 프로젝트에서 예산으로 지원 방식을 바꾸었다. 정부에 바로 돈을 주면 일반 예산에 이를 보탰던 것이다. 이 방법은 현실을 직시했지만 때론 매우 무책임했다. 예산 시스템이 온전하지 않으면 돈은 다시 정치적 후원을 위해 쓰일 터이기 때문이다.

예산안이 온전하다고 말하는 것과 이를 확인하는 것은 별개의 문제다. 두 가지 보완적인 대처가 필요한데 바로 능력과 검증이다. 국고 세입은 구멍이 있다면 흘러나가기 때문에 돈이 소비되는 실제의 과정을 전반적으로 점검하는 준비 작업이 필요하다. 또 예산안을 확인하려면 많은 회계사가 필요하다. 진실을 믿을 수 없는 문화에선 독재자의 피해망상증을 반영할 필요가 있을 정도로 재정 확인이 이루어지는 시스템이 필요하다. 또한 회계사 몇 명이 부패해도 별 차이가 없을 만큼의 서로 맞물린 감시 체계가 필요하다. 이들 국가에서는 이것이 표면상으로는 낭비처럼 보일 수 있다. 공공 재정 1달러당의 행정 비용은 진실이 우세한 문화에서보다 훨씬 높을 것이기 때문이다. 하지만 부정행위는 공공 지출 효율성을 떨어뜨린다는 것이 현실이다.

원조국은 숙련된 노동력을 지원함으로써 제대로 된 회계 업무가 가능하도록 정부를 도울 수 있다. 이것은 원조의 가장 경멸스러운 형태이지만 더러는 필요하기도 하다. 능력을 갖게 함으로써 끝나는 것이 아니라 원조국은 이 능력을 통해 공공 지출이 공정하게 이루어지는지 검증해야 한다. 이 부분은 협력을 통해 이루어지는 능력 키우기 단계와는 다른, 범죄 수사적 접근 방법을 필요로 한다. 예산 시스템에 대한 철저한 수사를 통해 만족스러울 때만 원조가 예산을 지원하는 기능을 제대로 할 것이다. 물론 원조국이 당장 내일 이 규칙을 정하면 어떤 돈도 줄 수 없을 것이다. 그래서 적절한 경고와 시스템 변환이 요구된다. 하지만 다른 방도가 없다. 프로젝트는 주로 착각에 지나지 않아 효과적인 원조가 되려면 제대로 된 예산안이 필요하다. 정부가 원조를 쓰고 싶다면 이 점이 전제 조건이 되어야 할 것이다. 난 정책 준수 조건(policy conditionality)과 구별하기 위해 통치 준수 조건(governance conditionality)이라고 부른다. 원조국은 정부가 어떤 정책을 쓰거나 공공재의 범위 안에서 어떻게 돈이 쓰여야 할지 언급하지 말아야 한다. 하지만 원조국들은 자국의 납세자와 최빈국에 투입되는 공공 재정이 개인적 목적을 위한 예산으로 쓰이는 것을 방조해서는 안 될 의무가 있다.

이것이 원조를 위한 조건이라면 어떤 정부, 특히 천연자원 수출로 큰 수입을 거두는 정부는 이를 거절할 것이다. 국제 사회는 이러한 정부에 재정을 통한 억제력을 가할 수 없기 때문에 전혀 다른 방법으로 공정하게 재정을 집행하도록 격려해야 한다. 그것은 이 책에서 다룰 수 있는 범위를 뛰어넘는다. 하지만 정부가 수용할 만한 다른 국가 집단은 책임성 있는 예산을 꾸리는 업무 자체가 현실적이지 않은 곳으로, 행정 조직이 너무 엉망이어서 개선되기엔 시간이 많이 걸리는 곳이다. 이에 대한 대안은 없을까?

라이베리아는 현재 개혁 세력에 의해 지배되고 있으며, 그 세력을 지휘하는 사람은 엘렌 존슨설리프(Ellen Johnson-Sirleaf) 대통령이다. 그녀 이전에 집권한 정부는 너무도 형편없어서 일반 원조국들조차 지원을 꺼렸다. 새로 집권한 개혁 세력은 돈이 허투루 쓰이는 것을 더 이상 참을 수 없어 주권을 포기하고 GEMAP(Governance and Economic Management Assistance Program)라는 시스템을 도입했다. 이 시스템에 따라 재무부 장관은 원조국의 연대 서명이 없으면 재정을 지출할 수 없게 됐다. 이는 성공한 것으로 여겨지긴 하지만, 사실 식민주의 시절을 떠올리게 하는 시스템이다.

나는 금융 개혁을 추진하는 재무부 장관 안토이네트 사예(Antoinette Sayeh)와 대화했는데, 그녀는 점차 다른 형태의 시스템을 갖길 원한다고 말했다. 하지만 무엇을 위해서일까? 물론 원조국은 안토이네트를 믿지만 공공 재정이 제대로 쓰일지 그녀가 보장할 수는 없었다. 부패한 재무부 장관은 나쁘게 쓸 게 확실하지만 불행하게도 반대는 적용되지 않는다. 장관은 부서 직원에게 의존한다. 존슨설리프 대통령이 가장 먼저 한 일은 재무부 직원 모두를 해고한 것이다. 그녀가 올바른 일을 한 것이지만 당신이라면 다음 날은 어떻게 할 것인가?

상황이 극도로 나쁠 때만 쓰이는 극단적인 대응책인 GEMAP 대신, 국제 사회는 경우에 따라 책임성의 기존 시스템이 회복되기는커녕 오히려 나빠질 수 있다는 것을 예상해야 한다. 가장 극단적으로 필요한 상황에선 기본적인 서비스가 제공될 수 있도록 큰돈이 제대로 쓰일 수 있는 제도적인 디자인이 필요하다.

거의 모든 새로운 최빈국 독립 정부가 선택한 모델은 놀랍게도 정부 부처가 재정을 독점하여 공급하는 방식의, 1950년대 유럽에서 일반적으로 사용된 모델이다. 유럽에서도 이 모델은 문제가 있는 것으로 밝혀져 사용이 중지됐고, 최빈국 사회에선 특히나 더욱 적당하지 않았다.

좀 더 현실적인 디자인은 광대한 부처에 혼합된 기능을 나누는 것이다. 전반적인 정책, 특수 활동을 위한 재정 할당과 각 활동에 대한 실제의 공급이 혼합돼 있는 것이다. 정부 부처는 오직 전반적인 정책만 담당해야 한다. 정책과 재정 지출이 분리되면 부처는 정책 집행을 심각하게 여길 것이다. 현재 공무원들의 관심은 오로지 리베이트에만 쏠려 있다.

수요가 절실하고 공공 시스템이 엉망인 곳에선 학교 운영과 같은 기본적인 서비스 공급이 그것을 잘할 수 있는 누구에게나 열려 있어야 한다. 이는 정부가 교회, NGO, 지역 사회와 무엇보다도 새로운 자선가들도 할 수 있어야 한다는 뜻이다. 난 대체로 경영대학원에서 교육받은 젊은 이들이 비용 대비 효율성을 겸비한 열정을 결합해 운영하는 새로운 자선 단체가 보여주는 전문성과 혁신, 에너지에 깊은 감명을 받았다.

부처와 재정 공급자 사이엔 자금을 다루는 기관이 있어 공급자의 활동을 검증하고, 부처가 정한 목표를 확인할 것이다. 하지만 이런 종류의 기관은 연결 고리가 없게 마련이다. 즉, 현재의 정부가 원조금을 사용하고 각 NGO는 각자 자신의 일만 하는 바람에 원조금이 대중에 잘 공급되지 않고 책임성도 물을 수 없다. 연결 기관은 원조국이 효과적인 서비스 전달자에게 돈을 건넬 수 있도록 할 것이다. 또한 그 반대급부로 원조국은 정부와 지역 공직 사회에 대한 기관의 감독을 공유할 수 있을 것이다. 이런 기관을 통해 전달되는 원조는 내가 앞에서 설명한 프로젝트와 같은 문제에 봉칙하게 될까? 민약 원조기 사회에 우선적으로 필요한 서비스를 위해 쓰이면 정부 세수는 다른 목적에 쓸 수 있지 않을까? 라이베리아와 같은 피폐한 사회에선 경제가 파괴되어 정부 세입도 없다. 이런 사회야말로 원조를 꼭 필요로 하지만 별로 받지 못한다. 지출을 담당하는 공공 시스템이 너무 역기능적이어서 쓸모없다는 것을 알기 때문에 원조국이 원조를 적게 주는 것이다. 이제 원조국이 새로운 시스템을 사용할 차례다.

그렇다면 망가진 국가의 정부가 이런 지출 시스템을 용납할까? 만약 원조가 늘어날 것이라고 예측한다면 대부분 그럴 것이라고 난 생각한다.

제안 3: 국제적 안전 보장 제공

이젠 책임성 문제 다음으로 안전 보장을 다룰 차례다. 안보는 꼭 제공되어야 할 공공재지만 최빈국에선 충분히 공급되지 않고 있다. 바로 이 때문에 국가가 위험한 것이다. 최빈국 고유의 특성인 사회 결속력 부족은 지방 분권으로 해결할 수 있다. 만약 국가적 수준에서 국고를 저장고로만 여긴다면 규모의 경제를 잃더라도 공동체 정체성을 갖는 것이 나을 것이다. 하지만 안전 보장은 그런 공공재가 아니다. 안보 서비스를 분산시켜 공급하면 라이벌 정치인이 좌우하는 군사력이 생겨 내전 위험이 증폭될 것이다. 때문에 안보 서비스는 국가보다 작은 크기가 아닌 큰 규모에서 공급되어야 한다.

다른 공공재처럼 고소득 국가는 반세기도 넘게 안전 보장을 지역적으로 공급하기 위해 협력해왔다. NATO는 상호 안전 보장을 약속하는, 바로 그러한 세력이다. 최빈국 내의 인접국들도 이 같은 모습을 보여줄 수 있을까? 앞으로 설명하겠지만, 최빈국에서도 이런 협력을 할 능력이 충분히 있다. 하지만 이 같은 아이디어가 무모한 것일까? 유엔은 최근 '보호할 의무(R2P, Responsibility to Protect)'라는 더 급진적인 제안을 내놓았다. R2P는 국가 주권 개념에 대한 가차 없는 공격이다. 그것은 국제 사회가 국민을 그들의 정부로부터 보호하기 위해 개입할 권리가 있다고 제안한다.

이 제안과 비교하면 내가 제안하려는 것은 온건한 편이다. 내 제안은 최소한의 범위에서 인접국의 안전 보장 협력을 의무화함으로써 상호 간에 이익을 얻자는 것이다. 잘되면 내전을 겪을 위험이 있는 국가의 인접국들은 **자국 국민**을 지킬 권리를 가질 수 있다.

내가 생각하지 않고 있는 것이 무엇인지 분명히 밝히면서 시작하는 게 좋겠다. 난 유엔 기갑 부대가 무가베 대통령을 쫓아내기 위해 침입하거나, 다르푸르(2003년 수단 정부의 아랍화 정책에 대해 비아랍인들이 반기를 들고 정부군과 민병대를 상대로 투쟁한 유혈 사태가 벌어진 곳이다-옮긴이)에 평화를 강요하자고 제안하는 것이 아니다. 이런 행동은 논쟁의 여지가 적지만 더 현실적인 목적을 가진 안전 보장 협력을 방해하는 공상이라고 나는 생각한다.

이제 요구 사항이 가장 적은 방안을 고려해보자. 바로 상호 간에 이익을 발생시키는 안전 보장 협력이다. 인접국 간의 군비 경쟁을 상기해보자. 만약 인접국이 위협적이라고 여겨지면 각 정부의 군비 지출은 지역적으로는 공공의 악이 된다. 군비 경쟁은 전반적인 안전 보장을 향상시키는 것이 아니라 돈을 낭비한다. 내가 앞에서 예를 들어 보인 것처럼 어떤 총은 비공식 시장으로 흘러들어가기 때문에 지역 군비 지출이 높아질수록 반란 집단이 총을 갖는 일이 더 쉬워진다. 그리고 값싼 총은 내전 위험을 증가시킨다.

아르눌포 아리아스(중앙아메리카에서의 지역 분쟁 해결 공로로 유엔 평화상을 받은 코스타리카의 전 대통령-옮긴이)가 중앙아메리카에서 노력한 것처럼 군비 경쟁이 난쟁이 나라 같은 아프리카에서도 해결될 수 있을까? 비슷한 예는 지역 무역 협정을 통해 서로 간에 관세를 단계적으로 낮추는 것이다. 아프리카 정부는 오랫동안 지역 무역 협정을 협의해왔지만 군비 지출에 대해선 그와 비슷한 움직임이 없다. 한 가지 이유는 이해관계자가 너무 많기 때문이다. 한 섬에 두 나라가 있는데, 이들 사이에 군비 경쟁이 있다고 가정해보자. 이때 군비를 낮추기로 협상하면 상호 간에 매우 이익이 되기 때문에 협상이 쉬울 것이다. 즉, 양측의 군비 지출은 서로를 위협한다.

　불행히도 아프리카 대륙은 섬나라의 경우와는 정반대 상황이다. 한 땅덩어리에 무려 47개의 나라가 자리 잡고 있다. 짐바브웨는 잠비아 옆에 위치해 있지만 잠비아는 콩고민주공화국 옆에 있다. 콩고민주공화국은 잠비아에는 잠재적인 위협이지만 짐바브웨에는 그렇지 않다. 그리고 콩고민주공화국은 차드 옆에 있는 등 계속 이렇게 이어져 있다. 무역 협정으로 몇몇 인접국과는 관세를 줄일 수 있으나 모두와 그럴 수는 없다. 짐바브웨와 잠비아는 서로 협력해 합의에 도달했지만 콩고민주공화국은 배제했다. 하지만 한 나라가 군비 지출을 줄이면 상호적이건 아니건 간에 모든 인접국에 이익이 되는 것은 확실하다. 잠비아가 군비 지출을 줄이면 짐바브웨와 콩고민주공화국 모두 혜택을 본다. 만약 짐바브웨만 군비 축소에 화답한다면 잠비아는 콩고민주공화국보다 상대적으로 관계가 적기 때문에 덜 안전해진다. 그래서 군비 지출 감소 협력이 성공하려면 모두 함께해야 한다. 전부이거나 전무(全無, all-or-none)이기 때문에 이렇게 많은 나라가 있는 지역에서는 반드시 이끌어내야 할 결과가 아직도 교착 상태다. 따라서 협력적인 안전 보장 제공은 매력적이지만 매우 어렵다.

　군비 지출이 적어도 지역적으로 공공의 악이라면 이를 단념시켜야 한다. 이론적으로 지역적 공공의 악을 단념시키는 올바른 방법은 세금을 매기는 것이다. 이것이 탄소세의 배경에 깔려 있는 원리다. 만약 아프리카 연합이 협정에 이를 수 있다면 유럽이 공공의 악으로 여기는 지나친 재정 적자에 세금을 매기는 것처럼 군비 지출에 세금을 물리면 된다. 물론 아프리카 연합이 이런 지역적 협력 체제에 이르려면 아직도 요원하므로 무슨 다른 방법이 없을까? 어떤 특정 지역에 도움이 되는 공공재가 그 지역 내에서 제일 잘 생산되는 것은 아님을 상기하자. 말라리아 백신이 바로 그런 예다. 이 백신의 혜택은 범지역적으로 받겠지만 연구는 선진국의 전문가들만 할 수 있다. 이 때문에 말라리아 백신 연구를 위한 재정적 후원에 원조가 유용하게 쓰일 수 있다. 군비 지출에 세금을 매기면 얻게 되는 이익도 같은 형태일 것이다.

원조를 군비 지출 수준과 연계함으로써 원조국은 지역에서 상호적 과세를 자극할 수 있다. 약 40퍼센트의 군비 지출이 원조금으로 충당되기 때문에 원조국은 충분히 그럴 만한 정당성이 있다. 군비 지출에 세를 매겨야 할 원조국이 오히려 보조금을 지급하기도 한다. 현재 일부 원조국은 허세를 부리는 것으로 군비 지출을 단념시키려 하기도 한다. 만약 군비 지출에 대한 정당한 반감이 원조 배분에 대한 더 명확한 규칙에 포함된다면 원조국들은 덜 참견하고 원조는 더 효율적일 것이다. 예를 들어, 현재의 군비 예산안에서 시작해 1딜러 증가할 때마다 원조를 40퍼센트 감소하는 형태로 세금을 매겨 그만큼 다른 국가에 배분하되, 군비 지출을 줄이면 그에 걸맞은 보상금을 주면 된다. 허세와 달리, 이는 주권을 침해하는 것이 아니라 지역적 공공재를 제공하는 것이다. 그리고 명확하고 안정적인 인센티브이기 때문에 더 효과적일 것이다.

이제 야심찬 계획을 고려할 차례다. 지금까지 안전 보장은 상호 이익이 관련된 국가 간의 공공재로 여겼다. 모든 정부가 같은 공공 서비스와 안전 보장을 추구하는데, 이를 국제적으로 제공하면 공급의 기술적 가능성을 개선시킨다. 하지만 나의 행복은 당신의 아픔일 수 있다. 다르게 말하자면, 내 결정은 당신에게 부정적인 외부 효과를 줄 수 있다. 이런 효과는 내가 원하지 않더라도 내부화될 필요가 있다. 우리는 이제 국가 주권을 더 단호하게 다뤄야 한다.

역사적으로 국가 주권에 대한 개념은 라이벌 종교 세력으로 이루어진 정부가 서로의 영토를 탐내서 일어난 '30년 전쟁'에 의해 생겨났다. 전쟁이 끝날 무렵, 전쟁을 치르는 과정에 들어간 엄청난 비용을 알게 됐고, 유혈 정복을 통한 종교 개종은 그럴 만한 가치가 없다고 인식됐다. 바로 이 상황에서 국민 주권의 원리(principle of national sovereignty)가 등장했다. 정부가 자국 국민에게 어떤 나쁜 행위를 저지르더라도 다른 국가가 그 나라의 안녕과 행복에 개입할 보증서를 갖고 있지 않다는 것이다. 이 개념이 등장했던 17세기엔 경제와 사회가 통합되어 있지 않았기 때문에 어느 정도 타당성이 있었다. 하지만 당시에는 이 개념이 사실이었든 아니든 이젠 적용할 수 없다. 오늘날 내전이 인접국에 주는 외부적 효과는 무시하기엔 너무 크고 부정적이다.

난 앙케, 리자 쇼베와 알베르토 베하르(Albertro Behar)와 함께 외부적 효과를 측정하려고 노력했다. 우리는 표준적인 방법을 사용했지만 전쟁 자체와 상관없는 인접국 효과와 구별하기 위해 특별히 신경 써야 했다. 예를 들어 인접국은 1990년대 중반의 남부 아프리카처럼 가뭄에 큰 영향을 받을 수 있다. 아니나 다를까, 우리는 어느 특정 인접국에 대한 내전 비용이 그 국가가 자체적으로 내전을 치르는 비용보다 훨씬 적다는 사실을 발견했다. 일반적으로 한 나라의 인접국이 전쟁 중이면 그 나라는 성장률이 0.9퍼센트포인트 정도 떨어질 수 있다. 하지만 내전 중인 국가는 세 개 이상의 인접국이 있고 인접국의 경제 규모는 내전을 치르고 있는 나라보다 크다. 이 점은 우리가 이미 살펴봤듯이, 나라의 규모가 작고 가난한 것이 위험 요소이기 때문이다.

우리의 분석은 직접적인 인접국의 비용만 포함하고 더 넓은 지역까지 미치는 역과잉 효과는 뺀 것이다. 가까운 인접국으로만 제한했을 때도 인접 국가들이 치르는 비용은 전쟁을 치르는 나라의 비용보다 클 수 있다. 외부 효과가 내부 결정 과정에 어떻게 영향을 미치느냐를 알아내야 하는 기본적인 경제 해결 방법을 고려했을 때 내전 위험에 영향을 주는 결정은 인접국 사이에 내부화되어야 한다. 콩고민주공화국의 경우엔 예닐곱 개의 인접국이 관련됐는데 르완다, 우간다와 앙골라 등 3개국이 파병했다. 안전 보장의 경우, 인접국 여부가 매우 중요하다는 것을 매우 잘 보여주는 예다.

가장 위험한 상황은 분쟁 종식 이후인 곳이라는 걸 기억해보자. 분쟁이 재발할 가능성이 큰 데다 인접국에 큰 피해를 줄 수 있다. 분쟁이 끝난 국가의 인접국은 분쟁 종식 이후의 정책에 대해 개입할 권리가 있을까? 내가 1년 전부터 생각한 문제인데, 분쟁 이후의 나라는 위험이 사라질 때까지 인접국과 주권을 공유하는 단계를 거쳐야 한다. 바로 이 과정에서 나는 두 가지 어려운 문제에 직면했다.

첫 번째 문제는 인접국이 분쟁 이후 국가의 통치에 합법적인 관심을 가질 수도 있지만 비합법적인 관심을 가질 수도 있다. 세계적으로 인접국들끼리는 자주 껄끄러운 관계를 맺고 있다. 사실, 인접국은 외부 위협의 주원인이다. 내가 이 책에서 이미 언급했듯이 파키스탄은 베나지르 부토의 죽음 이후 내부적으로 분열 중이지만 인도와 주권을 공유하지는 않을 것이다. 에리트레아도 에티오피아와 주권을 공유하지 않을 것이다. 인접국 간에 주권을 공유하는 일은 불가능하다. 아프리카 연합은 이미 이 점을 인식하여 소말리아를 위한 아프리카 평화유지군은 **인접국이 아닌** 다른 국가로 구성되어야 한다고 제안했다. 하지만 소말리아의 경우는 이 방법의 한계를 보여줬다. 군대를 보낼 만큼 충분한 관심을 가진 유일한 국가는 인접국인 에티오피아뿐이었던 것이다.

두 번째 문제는 분쟁을 겪은 나라의 인접국은 자연적으로 이뤄진 정치 집단이 아니라는 점이다. 때문에 이 인접국은 집단적으로 협력해본 경험이 전혀 없다. 게다가 인접국의 협력은 일시적으로 한 10년 정도만 필요할 것이다. 또 인접국이 한둘이 아닐 수가 있다. 현재 분쟁 종식 이후 국가인 콩고민주공화국을 지도에서 찾아보자. 그 인접국은 콩고(Congo-Brazzaville), 중앙아프리카공화국, 수단, 우간다, 르완다, 탄자니아, 잠비아, 앙골라다. 실험적 게임에 의하면 참가자가 늘어날수록 협력은 어려워지는 법인데 콩고민주공화국의 인접국이 여덟 개라는 것은 참가자가 많다는 것을 의미한다. 또 참가자들은 대개 협력하는 법을 점진적으로 배우기 때문에 처음부터 집단으로 시작하는 것은 분쟁 이후 국가가 가장 취약한 시기여서 많은 오류가 발생할 수 있다. 그리고 실험적 게임의 가장 기본적인 결과 중 하나는, 참가자가 협력을 실행하는 과정에서 서로 보복하는 전략을 쓴다는 것이다. 참가자는 결국 인과응보를 경험하기 때문에 비이성적인 결정을 내리지 않으려고 한다. 그래서 일시적 협력은 영구적 협력보다 훨씬 더 어렵다.

바로 이런 문제 때문에 나는 인접국 간의 주권 공유가 가능하지 않다고 생각하기에 이르렀다. 그럼 대안은 무엇일까? 내 생각엔 크게 욕심

256

을 내지 않는 더 영구적인 집단과 인접국의 합법적인 이익을 연계하는 것이다. 이런 지역 단체가 아프리카 연합일 수도 있고 유엔이나 2005년 안전보장이사회와 총회가 협력해 만든 유엔평화구축위원회일 수도 있다. 그래서 콩고민주공화국의 경우 유엔은 인접국을 대신해 주권을 공유함으로써 인접국이 치르는 비용을 최소화하는 임무를 갖는다. 이 점에 관해 좀 더 분명히 하자면 유엔 자체가 주권을 공유하는 게 아니다. 그것은 어떤 학자들이 재개하자고 주장하는 예전의 유엔 신탁 통치 모델과는 조금 다르다. 분쟁 종식 이후 정부는 주권을 포기하는 것이 아니라 공유하고, 주권을 공유하는 지역이나 국제 집단의 목표는 인접국의 합법적인 관심에 대한 보호임을 미리 규정해야 한다.

신탁 통치 결정을 좌우하는 것은 무엇일까? 각 결정은 어느 정도 전반적 상황에 좌우되기 때문에 독특할 것이다. 하지만 확실한 가이드라인을 따르면 도움이 될 것이다. 가이드라인은 여러 참가자가 조화를 이룰 때만 유용하다. 내 생각엔 세 명의 분명한 참가자가 있다. 어떤 정부는 평화유지군을 제공하거나 지원할 것이다. 또 어떤 정부는 원조를 제공한다. 분쟁 이후 정부가 경제 정책을 개혁하고, 군비 지출을 줄이고, 선거를 치르기로 결정하면 그들을 자유롭고 공정하도록 놔둬야 한다. 분쟁 이후 상황에 걸맞게 취한 무기 수입 금지 조치를 국제적인 레이더 감시 체계하에 있는 일부 국가의 사악한 기업들이 어겨왔지만 이젠 이를 어길 시에 조치할 방법이 있다.

이 모두가 서로에게 의존한다. 평화유지군은 무기 유통이 금지된 곳에서는 인명 피해를 적게 볼 것이다. 평화유지군의 수요를 줄일 수 있는 가장 현실적인 전략은 경제 개발이다. 원조와 정책 개혁이 제대로 이뤄지면 경제 개발에 큰 도움이 될 것이다. 지금까지 치른 선거는 자유롭고 공평하지 않아 폭력 사태의 위험을 줄이기는커녕 오히려 늘렸다. 이런 결정은 상호 의존적일 뿐만 아니라 적어도 10년 이상 유지되어야 하는데, 각 참가자는 단기간의 효과에 중점을 둘 것이다. 10년 동안 모든 참가자가 서로 지켜야 할 책임을 설명하는 가이드라인은 법적 구속력이 없지만 그들은 우리들의 상식에 부합하는 행동을 할 것이다. 이는 또한 현대의 국제 협력 정신에도 부합한다. 몬테레이 컨센서스(Monterrey Consensus, 2002년 몬테레이에서 개최된 '개발금융국제회의'에서 이루어진 합의. 2002년 3월 유엔은 1999년에 발표한 '밀레니엄선언'을 실시하기 위해 국제 자금 조달을 추진하는 개발금융국제회의를 멕시코 몬테레이에서 개최했다. 그 목적은 경제 세계화를 통해 확대되는 세계의 남북 격차와 누적 채무에 관한 여러 개발 도상국의 불만에 대응하기 위한 것이었다. 여기서 채택된 몬테레이 합의는 12억 명에 이르는 세계의 빈곤 인구 반감을 목표로 선진국 측에 정부개발원조의 1인당 GNP 비율 0.7퍼센트 지출과 반제 불능 채무에 대해 채권자와 채무자의 공동 책임을 확인하는 한편, 개발 도상국 측에도 추방과 무역 자유화와 시장 개방 등을 요구하고 있다 - 옮긴이)부터 대기업과 함께 만든 유엔 글로벌 콤팩트(Global Compact, 유엔이 2000년 세계의 대기업에 세계 경제의 국제화에 동반되는 여러 가지 문제를 적극적으로 대처할 것을 호소한 선언적 협약 - 옮긴이)까지 사용된 방법은 상호 의무를 제시하는 것이다. 무기 금수 조치를 준수하는 의무를 포함하는 내용이 보여주는 것처럼 의무는 광범위하며 부유한 나라의 정부와 최빈국 정부를 양극화하지는 않는다.

각 참가자의 행동을 위한 가이드라인을 설명하면서 분쟁 이후 협약은 레드라인(red line)을 함축적이거나 분명하게 그어야 한다. 레드라인이 선명할수록 어기는 일이 없을 것이고, 분쟁 이후 상황에서 국제적 개입이 악몽처럼 부작용을 일으키지는 않을 것이다. 만약 레드라인이 잘 그어졌다면 분쟁 이후의 악몽은 피할 수 있었을 것이라고 난 생각한다.

나는 국제적 행동을 위한 세 가지 제안을 했다. 제안 설명엔 권력 장악을 위해 민주주의를 남용함으로써 야기되는 권력 오용과 최빈국 사회를 괴롭히는 구조적 불안정에 대한 해결책이 포함돼 있다. 하지만 이것이 과연 채택될 수 있을까?

현재 국제적 행동에 대한 논쟁은 극과 극이다. 짐바브웨에 대한 여러 가지 관점을 고려해보자. 한쪽에선 짐바브웨 내 세력, 불라와요 대주교와 국제 평론가들이 무가베 대통령을 축출하기 위한 국제적인 군사 개입을 요구하고 있다. 토니 블레어는 영연방 국가 회의(Commonwealth Conference)에 무가베가 참석하는 것을 반대했고, 고든 브라운은 무가베가 아프리카-유럽 정상 회담 멤버에 포함됐다는 이유로 정상 회담 참석을 거절했다. 반대쪽은 분개한 아프리카 대통령들의 집단으로, 이늘은 짐바브웨를 유엔인권위원회 의장국으로 뽑았다. 이 책에 소개된 세 가지 제안은 정치 체제의 변화를 위해 군사적으로 개입하는 것과는 차이가 있다. 난 외부적으로 정치 체제의 변화를 강요하는 것은 식민주의에 의해 남은 상처를 건드리는 것이며 비현실적이라고 생각한다. 또 그렇다고 해서 내 제안이 간섭하지 말자는 것도 아니다. 국제적으로 서로 연결된 사회에서 속박받지 않는 국가 주권은 곧장 지옥으로 인도한다. 내 제안은 현재 교착 상태에 빠져 있는 상황에서 서로 절충하기 위한 것이다.

만약 내 제안이 받아들여진다면 변화가 일어날까?

내가 이 책을 끝내는 시점에서 일어나고 있는 재앙은 케냐다. 책을 쓰면서 난 선거 관리를 강화하는 규칙이 케냐 역사를 어떻게 바꿨는지 보여주려고 노력했다. 하지만 지난 10년 동안 아프리카를 그늘지게 했던 재앙은 짐바브웨였다. 무가베 대통령은 민주주의 체제와 자국의 경제를 체계적으로 뒤집어놓았다. 과연 무엇이 이러한 재앙을 막을 수 있었을까? 짐바브웨 역사를 바꿀 수 있었던 유일한 힘은 그의 군대다. 아프리카 연합은 이제 쿠데타의 합법성을 인정하는 것을 거부하는 규칙을 만들었다. 현직 대통령이 그런 규칙에 동의하는 것을 충분히 이해할 수 있지만, 이는 잘못된 것이다. 짐바브웨에는 쿠데타가 필요하지만 코트디부아르나 에티오피아처럼 또 다른 파멸을 불러일으켜선 안 된다. 쿠데타는 활용되어야지, 제거돼서는 안 된다는 것이 이 책의 핵심 제안이다.

제10장

현실 바꾸기

우리는 마침내 종착역에 다다랐다. 10억 인구의 최빈국 사회는 **구조적**으로 불안전하고 **구조적**으로 무책임하다. 최근 몇 년간이 세계적으로 기록적인 경제 성장이 이루어진 기간임에도 불구하고 소름 끼치는 결과는 누구나 볼 수 있었나. 구조적 불안전은 2007년 소말리아 때문에 처음 주목을 끌었고 그다음은 수단이었다. 무책임한 선거 관리는 2007년 나이지리아에서 처음 알려졌고 그다음 파키스탄과 수단의 사례에서도 드러났다. 2008년은 차드에서 일어난 반란으로 시작해 동티모르에서는 쿠데타 시도가 있어 대통령이 오스트레일리아로 대피했다. 나는 앞으로도 이런 일이 더 일어나지 않을까 걱정하고 있다.

그러면 최빈국이 직면한 구조적 문제는 무엇인가? 그것은 바로 '국민국가(nation)가 되기엔 너무 크고, 하나의 국가(state)가 되기엔 너무 작다'는 것이다. 너무 커서 집단행동에 필요한 결속력이 부족하고, 너무 작아서 공공재를 효율적으로 생산할 만한 규모가 되지 않는다. 정부가 모든 공공재를 제공하지 않더라도 사기업을 통해 제공될 수 있으므로 사회는 충분히 제 기능을 할 수 있다. 유럽에서 공공재로 제공되는 의료 및 교육 서비스를 미국에선 민간 분야에서 공급하고 있다. 하지만 다른 공공재는 민간 활동으로 대신할 수 없다. 안전 보장과 공익적 책임성이 여기에 속한다.

어떤 사회도 민간 보안 시스템에 완전히 의존할 수 없지만 이러한 시도는 주기적으로 이뤄져 왔다. 국방을 위해 고용된 민간 병력은 오히려 보호해야 할 사람들을 약탈했다. 로마인이 떠난 후 브리턴족은 픽트족의 공세를 방어하기 위해 주트족 갱단을 고용했다. 15년이 지난 후 주트족은 자신에게 상당한 힘이 있다는 것을 깨닫고 영국 정치 엘리트들을 살해한 뒤 접수했다. 정부의 책무를 민간 영역에서 공급하는 것은 미국 의료 제도가 민사 소송을 당할 것을 두려워해서 유지되는 것처럼 법에 의해 지원되어야 한다. 법의 지배가 없다면 작은 조직 내에서 좋은 평판을 유지하고 싶은 욕구는 겨우 책임성의 수준을 부추길 수 있다. 경제학자들은 13세기 유대 상인이 법 없이도 어떻게 장거리 무역을 관리했는지를 자주 예로 든다. 하지만 아비나시 딕시트(Avinash Dixit)는 최근 이런 네트워크가 커지면 시스템 전체가 무너진다는 사실을 입증했다. 안보와 책임성은 정부가 제공하거나 안 하거나 둘 중 하나다. 이들이 제공되지 않을 경우, 최빈국이 40년 동안 겪어온 사회 경제적인 상황을 다시 초래하게 한다.

미래에 대한 전망을 갖춘 지도력이 있다면 최빈국은 사회 내 공동체적 정체성을 키워 국가를 국민 국가로 변화시킬 수 있고, 지역 내 다른 국가와도 협력할 수 있다. 이런 방법은 공공재 제공을 향상시켜 시민에게 필요한 안전 및 견제와 균형을 지원할 것이다. 때로 이런 지도력을 가진 사람이 정치적 권력을 갖기도 하지만 그런 일은 자주 일어나지 않는다. 예지력을 갖춘 지도자 줄리어스 니에레레, 수카르노와 넬슨 만델라가 건국 대통령이라는 것은 결코 우연이 아니다. 이기적인 사람이 정치적 권력을 잡기는 쉽겠지만 그가 행운을 시험하는 식으로 나아가면 그 명예는 달아날 것이다. 악화는 양화를 구축하게 마련이다. 이 책에서 나는 경제학 용어 사용을 자제했는데, 이제 마지막에 다다랐으니 하나 정도는 써도 될 듯하다. 경제학적으로 설명하면 정치 지도력의 질(質)은 내생적이다. 그 결과, 최빈국 사회에서는 비전을 갖춘 지도력이 거의 드물다.

때문에 안전 보장과 책임성이 사회의 기본 필수품으로 여겨지려면 국제적으로 제공되어야 한다. 이라크 전쟁 개입 이후 많은 사람들이 안전에 개입한 뜻밖의 결과를 보며 어떤 형태의 개입이든 너무 위험하다고 느꼈을 수 있나. 하지만 국제적 군사 개입은 성공한 사례가 많았다. 여기서 얻을 수 있는 교훈은 개입이 본래 위험한 것이 아니라 개입이 필요한 상황이 정확하게 명시되어야 한다는 것이다.

대통령 주권의 수혜자는 이런 제안에 분노를 터뜨릴 것이기 때문에 더운 좋은 지역에 살았던 50억 인구는 뒤로 물러나 방관하는 성향을 정당화하려고 할 것이다. 여타 세계가 이미 충분히 피해를 줬다는 피해 의식에 사로잡히는 결론에 도달할 것이다. 난 "시간을 좀 더 주자"는 입장을 견지했다. 이제 개발 국가들은 19세기의 효율적이지만 책임성 없는 국가에서 합법적이고 책임성 있는 국가로 변화하는 데 수십 년이 걸렸다.

하지만 정치적 폭력에서 믿을 수 있는 합법적 민주주의로 발전하는 과정을 고려해보면 최빈국은 막다른 길에 놓여 있다. 제한 없는 선거 경쟁은 내부 협력을 막을 것이고, 대통령 주권은 외부 협력을 방해할 것이다.

이 책은 이런 방해물을 없애는 방안을 제안한다. 최소한의 국제적 행동으로 해로움 대신 국내 정치 폭력의 잠재력을 활용하게 함으로써 실종된 공공재를 제공할 수 있다. 집단행동의 계속된 실패로 인해 제대로 공급되지 않았던 전기나 국제 유통망 같은 공공재는 이내 물적 수요가 충족될 것이다. 이것이 전통적으로 생각해왔던 원조의 역할이다. 하지만 실종된 주요 공공재는 새로운 방법을 필요로 한다. 국제 평화 유지 활동과 이 활동의 장기간 보장은 정치적으로 어려운 일이지만 매우 유용하다. 비용이 들긴 해도 효율적이다. 국제 규칙과 기준은 자발적일 수도 있고 인센티브로 강요될 수 있지만 정치적으로 매우 어렵거나 비싸지 않다. 이것들은 큰 단점이 없으므로 우리는 그 가능성을 충분히 고려해야 한다.

안전하고 번영한 지역이 마지막으로 자체적 능력에 의존할 수 없는 지역의 불안전에 대해 심각하게 고려한 것은 1940년대 후반이었다. 번영한 지역은 미국이었고 불안전한 곳은 유럽이었다. 미국은 자비심에서 비롯된 우려와 각성한 이기주의에 힘입어 그렇게 반응했다. 동기야 어찌 됐든 심각성을 인식했던 것이다.

미국은 어떻게 행동했을까? 우선 안보 정책을 바꿨다. 미국은 제2차 세계대전 이전의 고립주의 전략을 버리고 NATO를 만들어 상호 안전 보장 시스템을 마련하면서 유럽에 40년 넘게 10만여 명의 병력을 배치했다. 미국은 또한 국제 규칙과 기준에 대한 정책을 바꾸었다. 제1차 세계대전 때는 국가적 주권을 십계명 다음의 11번째 계명처럼 지켜 국제 연맹 참여도 거부했던 것과 달리 제2차 세계대전 이후에는 유엔, 국제 통화기금(IMF)과 경제협력개발기구(OECD)를 만들고 유럽연합(EU) 창설 을 성원했다. 그리고 분쟁 이후 재건을 위해 원조를 기부했다. 마셜 플 랜을 발표하고, 국제부흥은행(International Bank of Reconstruction)−후 에 개발(Development)을 붙여 IBRD, 오늘날 우리가 세계은행(World Bank)이라고 부르는−을 창설했다. 덤으로 미국은 보호 무역 정책을 없 앴지만, 이건 또 다른 주제다. 당신은 이제 감을 잡을 것이다. 안전 보장 에 대한 위험을 직면한 미국은 심각성을 깨닫고 실행 가능성 있는 전략 을 고려했다. 이 전략은 성공하여 이제 소련으로부터의 위험이 없어졌 지만 이 정도의 강력한 반응도 40년 넘게 지속되어야 했다.

그러면 우리 세대가 새로 맞닥뜨린 도전은 이보다 큰가 작은가? 번영 한 지역은 엄청나게 확장됐기 때문에 이젠 부담을 분배할 수 있다. 불안 전한 지역은 줄어든 것이 아니라 옮겨졌다. 1945년의 최빈국 사회는 제 국의 일부였기 때문에 안전했지만 이제는 혼자라서 불안하다. 또한 위 험은 많이 줄었다. 콩고민주공화국은 워싱턴을 향해 미사일을 조준하지 않는다. 사실 우리는 1919년으로 돌아갔다. 위험은 확실한 형태가 없기 때문에 우리는 이를 직시할 수 없다. 1919년 파리 평화 협상에서 심각 성을 인식하지 못했기 때문에 20년 뒤 대재난이 일어난 것이다.

냉전 후 이에 대한 심각성을 깨닫지 못한 까닭에 전략의 급격한 변화 에서 실패가 뒤따랐다. 때로 우리는 아예 무시하기도 한다. 우리는 소말 리아가 알아서 해결하길 기다리며 무정부 상태로 10년 넘게 내버려뒀 다. 결국 알카에다가 그 자리를 차지했다. 두 번째, 이라크의 경우는 이

스펙트럼의 정반대로 완전한 선제적 개입이다. 이젠 이 경우를 우리의 전략 일부로 택할 생각이 별로 없기 때문에 아마 완전히 무시할지도 모르겠다. 하지만 미국이 소련의 위험을 이겨낸 과정에서 얻을 수 있는 교훈은 이 정도 수준의 도전을 받았을 때 우리로선 장기간 일관된 정책을 펼쳐야 한다는 것이다. 물론 무언가를 위해 행동해야 하는 이유는 우리의 안전을 초월하기 때문이다. 우리가 풍족한 인생을 살기를 희망하는 동안 10억 인구는 가련하게 살고 있다. 그것은 다가오는 안보적 악몽일 뿐만 아니라 현재 일어나는 사건이다.

하지만 사리사욕과 열정은 적이 아니라 같은 목적을 위해 한 몸이 될 수 있다. 정치적 우파는 이런 사실을 인식할 필요가 있다. 충분히 근거 있는 안보에 대한 두려움은 선제 개입 전략을 구사했던 아리크의 사례보다 더욱 효율적인 전략으로 힘을 실어줄 수 있다는 것 말이다. 정치적 좌파는 정치적 폭력에 대한 죄의식 때문에 행동하지 않는 것은 책임 회피임을 인식해야 한다. 두려움과 죄의식이라는 강력한 감정이 우리의 생각을 어지럽혔다. 열정과 사리사욕을 합치면 열정은 시작할 수 있는 힘을 주고, 사리사욕은 우리가 길을 따라가도록 도와줄 것이다. 부시 대통령이 최선의 예방은 안보 문제에 올바르게 반응하는 것이라고 생각한 것은 옳았지만, 최선의 정책이 군사 개입이라고 생각한 것은 틀렸다. 우리가 사용할 수 있는 정책은 다양하다. 일부는 시간이 조금 걸려 몇 주가 아니라 몇십 년이 걸린다. 하지만 다행스러운 것은 우리가 이 문제를 다루는 데 있어 너무 무능력했다는 점이다. 우리가 냉전 부담에서 자유로워진 다음에 새로운 문제에 직면했다면 바로 해결할 수 있었을 것이다. 그러나 우리는 나약했고 이기적이었다. 이젠 올바르게 해결할 차례다.

감사의 글

이 책에 있는 모든 아이디어는 통계적 연구에 기반한 것이다. 그렇다고 해서 이 연구 성과가 모두 맞다는 것은 아니지만 얼마나 신뢰할 만한지는 알 수 있을 것이다. 통계학에 기반한 점도 있지만 내 연구가 현대 정치경제학계의 범위 안에서 이뤄졌기 때문이나. 현대 학계는 '심슨 가족(The Simpsons, 미국에서 큰 인기를 끈 만화 영화—옮긴이)'을 가장 이상적인 가족으로 여기는 것과 비슷한 이상적인 사회다. 학자들은 어떤 저명한 연구를 까뒤집어 명성을 얻는 게 성공의 지름길이라는 제로섬 게임을 계속 벌이고 있다. 당신은 일군의 학자들이 이 책의 제안을 공격하는 것에 안심해도 좋다. 물론 나도 그들이 무섭지만 내 실수를 제거함으로써 나 스스로를 보호하려고 애썼다. 이 점이 바로 당신이 이단적인 사상가들이 퍼뜨리는 매력적인 생각을 경계해야 되는 이유다. 그들은 학계에서 진지하게 받아들여지지 않기 때문에 그들을 매장시키는 것은 그리 큰 영광스러운 일이 아니다.

난 혼자서 일하는 학문적 천재를 존경하지만 팀플레이를 더 효과적으로 생각한다. 나는 나보다 능력이 뛰어난 젊은 연구원들에게 많이 의존했다. 이 책에 소개된 대부분의 연구는 그들과 함께한 것이다. 나는 내전을 일으키는 요소, 군비 경쟁과 내 연구 중 가장 인기가 높은 '한 나라가 쿠데타를 경험하게 되는 요소'를 앙케 회플러와 함께 연구했다. 아마도 내가 방문하는 국가의 대통령의 주된 걱정거리이기 때문인 것 같다. 쿠데타에 대한 우리의 연구는 다른 작업 때문에 일단 마무리했다. 우리는 앙케가 첫아이를 낳기 며칠 전에 연구를 마칠 수 있었다. 내가 선거와, 실패하는 나라의 비용과, 왜 개혁이 지지부진한지에 대한 연구를 같이한 리자 쇼베와도 같은 경쟁을 하게 됐다. 여성 연구원이 출산 휴가를 보내는 동안 젊은 남성과 연구했다. 도미니크 로흐너와 베네딕트 고데리스는 나와 연구하기 위해 케임브리지 대학교를 떠나왔다. 도미니크와 나는 1장에 소개된 저소득 민주주의 국가의 정치적 폭력에 대한 연구를 함께했다. 베네딕트와 함께했던 연구는 너무 놀랄 만한데, 내 다음 책에 소개될 것이다. 이는 원자재 붐과 중국의 영향력에 대한 것이다. 이 과정에서 난 만스 소데르봄과 함께 분쟁 이후 상황에서 폭력을 다시 겪을 위험을 줄이는 방법에 대해 연구했고, 크리스 애덤과 빅터 데이비스는 분쟁 종식 이후 안정화를 위한 원조의 역할에 대해 연구했다.

이 책의 가장 놀랄 만한 연구 성과는 페드로 빈센트와 한 것이다. 현재 경제학에선 무작위 실험이 눈길을 끌고 있지만, 부패 정치인이 유권자를 폭력으로 겁주는 행위를 감소시키는 문제를 연구한 건 우리가 처음이라고 생각한다. 이것이 당신이 공부하고 싶은 분야라면 스위스의 교구회 선거를 연구해선 그리 쓸모가 없을 것이다. 우리의 연구 대상은 나이지리아 대선이었다. 이는 누군가가 말했듯이 친목 다과회가 아니다.

하바르 헤그레와 나는 분쟁 이후 상황에서 폭력을 줄일 수 있는 전략의 비용과 이익을 예측했다. 비용 효율 분석은 정책에서 기본적인 도구로 여기고 있다. 하지만 유엔 평화유지군이 좋은 역할을 하는지 알아보기 위해 고도의 테크닉을 적용하는 것은 알맞지 않다. 하지만 결국 이런 비용 편익 분석을 통해 모든 단계가 투명해진다. 또 다른 연구원이 이 연구 성과에 도전하여, 우리의 작업을 개선하거나 비웃을 수 있다. 정책 수립자가 우리의 분석을 자신들의 평화를 유지하기 위한 결정의 근거로 삼을 수는 없지만, 이는 결정 과정에 사용되는 다른 요소가 얼마나 현명하고, 빈틈이 없고, 정치적으로 중립적인가와 무관하게 상쇄 효과로 작용할 수 있다.

우리의 모든 논문은 내 웹사이트에서 내려받을 수 있다. 대부분 학계 저널에 실린 것들이다. 또한 다른 학자들과 쓴 논문과 함께 모두 이 책의 기반이 됐다. 어떤 것은 읽기에 쉽지 않을 것이다. 나는 현대 경제학 용어를 최대한 배제한 채 읽기 쉽게 쓰려고 노력했다. 하지만 이 책의 내용도 증거에 기반한 것이란 자부심과 새로운 발견에 대한 기대를 안고 읽어도 좋다. 어려운 논문을 파고드는 대신 이 책을 통해 나의 지식을 빠르게 공유할 수 있을 것이다.

난 세 명의 저명한 지성인인 로버트 베이츠, 팀 베슬리와 토니 베너블스와 토론함으로써 많은 도움을 받았다. 이 책을 읽은 다음 그들은 내가 더 이득이 됐기를 원할 것이다. 토론은 동의를 의미하지는 않는다. 마지막으로, 내게 제일 도움이 된 아내 폴린에게 감사하고 싶다. 그녀는 내

인생의 후원자일 뿐만 아니라 내가 연구하는 사회에서 그녀가 경험한 것은 적어도 내 것만큼 깊이가 있다. 이전의 저서 《빈곤의 경제학》 초고에 대한 그녀의 온화하지만 엄격한 비평은 내 평판을 무너뜨리지 않으려고 열심히 노력하게 했다. 그때는 그것이 잘됐던 것 같은데, 이번에도 그랬기를 바란다.

최빈국 목록

10억 명이 사는 최빈국 사회는 빈곤의 덫에 걸린 저소득 국가들을 말한다. 이런 덫은 내 책 《빈곤의 경제학》에 설명되어 있다. 아래 목록은 2000년도를 기준으로 만들어진 것이다. 빈곤의 덫은 영구적인 것이 아니어서 몇 나라는 탈출했을 수 있기 때문에 작성하는 데 망설였다. 하지만 이 목록이 국제적 노력을 집중하는 데 도움이 된다고 생각한다.

가나	가이아나	감비아
기니	기니비사우	나이지리아
네팔	니제르	라오스
라이베리아	레소토	르완다
마다가스카르	말라위	말리
모리타니	모잠비크	몰도바

몽골

부룬디

북한(조선민주주의인민공화국)

수단

아제르바이잔

에리트레아

우간다

적도기니

짐바브웨

카자흐스탄

코모로스

콩고민주공화국

토고

미얀마

부르키나파소

세네갈

시에라리온

아프가니스탄

에티오피아

우즈베키스탄

중앙아프리카공화국

차드

캄보디아

코트디부아르

타지키스탄

투르크메니스탄

베냉

부탄볼리비아

소말리아

아이티

앙골라

예멘

잠비아

지부티

카메룬

케냐

콩고

탄자니아

참고문헌

이 책은 나의 연구와 다른 논문들을 토대로 했다. 나의 연구들은 내 웹사이트에서 읽을 수 있으며, 구글에서 내 이름(Paul Collier)을 입력하면 찾아갈 수 있다. 출간된 주요 연구들은 아래와 같다.

• **By the author**

"Post-Conflict Reconstruction: What Policies Are Distinctive." Journal of African Economies(forthcoming).

"International Political Economy: Some African Applications." Journal of African Economies 17(2008): 110-139.

"Implications of Ethnic Diversity." Economic Policy 16, no. 32(2001): 127-166

• **With Anke Hoeffler**

"Unintended Consequences: Does Aid Promote Arms Races?" Oxfrod Bulletin of Economics and Statistics 69, no. 1 (2007): 1-27.

"Civil War." In Handbook of Defense Economics, vol. 2, edited by Keith Hartley and Todd Sandler, 711-739. Amsterdam: Elsevier, 2007.

"Military Expenditure in Post-Conflict Societies." Economics of Governance 7 (2006): 89-107.

"Greed and Grievance in Civil War." Oxford Economic Papers 56, no. 4 (2004): 563-595.

• **With Anke Hoeffler and Dominic Rohner**

"Beyond Greed and Grievance: Feasibility and Civil War." Oxford Economic Papers (forthcoming).

• **With Anke Hoeffler and Mans Soderbom**

"Post-Conflict Risks." Journal of Peace Research (2008).

• **With Robert Bates, Anke Hoeffler, and Steve O'Connell**

"Endogenizing Syndromes." In The Political Economy of Economic Growth in Africa, 1960-2000, edited by Benno Ndulu, Steve O'Connell, Robert Bates, Paul Collier, and Chukwuma Soludo, Cambridge: Cambridge University Press, 2008, 391-418.

• **With Dominic Rohner**

"Democracy, Development and Conflict." Journal of the European Economic Association 6, nos. 2-3(2008): 531-540.

• **With christopher Adam and Victor Davies**

"Post-Conflict Monetary Reconstruction." World Bank Economic Review 22 (2008): 87-112.

• **With Lisa Chauvet**

"What Are the Preconditions for Policy Turnarounds in Failing States?" Conflict Management and Peace Science (2008).

• **With Lisa Chauvet and Havard Hegre**

"The Security Challenge in Conflict-Prone Countries." In Copenhagen Consensus, 2nd edition, edited by B. Lomberg. Cambridge: Cambridge University Press, 2008.

• **By other scholars**

Alberto Alesina and Eliana La Ferrara. "Ethnic Diversity and Economic Performance."Journal of Economic Literature 43, no. 3 (2005): 762-800.

Abigail Barr. "Trust and Expected Trustworthiness: Experimental Evidence from Zimbabwean Villages." Economic Journal 113 (2003): 614-630.

Tim Besley. Principled Agents? The Political Economy of Good Government. Oxford: Oxford University Press, 2006.

Tim Besley and Masayuki Kudamatsu. "Making Autocracy Work." CEPR Discussion Papers, no. 6371 (2007).

Stefano Della Vigna and Eliana La Ferrara. "Detecting Illegal Arms Trade." NBER Working Papers no. 13355 (2007).

Avinash Dixit. Lawlessness and Economics: Alternative Modes of Governance. Princeton: Princeton University Press, 2004.

Azar Gat. War in Human Civilization. Oxford: Oxford University Press, 2006.

Patrick Geary. The Myth of Nations: The Medieval Origins of Europe. Princeton: Princeton University Press, 2002.

Philip Killicoat. "Cheap Guns, More War? The Economics of Small Arms." M.Phil. economics thesis, University of Oxford, 2006.

Mwangi Kimenyi and Njuguna Ndung'u. "Sporadic Ethnic Violence: Why Has Kenya Not Experienced a Full-Blown Civil War?" In Understanding Civil War (Volume 1:Africa), edited by Paul Collier and Nicholas Sambanis. Washington, D.C.: World Bank, 2005, 123-156.

Edward Miguel. "Tribe or Nation? Nation-Building and Public Goods in Kenya Versus Tanzania." World Politics 56, no.3 (2004): 327-362.

Colin Renfrew. Prehistory: The Making of the Human Mind. London: Weidenfeld and Nicolson, 2007.

지금의 우리에겐 아프리카를 비롯한 최빈국들이 겪고 있는 빈곤 문제가 생소하게 다가올 수도 있지만, 1963년 한국과 케냐의 1인당 국민 소득은 거의 비슷했다. 당시 사람들은 같은 식민지 해방 국가인 두 나라가 21세기에 이르러 이렇게 다른 모습을 보일 것이라곤 상상도 못했을 것이다. 두 국가 모두 식민지 체제에서 독립한 나라였지만 한국은 주목할 만한 경제 성장을 통해 과거 식민 지배국이었던 일본과의 격차를 좁혔다. 반면에 21세기의 케냐인들은 유럽인들과 삶의 질을 비교할 수 없을 만큼, 아직도 50년 전인 1960년대와 비슷한 수준의 삶을 살고 있다.

아프리카 하면 가장 먼저 떠오르는 것이 분쟁을 치르고 있거나, 분쟁 이후에도 내전 상태에서 회복하지 못한 채 빈곤을 겪고 있는 사람들이다. 식민지 해방 국가 가운데 다른 지역에 비해 유난히 아프리카만 왜 저개발과 내전, 빈곤의 악순환에서 벗어나지 못하고 있는 것일까? 선진국들이 매년 퍼붓는 거액의 원조가 밑 빠진 독에 물 붓기처럼 낭비되고 있는 것일까?

이미 《빈곤의 경제학》을 통해 최빈국이 빠진 빈곤의 덫에 대한 신선한 관점을 소개해 2008년 국제 문제 부문 세계 최고의 저술에 수여하는 라이오넬 겔버상을 받은 폴 콜리어는 이 책 《전쟁, 총, 투표》에서 빈곤과 내전의 관련성에 대한 새로운 통찰을 제시한다. 최빈국 중에서도 특히 아프리카의 경우 가장 상황이 좋지 않은 곳은 적대적인 세력들이 치르는 전쟁 때문에 지역민들이 끝없이 살해되고 있다. 선진국들은 이들 나라에 경제적 원조를 해주고 민주주의의 상징인 선거를 치르게 하면 최빈국 개발에 도움이 될 것이라고 생각했다. 하지만 콜리어는 치밀한 연구를 통해 선거가 오히려 악영향을 미치는 경우를 제시한다. 만병통치약일 줄 알았던 선거의 한계를 입증한 것이다.

선거로 충분하지 않다면 최빈국에 가장 필요한 것은 무엇인가? 바로 안정성이다. 오랜 연구를 바탕으로 한 콜리어의 이 주장은 설득력이 있다. 원조 프로그램을 통해 수단에 병원이나 학교를 짓는다고 해도 내전 때문에 언제 이 인프라가 무너질지 모른다. 오히려 프랑스가 프랑스어권이었던 아프리카 지역을 보호했던 것처럼 선진국은 체계적인 안전 보장을 고려하는 것이 더 효율적이다. 이에 대해 콜리어는 국제 사회가 사용할 수 있는 틀(framework)을 소개한다. 더불어 군사 비용을 늘리는 국가에는 그에 맞는 비율로 원조를 줄여야 한다고 주장한다. 그러나 국제 사회가 이를 인식하고 협력하여 실행에 옮기는 것은 생각만큼 쉽지 않다. 프랑스의 예처럼 미 국방부(펜타곤)는 최근 아프리콤(Africom)이라는 아프리카 사령부를 창설했다. 아프리카의 천연자원을 얻으려는 미국의 계획적인 전략으로 여겨 천연자원 개발 분야에서 반대 여론도 많지만, 콜리어의 조언을 고려한다면 아프리콤은 아프리카의 안정화에 커다란 도움을 줄 수 있을 것이다.

콜리어의 주장을 읽고 나면 부정적인 이미지로 가득한 아프리카에 희망이 있고, 오히려 국제 사회가 열악한 정치·경제 환경 개선을 위해 충분한 역할을 하지 못하고 있음을 일깨워준다. 인구 10억 명의 거대 소비 시장으로 재조명되고 있는 아프리카는 한국이 놓치지 말아야 할 떠오르는 시장이자 블루오션이다. 최근 아프리카에서 휴대전화가 소액 금융(Microfinance) 업체나 직접 방문하기 어려운 병원과 연락을 취할 수 있는 유용한 도구로 여겨지면서 이동 통신 사업이 빠르게 성장하고 있다. 이와 같이 아프리카는 한국 기업들이 진출할 수 있는, 그리고 반드시 진출해야만 하는 신흥 시장인 만큼 아프리카의 현재를 충분히 이해할 필요가 있다.

아프리카의 현재와 미래는 활발히 연구되고 있으며, 다행스럽게도 콜리어처럼 정치적 어려움에 대한 현실적인 해결책을 제안하는 학자들이 대중에게 다가가기 위해 노력하고 있다. 이미 최빈국들 사이에 새로운 인식을 가진 지도자들이 개혁을 꿈꾸고 있으며, 그들 대다수가 한국을 경제 개발의 성공 모델로 여기고 있다. 앞으로 아프리카 국가들과 한국의 협력 및 외교 관계는 현세대뿐만 아니라 후대에도 큰 영향을 미칠 것이다.

KI신서 3588

전쟁, 총, 투표

1판 1쇄 인쇄 2011년 09월 28일
1판 1쇄 발행 2011년 10월 04일

지은이 폴 콜리어　**옮긴이** 윤승용 윤세미　**펴낸이** 김영곤　**펴낸곳** (주)북이십일 21세기북스
출판콘텐츠사업부문장 정성진　**출판개발본부장** 김성수　**편집팀장** 박정혜
책임편집 정지은　**본문디자인** 박현정　**해외기획팀** 김준수 조민정
마케팅영업본부장 최창규　**마케팅** 김현유 강서영　**영업** 이경희 박민형 정병철
출판등록 2000년 5월 6일 제10-1965호
주소 (우 413-756) 경기도 파주시 문발동 파주출판단지 518-3
대표전화 031-955-2100　**팩스** 031-955-2151　**이메일** book21@book21.co.kr
홈페이지 www.book21.com　**블로그** b.book21.com　**트위터** @21cbook

ISBN 978-89-509-3344-9　13330
값은 뒤표지에 있습니다.